Peter Pragal

Ihr habt es aber schön hier!

Zu diesem Buch

Bis in die frühen Siebzigerjahre war die DDR für die meisten Bundesbürger ein unbekanntes Land. Erst ab 1972 konnten westdeutsche Journalisten als akkreditierte Korrespondenten in der DDR arbeiten. In seinem Buch schildert Peter Pragal, insgesamt zwölf Jahre als Korrespondent in Ost-Berlin, seinen DDR-Alltag: Worüber er und seine Frau sich mit den ostdeutschen Bürgern unterhielten, worüber sie mit den neuen Freunden und Bekannten stritten, wie sie lernten, die sozialistische Gesellschaft mit den Augen der Einheimischen wahrzunehmen und welche unterschiedlichen Arten von Spitzeln auf sie angesetzt wurden. Pragal erzählt von seinem Arbeits- und Privatleben in einem Überwachungsstaat und von seinem Versuch, als Journalist das Propagandabild der schönen sozialistischen Welt zu korrigieren.

Peter Pragal, geboren 1939 in Breslau, hat Publizistik und Politologie studiert und die Deutsche Journalistenschule absolviert. In den Siebziger- und Achtzigerjahren arbeitete er insgesamt zwölf Jahre lang als DDR-Korrespondent für die *Süddeutsche Zeitung* und den *Stern* in Ost-Berlin. Seit 2004 lebt er als freier Journalist in Berlin.

Peter Pragal

Ihr habt es aber schön hier!

Als West-Korrespondent in der DDR

Piper München Zürich

Mehr über unsere Autoren und Bücher:
www.piper.de

Ungekürzte Taschenbuchausgabe
Piper Verlag GmbH, München
September 2011

Umschlagkonzeption: semper smile, München
Umschlaggestaltung: Bauer + Möhring, Berlin
Umschlagabbildung: Visum
Bildnachweis: Abb. 2, 3: Gunter Becher; Abb. 4, 6: BStU;
Abb. 7: Konrad Roterberg; übrige Abbildungen: Autor.
Satz: Dörlemann Satz, Lemförde
Papier: Munken Print von Arctic Paper Munkedals AB, Schweden
Druck und Bindung: CPI – Clausen & Bosse, Leck
Printed in Germany ISBN 978-3-492-26428-0

»Wir schaffen das.«
Wir haben es geschafft.

Für meine Ehefrau Karin

Inhalt

Augenzeuge beim Mauerfall

Am Abend des 9. November 1989 saß ich im Wohnzimmer des Künstlers Trak Wendisch in der Florastraße in Berlin-Pankow. Ich war gekommen, um ein Bild auszusuchen, das ich meiner Frau Karin zu ihrem bevorstehenden Geburtstag schenken wollte. Ein Stillleben gefiel mir besonders gut. Ein Fliederstrauß in kräftig rot-violetten Farben. »Das nehme ich«, sagte ich. Über die Konditionen wurden wir uns schnell einig. Trakia, so der korrekte Vorname des Malers, sprach von einer bevorstehenden Reise in den Westen. Er besaß ein Mehrfach-Visum und plante, in den nächsten Tagen zur Kunstmesse nach Köln zu fahren. Seine Frau wollte ihn gern begleiten, glaubte aber nicht, dass die Behörden ihrem Antrag stattgeben würden. Demnächst gebe es ja ein neues Reisegesetz, sagte ich. Danach dürfe praktisch jeder DDR-Bürger in den Westen.

Zwei Stunden zuvor hatte ich an der Pressekonferenz teilgenommen, bei der Politbüromitglied Günter Schabowski im Internationalen Pressezentrum in der Mohrenstraße über die Beratungen des Zentralkomitees der SED informierte. Der Saal war überfüllt. Journalisten aus Ost und West drängten sich erwartungsvoll auf den Plätzen. Das DDR-Fernsehen übertrug das Frage- und Antwortspiel live. Aber was der SED-Funktionär in den ersten 50 Minuten von sich gab, war nicht sonderlich aufregend. Erst als ein italienischer Kollege gegen 19 Uhr nach dem Reisegesetz fragte, horchten die Medienvertreter auf.

»Wir haben uns dazu entschlossen, heute eine Regelung zu treffen, die es jedem Bürger der DDR möglich macht, über Grenzübergangspunkte der DDR auszureisen«, erklärte Schabowski. Der Mann war eigentlich eloquent. Was er hier von sich gab, war etwas umständlich formuliert. Er schaute auf einen Zettel und las stockend ab, was da aufgeschrieben war. »Privatreisen nach dem Ausland können ohne Vorliegen von Voraussetzungen – Reiseanlässe und Verwandtschaftsverhältnisse – beantragt werden. Die Genehmigungen werden kurzfristig erteilt.« Plötzlich war Spannung im Saal. Vorher hatte ich mich ein bisschen gelangweilt, nun war ich wie elektrisiert. Alle Augen richteten sich auf den Funktionär auf dem Podium. Er sah abgespannt aus. Zwischenfragen wurden gerufen. Wann die Regelung in Kraft trete, wollte ein Kollege wissen. Unsicher schaute der Mediensekretär auf die Notizen. »Nach meiner Kenntnis … sofort, unverzüglich.« Zwei missverständliche, unbedacht gesprochene Worte, mit denen er eine Entwicklung von historischer Dimension auslöste.

Neben mir sprang ein Kollege auf und eilte zum Telefon. »Das ist eine Sensation«, rief er. Andere Journalisten stürzten hinterher. Reporter aus aller Welt hatten ihre Top-Meldung. »Jetzt«, murmelte jemand, »ist die Mauer überflüssig.« Ich dachte an den nächsten Tag und an den Redaktionsschluss. »Da werden wir wohl sehr früh aufstehen müssen«, sagte ich beim Hinausgehen zu einem befreundeten Korrespondenten. So wie wir die Menschen in der DDR kannten, würden sie schon lange vor Öffnung der Volkspolizeiämter anstehen, um sich die Genehmigung für einen Besuch im Westen zu holen. Ich überlegte, zu welcher VP-Stelle ich gehen sollte, um die Leute zu fragen, wie sie sich fühlten. Nun, da das Reisen über die Grenze kein Gnadenakt der Behörden mehr sein sollte. Der Gedanke, dass Ost-Berliner noch am selben Abend freien Ausgang aus dem Mauerstaat fordern würden, kam mir nicht in den Sinn.

Als ich bei meinen Freunden in Pankow eintraf, war die *Tagesschau* der ARD schon vorbei. »DDR öffnet Grenze«, lautete die Spitzenmeldung. Da machten sich die ersten DDR-Bürger auf den Weg zum Grenzübergang Bornholmer Straße. Im Fernsehen lief ein Spielfilm. Noch spürten wir nichts von den bevorstehenden Ereignissen. Plötzlich wurde die Handlung unterbrochen. Eine neue Meldung über die Reisefreiheit. Kurz darauf läutete das Telefon. Die Ehefrau nahm den Hörer ab. Ihre Schwester habe sich erkundigt, ob wir mehr wüssten, sagte sie. Es gingen da merkwürdige Gerüchte um. Da hielt mich nichts mehr. Als Reporter wusste ich, was ich zu tun hatte. »Tschüss«, sagte ich, »ich muss sehen, was los ist.«

Ich setzte mich in mein Auto und fuhr in Richtung Grenzübergang. Als ich von der Schönhauser Allee in die Bornholmer Straße einbog, blickte ich auf eine Blechkarawane. Die Kolonne der Wagen war bereits mehrere Hundert Meter lang. Mit jeder Minute wurde sie länger. Hinten anstellen, wäre zwecklos, dachte ich. Mein Auto trug eine blaue DDR-Nummer, ein Sonderkennzeichen, das mich als Korrespondent auswies. Ich fuhr an den Trabis, Wartburgs und Ladas vorbei und kam bis kurz vor den Vorposten. Weiter ging es nicht. »Was ist denn hier los«, fragte ich einen Grenzoffizier. »Sehen Sie doch«, antwortete der Uniformierte und zuckte mit den Schultern. »Oder haben Sie keine Nachrichten gehört?«

Ich schaute mich um. Das Bild, das sich mir bot, war ungewohnt. Sonst warteten hier Besucher aus der Bundesrepublik auf die Kontrolle zur Ausreise. Jetzt war ich umgeben von DDR-Autos. Hinter den Scheiben sah ich überwiegend junge Leute mit fröhlichen Gesichtern. Manche hupten, scherzten und lachten, wie Teilnehmer eines Happenings. »Wir fahren gleich in den Westen«, rief einer durchs geöffnete Fenster. Hinter mir sah ich auf den Gehsteigen Trauben von Menschen, die zur Grenze liefen. An der Endhaltestelle stauten sich die Straßenbahnen. Die Abfertigungsspuren vor mir waren verstopft. Ich hätte mit meinen Papieren passieren dürfen, aber ich war eingekeilt. Die Schlagbäume waren geschlossen. Einige Grenzposten liefen nervös und ratlos hin und her, andere blieben freundlich und locker. Ich holte meinen Schreibblock aus der Tasche, machte mir Notizen und wartete.

Was ich sah, war spektakulär. Nie zuvor in meinen elf Jahren als akkreditierter Korrespondent für die *Süddeutsche Zeitung* und den *Stern* hatte ich einen solchen Ansturm von DDR-Bürgern auf die Grenze erlebt. Die wirkliche Dramatik aber spielte sich für mich unsichtbar hinter der Tür des Dienstzimmers von Oberstleutnant Harald Jäger in einer der Baracken ab. Der stellvertretende Leiter der Passkontrolleinheit, den ich erst viele Jahre später persönlich kennenlernte, war an diesem Abend als verantwortlicher Chef ein einsamer Mann. Ein linientreuer, an Befehl und Gehorsam gewöhnter Stasi-Offizier, der sich von seinen Vorgesetzten im Stich gelassen fühlte und in einer äußerst prekären Situation auf sich allein gestellt war. Er war verpflichtet, den Grenzübergang »zuverlässig zu schützen«, also niemanden ohne Befugnis passieren zu lassen. Aber er wusste auch, dass er mit seinen wenigen uniformierten Leuten die Menschenmassen nicht würde aufhalten können, falls diese gewaltsam den Grenzdurchbruch erzwingen wollten. Jäger stand vor einem Gewissenskonflikt und wusste nicht, was er tun sollte. Erst waren es Hunderte, dann Tausende, die sich – angelockt von den Rundfunk- und Fernsehmeldungen über die angeblich offene Grenze – vor den Absperrgittern drängten. Als die Rufe »Tor auf« immer lauter wurden, hatte er seinen Vorgesetzten in der Leitzentrale geradezu angefleht: »Es muss jetzt irgendeine Entscheidung fallen.« Aber der dortige Oberst hatte auch keine Weisung aus Erich Mielkes Staatssicherheits-Ministerium. In einer Stimmung, bei der sich Enttäuschung mit Resignation mischte, rang sich Jäger zu einem eigenmächtigen und folgenreichen Entschluss durch. »Macht den Schlagbaum auf«, befahl er.

Von dem Führungschaos in den Zentralen der DDR-Machthaber ahnte ich nichts, als ich in meinem Auto wartete. Einzelheiten erfuhr ich erst viel später. Grenzoffiziere hatten mir inzwischen einen Weg bis unmittelbar an die Abfertigungsbaracke gebahnt. Da ging plötzlich die Barriere auf. Anfangs versuchten einzelne Grenzer noch, einen Stempel in die ihnen hingehaltenen DDR-Personalausweise einzutragen. Doch schon bald gaben sie es auf. Zöllner standen tatenlos da und verfolgten irritiert das für sie wohl gespenstische Schauspiel. Ich fuhr über die Brücke, passierte den weißen Strich, der die Grenze markierte, und hielt hinter der gelben Telefonzelle auf der rechten Seite der Straße, schräg gegenüber der West-Berliner Zollstation. Mobiltelefone gab es damals noch nicht. Ich nahm einige Münzen aus meiner Geldbörse und rief die *Stern*-Redaktion in Hamburg an. »Schickt bitte die Fotografen hierher, die Grenze ist offen.« Das könne nicht sein, meinten die Kollegen. Sie schauten gerade im Fernsehen einen Live-Bericht vom Grenzübergang Invalidenstraße. Dort sei alles ruhig. »Ich rede von der Bornholmer Straße«, beharrte ich.

Dann ging ich zu Fuß zurück zur Brücke. Dem Strom von Autos und Fußgängern entgegen, die in immer dichteren Pulks Richtung Westen strebten. West-Berliner Passanten bildeten ein Spalier und applaudierten. Fremde Menschen umarmten sich. »Ich kann es nicht fassen. Das ist Wahnsinn«, schrie einer aus dem Osten. Ein Satz, den ich noch Dutzende Male hörte. Jemand öffnete eine Sektflasche. Viele der Ost-Berliner waren spontan gekommen, von zu Hause, von der Arbeit, aus der Kneipe. Sie wollten testen, ob es wirklich stimmt, was sich in Windeseile herumgesprochen hat: Die Mauer ist offen. »Los, steig ein, ich fahr euch durch die Stadt«, bot jemand einem Paar aus Ost-Berlin an. West-Berliner Polizisten erklärten Pkw-Fahrern, wie sie am schnellsten zum Kurfürstendamm kommen. Zum Ku'damm zog es viele Ostler. »Bloß mal gucken, wie es hier ist.« Ein Passant ließ sich von der ausgelassenen Stimmung nicht anstecken: »Mir ist das unheimlich. Hoffentlich gehen die auch alle wieder nach Hause.«

Als ich genug gesehen und gehört hatte, fuhr ich nach Charlottenburg, in unser Zuhause. Neben der Dienstwohnung in der Leipziger Straße in Berlin-Mitte hatte ich – anders als in meinen ersten fünf Korrespondenten-Jahren – ab 1984 für meine Familie eine zweite Wohnung gemietet. Meine Frau saß vor dem Fernseher und verfolgte eine Sondersendung. »Die Grenze ist auf«, rief ich. Eben habe der Reporter am Kontrollpunkt Invalidenstraße noch was anderes gesagt, erwiderte sie. »Ruf doch mal den SFB an.« Beim Sender Freies Berlin wussten sie schon Bescheid. Soeben, sagte man mir, sei die Meldung von der Bornholmer Straße gekommen. Kurz nach Mitternacht klingelte es an unserer Haustür. »Hier sind wir.« Ein befreundetes Ehepaar aus Pankow nebst schulpflichtiger Tochter wollte die neue Freiheit ausprobieren. Ihr Sohn war drüben geblieben. Er hatte so fest geschlafen, dass ihn die Eltern nicht wecken mochten. »Wo ist denn Katharina?«, fragte das Mädchen. Unsere Tochter schlief im ersten Stock. Als Rike vor ihrem Bett stand, wurde sie wach. »Was machst du denn hier?«, sagte Katharina schlaftrunken. Dass ein Mädchen aus Ost-Berlin mitten in der Nacht in West-Berlin auftauchte, konnte sie im ersten Moment nicht begreifen. Es war eines dieser kleinen Wunder, die am 9. November und in den Tagen danach viele Deutsche in Berlin und anderswo erlebten.

Für mich begann eine Zeit, die noch hektischer war als die Wochen und Monate zuvor. Menschen tanzten auf der Mauer. Souvenir-»Spechte« klopften Stücke aus dem Beton. Der Westteil der Stadt war voller Ostdeutscher. Vor den Banken standen DDR-Bürger Schlange, um ihre 100 D-Mark Begrüßungsgeld abzuholen. Und in Ost-Berlin, meinem eigentlichen Arbeitsplatz, jagte ein dienstlicher Termin den anderen. Turbulente Zeiten für Journalisten. Bald begann eine Diskussion darüber, wer sich welchen Anteil am Mauerfall zugute halten durfte. Waren es die Blätter eines großen Zeitungskonzerns, die in der Zeit des Kalten Krieges unbeirrt »Macht das Tor auf« gefordert hatten? Vielleicht. Waren es die bundesdeutschen Politiker und Beamten, die seit Beginn der neuen Ost- und Deutschlandpolitik Anfang der siebziger Jahre in mühsamen Verhandlungen mit der DDR die Härten der Teilung zu mildern versuchten? Schon eher. Waren es die Mitarbeiter der Ständigen Vertretung der Bundesrepublik in Ost-Berlin, die mit großem persönlichem Engagement gesamtdeutsches Bewusstsein unter DDR-Bürgern wachhielten und förderten? Ganz gewiss. Und dann gab es ja auch noch uns, die Korrespondenten und ihre Familien. Auch wir haben in unserem jeweiligen Freundes- und Bekanntenkreis dazu beigetragen, den Menschen Mut zu machen und selbstbewusst gegenüber der sozialistischen Obrigkeit aufzutreten.

Wenn man den 9. November 1989 nicht als Einzelereignis, sondern als Schlusspunkt eines längeren Prozesses versteht, dann haben viele dazu beigetragen: Bürgerrechtler und Oppositionelle, Demonstranten und Botschaftsflüchtlinge. Allesamt Menschen aus der DDR. Auch Ungarn, das den Eisernen Vorhang öffnete, und Michail Gorbatschow, der Reformer aus dem Moskauer Kreml. Und nicht zuletzt der Oberstleutnant von der Bornholmer Straße, der in einer brisanten Situation Mut und gesunden Menschenverstand bewiesen und das schwer bewachte Loch in der Mauer ohne ausdrückliche Weisung als Erster freigegeben hat.

Jedem Kopf, der politisch denken konnte, war zu diesem Zeitpunkt klar, dass es mit der DDR zu Ende gehen würde. Jedenfalls mit der DDR als Staat unter kommunistischer Parteidiktatur. Auch wenn viele der Bürgerrechtler und SED-Gegner von einem eigenständigen, demokratischen deutschen Ost-Staat träumten – früher oder später würden die Deutschen wieder in einem Gemeinwesen ohne Grenze leben. Damit, so überlegte ich, liefe auch meine Zeit als Korrespondent auf einem auswärtigen Posten ab. Ich fing an, Bilanz zu ziehen. Elf Jahre in Ost-Berlin, unterbrochen von unserer Zeit in Bonn – das war für meine Frau und mich die aufregendste und spannendste Etappe unseres bisherigen Lebens, beruflich und privat. Voller Neugier und Enthusiasmus waren wir in dieses für uns weitgehend unbekannte Land gekommen. Offen und lernbegierig. Bereit, Mühsal in Kauf zu nehmen, und willens, menschliche Gräben einzuebnen statt sie aufzureißen. Mit unseren Freunden haben wir gehofft, dass es ihnen besser gehen möge. Materiell und geistig. Und wir haben mit ihnen gelitten, wenn ihre Erwartungen enttäuscht und Ansätze von Reformen und Freizügigkeit von der Funktionärsherrschaft erstickt wurden.

Als ich 1974 nach Ost-Berlin zog, begannen die zarten Pflanzen der Hoffnung gerade zu sprießen. Erich Honecker, erst seit 1971 im Spitzenamt der SED, erweckte den Eindruck, als wollte er die verkrustete Partei auf einen vorsichtigen Reformkurs führen und seine politischen Ziele vor allem am Wohl der Bürger und ihren Bedürfnissen ausrichten. Das Konsumangebot wurde verbessert, ein Wohnungsbauprogramm verabschiedet, ein Bündel sozialer Verbesserungen beschlossen. Künstlern und Intellektuellen versprach der Parteichef mehr Freiheit, vorausgesetzt, sie stellten den Sozialismus nicht in Frage. Wenige Jahre später war der kulturpolitische Frühling schon wieder vorbei. Als im Herbst 1976 zahlreiche Schriftsteller und andere Vertreter der Kulturszene gegen die Zwangsausbürgerung des rebellischen Sängers Wolf Biermann protestierten, griff die in einem starren Freund-Feind-Denken gefangene

Parteiführung wieder nach den Instrumenten der Repression.

Vollbeschäftigung, stabile Preise, soziale Sicherheit – damit meinte die SED-Führung sich die Zustimmung des Volkes sichern zu können. Auf Dauer. Aber das war ein Irrtum. Denn die viel gepriesenen Wohltaten waren auf Pump finanziert. Die DDR lebte über ihre Verhältnisse. Schulden wurden mit neuen Schulden bezahlt, Industrie und Wirtschaft, belastet durch eine starre, zentrale Planung, auf Verschleiß gefahren. Mit Hilfe der Bundesrepublik wurde der langsame Niedergang verschleiert. Die DDR ließ sich Bonner Wünsche nach mehr Durchlässigkeit der Grenze und den Ausbau der Verbindungen zu West-Berlin teuer honorieren. »Geld gegen Menschlichkeit« wurde zur dauerhaften Geschäftsgrundlage der deutsch-deutschen Zusammenarbeit, egal ob in der Bundeshauptstadt Sozial- oder Christdemokraten regierten.

Um möglichst viel harte Währung in die Staatskasse zu bekommen, lockerte die DDR-Führung die Devisenbestimmungen und baute ihr Intershop-Netz aus. Läden, in denen West-Waren gegen West-Geld verkauft wurden. Die Folgen wirkten sich für Honecker und Genossen verheerend aus. Nicht mehr der reale Sozialismus, sondern der kapitalistische Westen setzte die Maßstäbe für den Lebensstandard der DDR-Bürger. Sich ideologisch von der insgeheim bewunderten Bundesrepublik abzugrenzen, wurde immer schwieriger. Wer sollte unter diesen Umständen der Parteipropaganda glauben, der Sozialismus werde siegen, wenn jeden Tag die Überlegenheit westlicher Erzeugnisse vor Augen geführt wurde?

Stur behaupteten die roten Staatslenker, die DDR habe sich kontinuierlich und gradlinig entwickelt. In Wirklichkeit gab es zahlreiche Wendemanöver und abrupte Kurswechsel. Erst ließ man die Zügel der Unterdrückung etwas lockerer, dann zog man sie wieder straff an. Mal versprach die SED mehr Rechtssicherheit, dann ließ sie der Willkür freien Lauf. Zeitweise führten sich die Spitzenfunktionäre als Friedensfürsten auf und trieben zugleich die Militarisierung der Schulen und der Gesellschaft voran. Widersprüche über Widersprüche, und ein Zick-Zack-Kurs gegenüber dem eigenen Volk wie gegenüber der Bundesrepublik. Je länger die Ära Honecker währte, desto stärker zeigten sich die Spuren des Obrigkeitsstaates, der seine Bürger entmündigte. Staatsverdrossenheit und Verantwortungsscheu, Arbeitsschlamperei und politische Apathie breiteten sich rasant aus. »Privat geht vor Katastrophe«, lautete der Volksspruch. Selbst viele SED-Mitglieder verfielen der Resignation. »Die Genossen werden sich schon etwas dabei gedacht haben«, sagten sie mit bitterer Ironie, wenn sie wieder einmal eine Entscheidung von oben nicht verstanden hatten.

Ihre letzte Chance, den Untergang aufzuhalten, vergaben die Herrscher im Zentralkomitee und im Politbüro, als sie sich gegen die Moskauer Reformpolitik stellten. Eigensüchtig, halsstarrig und realitätsblind. Seit seiner Gründung lebte der SED-Staat vom Wohlwollen und vom Schutz der Sowjetunion. Ohne den

Rückhalt aus Moskau war die DDR nicht lebensfähig. Als Honecker dann auch noch den Massen von Flüchtlingen, die über Ungarn der DDR den Rücken kehrten, den zynischen Satz nachrief, niemand weine ihnen eine Träne nach, verloren auch treue Anhänger den Glauben an die Führungskunst ihrer selbst ernannten Herrscher. Viele SED-Mitglieder deckten die Parteibüros mit kritischen Briefen ein oder gaben desillusioniert ihre Mitgliedsbücher zurück. Honecker und seine Mitregenten, so stellte sich mir und vielen anderen Menschen nach der Grenzöffnung die Lage dar, haben ihren mit Zwang zusammengehaltenen Staat in den Bankrott geführt. Politisch, ökonomisch und moralisch. Aber wer hat das, als ich meine Arbeit als Korrespondent begann, vorausgesehen? Ich jedenfalls nicht.

Mit West-Pass nach Ost-Berlin

Unser Start in das Abenteuer DDR begann mit einem Versprechen, einer Abmachung unter Eheleuten. »Was immer künftig passiert«, sagte meine Frau, »wir dürfen niemals erpressbar werden.« Wir fuhren auf der Autobahn. München, wo wir seit Jahren zu Hause waren, lag hinter uns. Gerade hatten wir die Donau überquert. Ich wusste sofort, was sie meinte. Unsere Reise nach Berlin an einem Februartag des Jahres 1974 war kein Ausflug oder ein Wochenendtrip. Vor uns lag eine Bewährungsprobe. Wir waren dabei, unseren Wohnsitz in einen Staat zu verlegen, dessen Geheimdienst uns als »Klassenfeinde« betrachten würde. Und wenig Skrupel kannte, menschliche Schwächen auszunutzen. Bei uns, da waren wir uns einig, würden sie keine Chance haben, Vertrauen und Verlässlichkeit zu untergraben.

Vier Wochen zuvor, am 10. Januar 1974, hatte ich im DDR-Außenministerium in Ost-Berlin meinen Presseausweis als akkreditierter Korrespondent der *Süddeutschen Zeitung* erhalten. Das Visum und die Aufenthaltsgenehmigung »für das gesamte Gebiet der DDR«, befristet zunächst auf ein halbes Jahr, wurden in meinen bundesdeutschen Reisepass gestempelt. Fast ein Jahr hatte ich auf diesen Augenblick gewartet. Zwar hatte sich die DDR in der Folge des Grundlagenvertrages von 1972 verpflichtet, bundesdeutsche Journalisten als ständige Korrespondenten ins Land zu lassen. Die schriftliche Zusage hatte ich seit März 1973. Aber mit der Umsetzung ließ sie sich Zeit.

Als ich das Ministeriums-Gebäude am Spreeufer verließ, war mein Frust über die Schwerfälligkeit kommunistischer Bürokratie verflogen. Beschwingt ging ich die Straße Unter den Linden in Richtung Brandenburger Tor. Vorbei an der Staatsoper und der Humboldt-Universität. Nicht mehr als Tourist und Tagesbesucher, sondern als künftiger Bewohner Ost-Berlins. Einer mit einer Adresse in der »Hauptstadt der DDR«. Endlich konnte ich tun, was ich mir gewünscht und weshalb mich meine Redaktion hierher geschickt hatte: das Leben der Menschen im sozialistischen deutschen Staat beschreiben. Ihren Alltag in Beruf und Freizeit.

Peter Pragal

(Unterschrift des Inhabers)

Der Presseausweis ist nur gültig in Verbindung mit der Aufenthaltsberechtigung für Bürger anderer Staaten. Gültigkeitsdauer des Presseausweises Seite 3–5

Berlin, den 10. 1. 1974

Siegel

Leiter des Bereichs Presse und Information — Leiter der Abteilung Journalistische Beziehungen

PRESSEAUSWEIS/Nr. 133/74

Herr/~~Frau~~ Peter Pragal

wohnhaft Berlin

Weißenseer Weg 2/0406

Der Inhaber dieses Ausweises ist beim Bereich Presse und Information des Ministeriums für Auswärtige Angelegenheiten der Deutschen Demokratischen Republik als Korrespondent

der/~~des~~

Süddeutschen Zeitung

aus der BRD

akkreditiert.

Alle Dienststellen und Organisationen werden gebeten, dem Inhaber dieses Presseausweises bei seiner journalistischen Tätigkeit, entsprechend den in der Deutschen Demokratischen Republik geltenden Rechtsvorschriften, Unterstützung zuteil werden zu lassen.

Ihre Sorgen und ihre Freuden. Und wie sie sich eingerichtet haben in der SED-Diktatur.

Ich war nicht der erste westdeutsche Journalist, den die DDR akkreditierte. Ein paar Kollegen, unter ihnen die Vertreter der *Deutschen Presse-Agentur* und des Nachrichtenmagazins *Der Spiegel*, hatten ihre Ausweise vor mir bekommen. Aber ich war der erste, der freiwillig seinen Wohnsitz in der Bundesrepublik aufgab und ganz nach Ost-Berlin verlegte. Mit Ehefrau und zwei kleinen Kindern. Da für die ständigen Korrespondenten ebenso wie für ausländische Diplomaten Residenzpflicht bestand, hatten auch meine Kollegen eine Büro- und Wohnadresse im Ostteil der Stadt. Ihren Hauptwohnsitz behielten die meisten jedoch in West-Berlin. Und mit ihm oft auch ihren privaten Lebensmittelpunkt.

Unser neues Domizil war in einem Plattenhochhaus im Stadtteil Lichtenberg. Weißenseer Weg 2, vierte Etage, Wohnung 06. Später erhielt die Straße den Namen Ho Chi Minh. Vier Zimmer, Küche, WC, Bad, auch »Nasszelle« genannt. Kein Balkon und kein Keller. Auch Garagen gab es nicht. Dafür wurde der Parkplatz neben dem Gebäude von der Volkspolizei bewacht. Insgesamt 96 Quadratmeter Wohnfläche. Zugewiesen vom Dienstleistungsamt für Ausländische Vertretungen, einer Behörde, die eng mit dem Außenministerium und der Stasi zusammenarbeitete. Die ursprünglich bunten Tapeten – jedes Zimmer in einem anderen unruhigen Muster – hatten wir einheitlich weiß überstreichen lassen. Zum Entsetzen der Mitarbeiter, die kein Verständnis für unseren Geschmack hatten. Weiße Wände – das war nach Ansicht von SED-Funktionären typisch für Arme-Leute-Behausungen. »Die Wohnung wurde in renoviertem Zustand übernommen«, heißt es im Übergabeprotokoll. Das Haus war erst seit einigen Wochen bewohnbar. Bei der Miete zeigte das Amt einen durchaus kapitalistischen Erwerbssinn. 1200 D-Mark pro Monat kassierte der staatliche Vermieter, einzuzahlen vierteljährlich im Voraus auf ein Devisenkonto der DDR-Außenhandelsbank. Das seien eben Marktpreise, sagte man mir im Außenministerium. In Tokio seien die Mieten höher.

Die Vorbereitung auf den Umzug war mühevoll. Wochenlang waren wir in München damit beschäftigt, unseren Hausstand für den DDR-Zoll aufzulisten. Allein die Aufstellung der Bücher, die wir nach Ost-Berlin mitnehmen wollten, füllte zwölf eng beschriebene DIN-A4-Seiten. Alles musste vermerkt sein, Autor, Titel, Verlag, Erscheinungsjahr. Einige Bücher waren darunter, die der Zoll unter normalen Umständen an der Grenze beschlagnahmt hätte. Etwa Robert Havemanns »Fragen – Antworten – Fragen«. Oder die Streitschrift »Monopol-Sozialismus« des polnischen Dissidenten Jacek Kuroń. Bei uns setzte der Zoll auf jeden Einfuhr-Antrag ohne Beanstandung den Genehmigungsstempel. Versehen mit dem Zusatz: »Ohne Handelswert.«

In der leeren Wohnung warteten wir auf unsere Möbel. Unsere Kinder Markus und Katharina waren in der Obhut der Großeltern. Meine Frau und ich schauten aus dem Fenster. Unten knatterten die Trabis vorbei.

Die Abgaswolken waren deutlich erkennbar. Die äußeren Rahmen der Fenster waren mit Graphitstaub überzogen, der aus den Schloten des »VEB Elektrokohle« herüberwehte. Rund ums Haus war Baustelle. Ein Plattenbau nach dem anderen wurde hochgezogen. Der Boden war aufgeweicht und von Gräben durchzogen. »Wie soll ich da mit dem Kinderwagen durchkommen«, sagte meine Frau. Die Tochter war erst ein paar Monate jung. Die Beschwernisse des Alltags – das war uns in diesem Moment klar – würde vor allem die Ehefrau zu tragen haben.

Der Wechsel aus dem wohlgeordneten Leben in München in die schroffe Welt des realen Sozialismus war ein Kulturschock. In Ost-Berlin waren wir Fremde. Keine Freunde, keine Bekannten, die man um Rat und Unterstützung fragen könnte. Aber wie im Ausland fühlten wir uns auch nicht. Wir waren nicht in Warschau oder Moskau, sondern in einer deutschen Stadt. Wir fühlten uns wie Pioniere. Offen und bereit, diese Hälfte einer durch die Mauer geteilten Metropole Schritt für Schritt zu erforschen. Unsere Neugier war stärker als unsere Bedenken. »Wir schaffen das«, sagte meine Frau.

Gegen Mittag fuhr die Spedition vor. Ein gelber Lastwagen samt Hänger. Mit Münchner Kennzeichen. Die Bauarbeiter unterbrachen ihre Arbeit. Zuzug aus dem Westen war für sie neu. Als die Türen des Anhängers geöffnet wurden, steigerte sich ihre Verwunderung. Da stand, fest verzurrt, eine »Ente«, der 2CV meiner Frau. Weil Möbel und Kartons nicht den gesamten Platz einnahmen, hatten wir das Auto in München über eine Rampe in den Hänger gefahren. Aber hier gab es keine Rampe, um den Wagen wieder auf den Boden zu bekommen. Der Fahrer aus Bayern sah sich um. Er winkte einem Kranführer. Der kam aus seiner Kabine heruntergeklettert. Der Möbelpacker erklärte ihm, worum es ging. Der Kranführer legt zwei Gurte um das Auto, stieg auf seinen Hochsitz und beförderte die »Ente« sanft auf den Boden.

Unsere Spediteure blockierten mit ihrem Laster den Hauseingang. Möbelpacker aus Ost-Berlin, die den Hausrat einer DDR-Familie abladen wollten, mussten deshalb warten. »Können wir euch solange helfen?«, fragten sie ihre West-Kollegen. Die hatten nichts dagegen. Es entspann sich ein Erfahrungsaustausch unter deutschen Werktätigen. »Ihr seid wohl von der alten Schule«, meinten die Berliner und schauten auf die beiden Kästen Bier, die ihre Münchner Kollegen ausgeladen hatten. Alkoholgenuss während der Arbeit war in der DDR verboten – eine Bestimmung, die in der Praxis freilich oft missachtet wurde.

Noch mehr staunten die Ostler, als sie drei flache Rollwagen erblickten, auf denen die Spediteure aus Bayern Schränke, Waschmaschine und Kisten zum Fahrstuhl fuhren, anstatt sie mit eigener Kraft zu schleppen. Als die Malocher aus dem Arbeiter- und Bauernstaat auch noch erfuhren, dass die Münchner nach festen Stundenlöhnen bezahlt wurden, während sich ihr wesentlich geringerer Verdienst nach der Kubikmeterzahl der transportierten Möbel berechnete, war klar, wer im Ost-West-Vergleich das schwerere Los hatte. »Bei uns«, sagte einer der Berliner, »wird viel mehr geschuftet.«

Die Möbel waren an ihrem Platz, die Teppiche verlegt, die Kisten ausgeräumt und die Spediteure auf dem Heimweg, da fiel unser Blick auf die kahlen Wände. Die Bilder fehlten noch. Wir überlegten, welcher Stich und welches Gemälde an welcher Stelle hängen sollten. Im Werkzeugkasten fand ich Hammer und Bilderhaken. Aber so sehr ich mich auch anstrengte, der Nagel ging nicht in die Wand. Auch nicht an einer anderen Stelle. Schon beim ersten festen Schlag krümmte sich der Metallstift. Gegen den Beton der Fertigteile hatte ich keine Chance. Am Schwarzen Brett im Hauseingang hatte ich den Satz gelesen: »Der Bohrmann kommt.« Darunter der Name des Hausmeisters. Den bat ich um Hilfe. Mit seiner starken Bohrmaschine »schoss« er Löcher zur Befestigung der Dübel in die Betonwände. Für jedes Loch nahm er, vermutlich auf Anweisung des Vermieters, zwei Ost-Mark.

Paul H. war ein waschechter Berliner. Ein freundlicher, hilfsbereiter Mann, der viel von preußischen Tugenden hielt. Mitte fünfzig, von untersetzter Statur, die Haare sorgfältig gescheitelt. Der blaue Arbeitsanzug, den er trug, wirkte wie frisch gebügelt. Ohne »Paule« hätten wir uns am Anfang schwer getan. Er gab uns Hinweise, wo wir gut essen konnten. Er besorgte uns einen Kumpel, der die Waschmaschine anschloss. Und er sagte uns, wo es einen Privatbäcker gab, dessen Schrippen besser schmeckten als die Fabrikware aus der Kaufhalle. Während sein Hausmeister-Kollege im Ruf stand, für die »Firma Horch und Guck« die Augen offen zu halten, hatte »Paule« mit seiner sozialistischen Obrigkeit wenig im Sinn.

Ich merkte es an seinen Reaktionen zum Thema Fußball. Im Sommer 1974 war Weltmeisterschaft. »Paule« drückte der westdeutschen Mannschaft die Daumen. Als sie in Hamburg vom DDR-Kollektiv eins zu null geschlagen wurde, brach für ihn eine Welt zusammen. Diesen Triumph hat er dem Regime nicht gegönnt. Als er am Tag nach dem Sparwasser-Tor, wie jeden Morgen, im Hausflur stand, hatte er ein trauriges Gesicht. Wortlos ließ er mich passieren. Diese Schmach wollte er nicht kommentieren. In den nächsten Tagen ging es ihm besser. Mit jedem Sieg der Westdeutschen hellte sich seine Miene auf. Erst hat er mir anerkennend zugenickt, dann die Hand zur Gratulation entgegengestreckt. Und schließlich, als Beckenbauer, Müller und Co. den Titel gewonnen hatten, schlug er mir mit seiner Arbeiterhand auf die Schulter. »Na also«, sagte er, sichtlich stolz darauf, dass »die Jungs« seine Erwartungen doch noch erfüllt hatten.

Einige Monate vor meinem Arbeitsbeginn am 1. März 1974 hatte ich im Außenministerium darum gebeten, mich bei der Suche nach einem Büroraum im Stadtzentrum zu unterstützen. Ein geeignetes Mietobjekt zu finden, sei schwierig, bekam ich zur Antwort. Die DDR erlebte zu dieser Zeit eine diplomatische Anerkennungswelle. Immer mehr westliche Staaten nahmen offizielle Beziehungen zum zweiten deutschen

Staat auf und benötigten für ihre Missionen Räume. Und die waren knapp. Ich musste also warten und vorübergehend in der Wohnung arbeiten. Das war für ein harmonisches Familienleben nicht gerade förderlich. Die Wohnung war extrem hellhörig. Auch durch geschlossene Türen drang jeder Laut. Wenn die Kinder lärmten, wurden sie ermahnt: »Seid ruhig, Papa muss schreiben.«

Ohne Telefon ist ein Journalist hilflos. Ich hatte frühzeitig einen Anschluss beantragt, aber als wir einzogen, war kein Apparat da. Wie sollte ich meine Texte, die ich damals auf der mechanischen Maschine schrieb, nach München übermitteln? Ich fuhr nach West-Berlin. Mal ins Büro der *Süddeutschen Zeitung*, mal in ein Postamt, das gleich hinter dem Grenzübergang lag. Von dort aus habe ich meine Artikel der Nachrichtenaufnahme der Zeitung aufs Band gesprochen. Eine Sekretärin hat dann den Text abgeschrieben. So ging das etliche Wochen. Eine Praxis, die viel Zeit kostete. Und eine Mühsal, die man sich im Zeitalter von Handy und E-Mails kaum noch vorstellen kann.

Nach einem Vierteljahr wurde endlich ein Telefon in unserer Wohnung installiert. Ein graues Gehäuse mit einer Wählscheibe. Unsere Freude war nur kurz. Oft gab es kein Amtszeichen. Das lag daran, dass ein anderer Teilnehmer sprach. Die DDR-Post hatte uns fürs Erste einen sogenannten Doppelanschluss zugeteilt. Wenn es stark regnete, tat sich auch nichts. Und als ein Bagger das provisorische Kabel zerriss, war die Leitung für längere Zeit tot. Dann blieb mir nichts anderes übrig, als wieder zum Telefonieren nach West-Berlin zu fahren.

Im Lauf der Zeit besserte sich die Lage. Aus dem Doppel- wurde ein Einzelanschluss. Ortsgespräche kamen in der Regel problemlos zustande. Nach West-Berlin gab es eine Durchwahlnummer. Doch die war meistens besetzt. Man konnte sich die Finger wund wählen, bis man endlich »durch war«. Gespräche in die Bundesrepublik mussten beim Fernamt angemeldet werden. Das dauerte. Als die DDR ihre Ständige Vertretung in Bonn einrichtete, waren Gespräche dorthin im Selbstwählverkehr möglich. Aus der Bundesrepublik konnte man sich direkt ins Ost-Berliner Netz einwählen. Das nutzte vor allem meine in Nordrhein-Westfalen wohnende Schwiegermutter, um sich nach unserem Befinden zu erkundigen. Für sie war die DDR unverändert »die Zone«. Auch meine Frau nahm bei den Gesprächen mit ihr kein Blatt vor den Mund. Sie wusste oder ahnte zwar, dass die Stasi mithört. Aber das kümmerte sie nicht. Sie schimpfte auf alles, was ihr an diesem autoritären Staat missfiel. Die Gängelung der Menschen, die Sonderrechte für die Bonzen und die Unzulänglichkeiten des täglichen Lebens. Als sie einmal sagte: »So ähnlich muss es bei den Nazis gewesen sein«, wurde das Gespräch unterbrochen. So als hätte jemand bewusst die Leitung gekappt. Das passierte immer wieder. SED-Kommunisten konnte man mit nichts mehr provozieren, als ihr Regime mit der NS-Diktatur zu vergleichen.

Im Haus mit seinen 18 Etagen gab es zwei Fahrstühle. Hergestellt in einem Volkseigenen Betrieb. Die wurden von den vielen Mietern und ihren Gästen stark beansprucht. Zeitweise versagten sie den Dienst. Wenn man Pech hatte, blieb der Aufzug zwischen zwei Stockwerken stecken. Tagsüber war das nicht schlimm. Ein Hausmeister war immer in der Nähe. Am späten Abend oder in der Nacht musste man Geduld haben, bis man aus der engen Kabine befreit wurde. Als die Fahrstühle mal wieder nicht fuhren und meine Frau nicht wusste, wie sie den Kinderwagen ins Erdgeschoss bringen sollte, war es mit ihrer Geduld zu Ende. Bei ihr hatte sich viel Unmut gestaut: Weil der Strom ausfiel und sie die Kindermahlzeit auf einem Spirituskocher warm machen musste. Weil ein offener Kabelschacht direkt vor dem Hauseingang verlief, den man nur auf einer schmalen Bohle überqueren konnte. Erst im Herbst, als am 7. Oktober der 25. Jahrestag der DDR-Gründung mit großem Propaganda-Aufwand gefeiert wurde, waren die Mängel rund ums Haus behoben. Die Machthaber waren um ihr Prestige besorgt.

Meine Frau packte also unsere Kinder ins Auto und fuhr zum staatlichen Dienstleistungsamt. Sie war es gewohnt, ungelöste Probleme selbst anzugehen und nicht zu warten, bis ihr Mann dafür Zeit hat. Bei der Pförtnerloge verlangte sie nach dem Leiter, um sich zu beschweren. Das war etwas blauäugig. Sie wurde weder zum Chef vorgelassen noch zu einem anderen Mitarbeiter. Stattdessen erschien eine Sekretärin und teilte ihr förmlich mit: »Frau Pragal, Sie sind für uns kein Gesprächspartner. Der Funktionsträger ist Ihr Mann.« Meine Frau war sprachlos. Eine solche Auskunft hatte sie nicht erwartet. Schon gar nicht in einem Staat, der sich mit der Emanzipation der Frauen brüstete. Wütend fuhr sie zur Ständigen Bonner Vertretung, um dort ihren Frust abzuladen. Deren Leiter Günter Gaus nahm sich tatsächlich Zeit für sie. Er hörte sich ihre Beschwerden geduldig an. Aber er war wohl der falsche Adressat. Auf das hierarchische Gehabe in realsozialistischen Behörden hatte die Ständige Vertretung keinen Einfluss. Für mich hat das Erlebnis im Dienstleistungsamt nachhaltige Folgen. Immer wenn ich mich vor einer unangenehmen häuslichen Aufgabe drücken will, sagt meine Frau süffisant: »Funktionsträger, mach du das mal.«

Erkundung des Alltags

Am Morgen nach unserer ersten Nacht im neuen Heim wollte ich frische Brötchen zum Frühstück besorgen. Der Hausmeister hatte mir einen Tipp gegeben. Ich machte mich zu Fuß auf den Weg. Ich ging die Jacques Duclos- (heute Möllendorff-)Straße Richtung Lichtenberger Rathaus, vorbei an der kleinen Pfarrkirche, und entdeckte auf der rechten Straßenseite einen Bäckerladen. Er war eines von den Geschäften, die privat geführt wurden. Der Geruch aus der Backstube steigerte meinen Appetit. Ich verlangte vier Schrippen, die kosteten zusammen 20 Pfennige Ost. Die Verkäuferin legte mir die Brötchen auf die Ladentheke. Ich schaute sie verdutzt an. In München bekam ich die Semmeln in einer Tüte. Die gab es hier nicht. Eine Tasche hatte ich nicht mitgenommen. Wohin mit den Brötchen? Schließlich steckte ich sie in meine Jackentasche. Es war meine erste Lektion über den Alltag in Ost-Berlin. Fortan ging ich – wie es DDR-Bürger zu tun pflegten – nicht mehr ohne Netz oder Beutel aus dem Haus.

Wir haben schnell begriffen, dass das Leben östlich der Mauer nach anderen Regeln verlief, als wir im Westen gewohnt waren. Und auch nach einem anderen Rhythmus. Ost-Berliner waren notorische Frühaufsteher. Nicht aus Lust oder Leidenschaft. Der Arbeitsprozess zwang sie dazu. Männer ebenso wie Frauen, die – anders als in der Bundesrepublik – in der DDR zu über 90 Prozent einer bezahlten Beschäftigung nachgingen.

Schon um 4.30 Uhr morgens gingen die ersten Lichter in den Wohnungen an. Ab fünf Uhr drängelten sich vor den Straßenbahnhaltestellen Werktätige auf dem Weg zur Frühschicht. Sicher, auch in Fabriken und auf Baustellen in Westdeutschland war um sechs Uhr Arbeitsbeginn. Aber hier in unserem Neubaugebiet schienen in den ersten Morgenstunden nahezu alle Bewohner auf den Beinen zu sein. Arbeiter, Büromenschen, Verkäuferinnen, Friseusen. Und viele Kinder, die – oft noch halb im Schlaf – von ihren Vätern oder Müttern zur Krippe und in den Frühhort gebracht wurden. Spätestens um halb neun waren die neuen Betonburgen, sofern keine Ausländer darin wohnten, entvölkert. Das Volk war – wie man in Berlin sagt – »auf Arbeit«.

Nicht weit von unserem Haus gab es eine Konsum-Kaufhalle. Dorthin gingen wir in der ersten Zeit einkaufen. Wir schoben den Gitterkorbwagen über den Betonboden und verglichen beim Blick in die Regale die Preise. Etliche Waren kosteten – setzte man nach dem offiziellen Umtauschkurs eine Mark Ost gegen eine Mark West – weniger als jenseits der Grenze. Das galt vor allem für die Grundnahrungsmittel, die von den Planwirtschaftlern der SED subventioniert wurden. Auch dann noch, als das Regime ökonomisch schon bankrott war. Dafür war die Auswahl der Waren wesentlich geringer und die Qualität schlechter.

Griff man ein Netz mit Kartoffeln, konnte es passieren, dass die Hälfte des Inhalts verdorben war und weggeworfen werden musste. Vor der Fleischtheke standen die Kunden in der Regel Schlange. »Könnten Sie mir bitte das Fett abschneiden«, bat meine Frau eine Verkäuferin, die dabei war, das Fleisch auszuwiegen. Die Frau sah uns an, als kämen wir vom Mond. »Das müssen Sie aber mitbezahlen«, blaffte sie uns an. »Was glauben Sie denn, wie ich der nächsten Kundin das Fett berechnen soll.« Wieder eine Lektion: Verkäuferinnen, die wie alle Werktätigen im »sozialistischen Wettbewerb« standen, konnten auf Sonderwünsche keine Rücksicht nehmen.

Unsere Annäherung an das Alltagsleben im realen Sozialismus war eine Entdeckungstour, an der ich meine Leser im Westen von Anfang an teilhaben ließ. Die meisten Bundesbürger interessierte damals nicht, was östlich von Mauer und Metallgitterzäunen bei den »Brüdern und Schwestern« passierte. Urlaubsländer wie Griechenland, Italien und Spanien waren ihnen

Symbolischer Standort: Familie Pragal im Jahr 1976 vor dem abgeriegelten Brandenburger Tor

vertraut. Über das Leben der Menschen zwischen Oder und Werra wusste der gewöhnliche Westdeutsche jedoch wenig. Es sei denn, er war von dort vor dem Mauerbau geflohen oder er hatte Verwandte. Nicht etwa, dass es keine politische Berichterstattung gab. Was Walter Ulbricht, Erich Honecker und Genossen erklärten und anordneten, wurde sehr wohl registriert. Aber wie es in den Köpfen und Herzen ihrer Untertanen aussah, blieb dem durchschnittlichen Bundesbürger verborgen. Es war ihm, glaube ich, auch ziemlich egal.

Ich schrieb auf, was ich hörte und beobachtete. In der Straßenbahn und in der Kneipe, in Geschäften und auf dem Rummelplatz, auf der Poststelle und im Theater. Aus den Tagebuch-Eintragungen wurde eine Kolumne, die unter dem Titel »In der DDR notiert« in der Wochenendausgabe der *Süddeutschen Zeitung* erschien und große Resonanz fand. Sie wurde von mehr Menschen gelesen als meine sonstigen Kommentare, Analysen und Reportagen, auf die ich so stolz war. Zunächst habe ich in vielen kleinen Szenen die Außenseite der Gesellschaft beschrieben. Aber je länger wir in Ost-Berlin lebten, desto mehr verwandelte sich mein Blick von dem eines Fremden in den eines Insiders, der seine Umwelt mit den Augen und den Empfindungen von Einheimischen wahrnahm.

Wenn wir schon hier in Ost-Berlin sind, so sagten wir uns, dann mit allen Konsequenzen. Meine Frau und ich nahmen uns vor, so wenig wie möglich auf die Fluchtinsel West-Berlin auszuweichen. Das hielten wir zwar nicht lange durch, aber in der Anfangszeit haben wir diesen freiwilligen Vorsatz erfüllt. Unsere Kinder waren oft krank. Auch eine Folge der verschmutzten Luft, mit der wir täglich konfrontiert wurden. Wir beschlossen, sie und uns vor Ort ärztlich betreuen zu lassen. Dazu mussten wir einen Berechtigungs-Ausweis zum Besuch medizinischer Einrichtungen der DDR beantragen. Die Jahrespauschale betrug 720 Mark pro erwachsene Person. Die Summe entsprach dem Höchstbetrag, den ein DDR-Bürger für die Sozialversicherung zahlen musste. Für die Behandlung unserer Kinder wurde keine zusätzliche Prämie erhoben. Im Haus der Gesundheit, einer Poliklinik am Alexanderplatz, war

In der Humboldt-Universität veranstaltete die FDJ das jährliche »Festival des politischen Liedes«

meine Frau mit den Kindern Stammgast. Lange warten musste sie selten. Ihr grüner Versicherungsausweis berechtigte sie »zur bevorzugten« ambulanten Betreuung. Klassenlos, wie es der Ideologie im sozialistischen Deutschland entsprochen hätte, war das staatliche Gesundheitswesen ohnehin nicht. Es gab ein Regierungskrankenhaus für die DDR-Prominenz. Diese Klinik stand auch den auswärtigen Missionschefs und ihren Familien sowie dem Botschaftspersonal im Diplomatenrang offen. Korrespondenten zählten nicht zu diesem erlauchten Kreis.

Es war eine Zeit, in der unsere Kinder in manchen Nächten ins Elternbett krochen. Meistens war es der

Sohn. Eines Tages entdeckten wir an seinem Körper rote Flecken, die wie Einstichstellen von Insekten aussahen. Die Ärztin im Haus der Gesundheit tippte auf Allergie. Als immer wieder neue Flecken auftraten, schilderten wir unsere Beobachtungen meiner Schwiegermutter. Die war Kinderärztin. Es könnten Wanzenbisse sein, sagte sie. »Wie alt ist eure Ärztin?« So Mitte dreißig, schätzten wir. Dann habe sie wohl mit Wanzenbissen keine praktische Erfahrung, sagte meine Schwiegermutter. Vielleicht hat uns die DDR-Medizinerin die in ihren Augen peinliche Diagnose auch nur ersparen wollen.

Wir nahmen unser Bett auseinander und fanden tatsächlich vier der kleinen, flachen Blutsauger. Wir verglichen ihre Körper mit Abbildungen in einem Tier-Lexikon, das uns DDR-Freunde geschenkt hatten. Kein Zweifel, es waren Wanzen, echte Wanzen. Sie hatten nicht meine Frau und mich, sondern nur unseren Sohn gepeinigt. Wir informierten die Hygiene-Inspektion. Als die Kammerjäger in unsere Wohnung kamen, glaubten sie, an der falschen Tür geklingelt zu haben. »Sind wir hier richtig?«, fragten sie. Bei uns sah es nicht nach Verwahrlosung aus. Sie sprühten dem Raum aus. Drei Wochen lang konnten wir unser Schlafzimmer nicht benutzen und mussten in einem anderen Raum die Nächte verbringen. Ich überlegte, wie ich das Ungeziefer eingeschleppt haben könnte. Bei meinen Dienstreisen übernachtete ich zuweilen in einem der Interhotels. Wenn ich nach Hause kam, legte ich meinen Koffer zum Ausräumen aufs Bett. Von Zeit zu Zeit, so hatte ich gehört, wurden Hotels in der DDR für ein paar Tage geschlossen. Kammerjäger reinigten Gästezimmer und sonstige Räume von allerlei Ungeziefer. Gut möglich, dass sie nicht nur Schaben jagten, sondern auch Bett-Wanzen.

Eines Tages beschloss meine Frau, sich im Städtischen Krankenhaus Friedrichshain operieren zu lassen. Die Klinik, an der in den zwanziger Jahren der Schriftsteller und Arzt Peter Bamm gewirkt hatte, genoss auch zu DDR-Zeiten einen guten medizinischen Ruf. Außerdem war sie nur ein paar Kilometer von unserer Wohnung entfernt. So konnte ich sie öfter besuchen. Gleich nach der Ankunft in einem Vierbettzimmer der Station 11 rief sie mich an und bat mich, ein paar Kleinigkeiten von zu Hause mitzubringen, darunter Messer, Löffel, Gabel und Tee. Den gab es ebenso wenig wie Bohnenkaffee. Nachthemd und Toilettenartikel hatte sie mitgenommen, aber kein Essbesteck. »Die anderen Frauen haben auch ihr eigenes dabei«, sagte sie. »Das ist hier so üblich.«

An den Betten gab es keine Nachttischlampe. Eine Glühbirne an der Decke beleuchtete den Raum. Es fehlten auch schwenkbare Tabletttische. Das Essen wurde nicht ans Bett gebracht. Die Patienten mussten aufstehen und die Mahlzeit auf dem Flur in Empfang nehmen. Wer das nicht konnte, weil er frisch operiert war, wurde von den gehfähigen Patienten versorgt. Mit dem Teller balancierte man auf der Bettdecke. Manche der Patienten halfen in der Küche. So also sah das von den Parteifunktionären hoch gepriesene Gesundheitswesen von innen aus. Wie in vielen Bereichen klafften auch hier Propaganda und Wirklichkeit auseinander.

Als es ein Jahr später darum ging, ihre Mandeln herausnehmen zu lassen, entschied sich meine Frau trotzdem erneut für das Krankenhaus Friedrichshain. Diesmal lag sie in einem Zweibettzimmer. Einer der Chefärzte der Klinik war ein gebürtiger Bayer. Ein renommierter Chirurg, der etliche DDR-Prominente unter dem Messer gehabt hatte. Nach dem Krieg war er im Osten geblieben und hatte dort beruflich Karriere gemacht. Wir hatten ihn über seine Tochter kennengelernt. Er verleugnete seine bajuwarische Herkunft nicht. Meiner Frau brachte ich täglich die *Süddeutsche Zeitung* ins Krankenhaus. Sie hatte mit ihm verabredet, dass er sich seine »Lieblingszeitung«, wie er sich ausdrückte, abholen durfte. Beim ersten Besuch kam er ins Zimmer und blieb wie angewurzelt stehen. Die Patientin im Nachbarbett war seine OP-Schwester aus der chirurgischen Abteilung. Er schien zu überlegen, ob er sich vor einer Mitarbeiterin die Blöße geben sollte, sich von einer Patientin aus der Bundesrepublik eine West-Zeitung aushändigen zu lassen.

»Ich hätte in diesem Moment heulen mögen«, hat mir später meine Frau gesagt. Da stand ein hoch angesehener Chefarzt und musste sich nach dem ersten Schrecken entscheiden, ob er wieder gehen oder den wahren Grund seines Besuches zugeben sollte. Was ist das für ein Staat, der seine Bürger in eine solche demütigende Lage brachte, fragte sie. Der Arzt entschied sich dafür, Farbe zu bekennen. Er begrüßte meine Frau, machte die Patientinnen miteinander bekannt und nahm später auch die Zeitung mit. Von da an kam er täglich. Und wenn er ging, hatte er eine Lektüre in der Tasche, die ihm sonst nicht zugänglich war.

Der grün uniformierte Volkspolizist, der auf einer Ost-Berliner Straßenkreuzung den Verkehr regelte, bemühte sich gar nicht erst um Höflichkeit. »Steig ab, fahr rechts ran und warte, bis ich komme«, herrschte er einen Jugendlichen an, der in den Augen des Ordnungshüters mit seinem Mofa ein wenig zu flott um die Kurve gefahren war. Doch der junge Mann, der mit vielen Gleichaltrigen das Schicksal teilte, von der Polizei besonders schikaniert zu werden, verhielt sich anders als erwartet. »Erstens haben Sie nicht du zu mir zu sagen, zweitens bleibe ich sitzen, und drittens werde ich gleich weiterfahren«, sagte der Mofa-Fahrer. Dem Volkspolizisten verschlug es die Sprache. Bevor er darüber nachdenken konnte, wie er diesem Angriff auf seine Autorität begegnen sollte, zeigte der junge Mann, Sohn eines befreundeten Mitarbeiters der Ständigen Bonner Vertretung, seine rote Diplomatenkarte. »Entschuldigung, konnte ich ja nicht wissen«, murmelte der Uniformierte und ging schnell auf die andere Straßenseite.

Die Konfrontation mit Menschen, die ihnen selbstbewusst begegneten, muss für die Vertreter der Staatsmacht ein Schock gewesen sein. Bisher waren sie gewohnt, dass sich Bürger ihres Staates bei geringsten Verstößen gegen die Regeln von Disziplin und Ordnung devot verhielten. Jetzt hatten sie es ab und zu mit

Leuten zu tun, die sich ihren barschen Ton verbaten und sich nicht einfach abkanzeln ließen. Oder sich so benahmen, wie es in ihren westlichen Heimatländern üblich war. Im Bewusstsein, dass ein Polizist für die Bürger da ist. Oder zumindest da sein sollte. Zum Beispiel, indem man mitten auf der Kreuzung neben einem Verkehrspolizisten anhielt, die Scheibe der »Ente« hochklappte und sich höflich erkundigte, wie man am schnellsten an einen bestimmten Ort kommen würde. »Was habt ihr gemacht?«, haben uns ungläubig DDR-Freunde gefragt, als wir ihnen diese Episode erzählten. Unser Verhalten war nach DDR-Regeln ungebührlich. Sie selbst hatten eine andere Praxis verinnerlicht: Auto am Straßenrand abstellen, zu Fuß zum Polizisten gehen und in Demutshaltung um Auskunft bitten oder – falls man etwas falsch gemacht hat – sich einen mündlichen Verweis abholen. Dieses Verhalten war für uns schwer verständlich, weil die »Grünen«, wie man in der DDR Volkspolizisten nannte, in der Gesellschaft eher gering geschätzt wurden. Man machte sich, wie zahlreiche Witze belegen, gern über sie lustig. Frage: Warum treten Volkspolizisten häufig als Paar auf? Antwort: Weil sie nur zu zweien ihre zehn Klassen Oberschule zusammenkriegen. Oder: Was ist, wenn es keine Ökonomen mehr gibt? Dann sind die Volkspolizisten wieder die Dümmsten.

Dass wir in einen Obrigkeitsstaat geraten waren, bei dem sich preußisch-wilhelminische Traditionen mit sozialistischer Bevormundung mischten, haben wir vom ersten Tage an gemerkt. In Gaststätten, wo Gäste am

Eingang stehen gelassen wurden, bis ein Kellner nach längerer Wartezeit sie gnädig an einem der vielen freien Tische platzierte. In Kulturhäusern, wo Besucher auf Hinweistafeln ermahnt wurden, in »einwandfreier Kleidung« zu erscheinen. In Rathäusern, wo man vom Pförtner barsch angefahren wurde, wenn man nicht unaufgefordert seinen Ausweis zeigte. Wer ständig nach oben buckeln muss, neigt dazu, andere seine kleine Macht spüren zu lassen. Vielleicht war es ja Zufall, aber Rentner sind uns besonders häufig als Besserwisser und Rechthaber aufgefallen. Irgendwann haben wir mit unseren Kindern in einer Grünanlage gespielt. »Gehen Sie runter, das ist verboten«, herrschten uns Veteranen an, die auf einer Bank saßen. Wir waren in keinem Park mit einem gepflegten Rasen, wo man Einschränkungen akzeptieren konnte, sondern auf einer gewöhnlichen Wiese am Rande des Weißen Sees, nicht weit von unserer Wohnung entfernt. Meine Frau und ich sahen uns an. Als Studenten hatten wir in München erlebt, wie uns berittene Polizisten von den Wiesen des Englischen Gartens vertreiben wollten. Immer wieder hatten wir ihre Aufforderungen ignoriert, bis die kommunale Obrigkeit irgendwann aufgab und uns gewähren ließ. Und jetzt sollten wir uns diesen zänkischen Alten beugen? Wir überhörten ihr Gezeter und spielten weiter mit unseren Kindern.

Am Wochenende fuhren wir hinaus aus dem Häusermeer ins Brandenburgische. Unser Auto war inzwischen in der DDR zugelassen. Die Buchstaben QA auf dem Kennzeichen symbolisierten den Status als akkreditierter Korrespondent. Die Ziffer 57 stand für Bundesrepublik Deutschland. Jeder Staat, der in Ost-Berlin eine diplomatische Mission unterhielt, hatte eine spezielle Kennziffer. Geordnet nach der zeitlichen Reihenfolge, in der die Beziehungen aufgenommen worden waren. Jeder Volkspolizist wusste sofort, mit wem er es zu tun hatte. Immerhin wurden wir an der Stadtgrenze zwischen der »Hauptstadt« und der DDR nicht angehalten und kontrolliert, wie das in unserer Anfangszeit mit Personen in Autos aus West-Berlin oder der Bundesrepublik geschah.

Wir fuhren über Straßen, die von mächtigen Laubbäumen dicht gesäumt waren. Ihre Kronen berührten sich und bildeten ein Dach, unter dem wir uns bewegten. Wir freuten uns an dem ungewohnten Anblick. Wenn wir in Westdeutschland unterwegs waren, konnte man oft nicht erkennen, wo eine Gemeinde aufhörte und wo eine andere begann. Die Landschaft war zersiedelt. Hier, in der DDR, war ein Dorf noch ein Dorf. Und dazwischen Felder, Wälder und Wiesen. Manchmal holperten wir über Kopfsteinpflaster. Wir dachten an unsere begradigten, zu Schnellpisten ausgebauten Straßen in der Bundesrepublik, an denen man Bäume gefällt hatte, weil sie ein Sicherheitsrisiko darstellten. Hier sah es noch so aus wie in der Zeit vor dem Krieg. Vermutlich hätten die SED-Regenten die Verbindungswege auf ihrem Territorium gern nach westdeutschem Muster modernisiert. Dass dies nicht geschah, war weniger ihrer Liebe zur Natur geschuldet als dem Mangel an Arbeitskräften und Material.

Was wir bei unseren Ausflügen wahrnahmen, erinnerte uns häufig an die eigene Kindheit in den Nachkriegsjahren. In den Gärten von Freunden kam das Wasser nicht aus der Leitung, sondern aus einer Pumpe. Für unsere Kinder, die nackt umhersprangen, war das ein Erlebnis. Auch die Erwachsenen waren in ihrem Verhalten ungezwungen. Viele badeten in den Seen ohne Badehose und Badeanzug. FKK war weit verbreitet. Als nach dem Ende der DDR unter dem Einfluss westdeutscher Kurdirektoren die Freizügigkeit des Nacktbadens an der Ostsee wieder eingeschränkt wurde, liefen viele Einheimische gegen die neue Bevormundung Sturm.

Und noch etwas fiel uns bei unseren Erkundungstouren auf. An Halteplätzen der Landstraßen standen mitunter Dörfler und boten Früchte aus ihrem Garten zum Kauf an. Äpfel, Birnen und Beeren. Frisch geerntet und in der Regel ungespritzt. Wir genossen den ursprünglichen Geschmack. Auch Pilze wurden offeriert. In den Kaufhallen hätte man wohl vergeblich danach gesucht. Wir gewöhnten uns daran, dass in der sozialistischen Mangelgesellschaft das Warenangebot der jeweiligen Jahreszeit entsprach. Kohl im Winter, Kirschen im Sommer, Pflaumen im Herbst. Apfelsinen, die für Devisen importiert werden mussten, spendierte die Obrigkeit ihren Untertanen meistens nur zu Weihnachten.

DDR-Bürger beneideten die Westdeutschen um ihren kulinarischen Überfluss. Wir dagegen fanden, dass sich die Ostdeutschen – wenn auch nicht freiwillig –

ein Gefühl für den natürlichen Rhythmus des Jahres und der Natur bewahrt hatten. Weil nicht alles, wie in den westlichen Ländern, zu jeder Zeit verfügbar war. Etwa frische Erdbeeren im Winter – eingeflogen aus dem Süden. Werden Freude und Genuss nicht gedämpft, wenn sie immer zu haben sind? Waren die Menschen in der DDR, ohne dass ihnen dies bewusst war, wegen des allgegenwärtigen Mangels vor Übersättigung geschützt? Wir behielten solche Überlegungen für uns, aus Sorge, wir könnten für zynisch oder elitär gehalten werden. Im Dezember brachte meine Frau aus West-Berlin frische Blumen mit, die es in Ost-Berlin nicht gab. Eine DDR-Nachbarin kam zu Besuch. Sie sah den Strauß und sagte: »Rote Tulpen unter dem Adventskranz. Das ist ja pervers.«

Immer unter Kontrolle

Am 6. Juli 1993 sitze ich in einem Raum der Stasi-Unterlagenbehörde und lese in meinen Akten. Stunde um Stunde arbeite ich mich durch die Berge von Papier. Wie schon am Tag zuvor. Viele Opfer der SED-Diktatur haben sich vor diesen Stunden der Wahrheit gefürchtet. Die Vorstellung, jemand aus ihrem Verwandten- und Freundeskreis könnte sie bespitzelt haben, hat ihnen schon vor der Konfrontation mit den Aufzeichnungen schlaflose Nächte bereitet. Mir nicht. Ich bin vorbereitet und ohne Illusionen. Neugierig bin ich, das ja. Neugierig auf das Material, das Erich Mielkes

Leute über mich gesammelt haben. Doch im Gegensatz zu DDR-Bürgern fühle ich mich nicht als Opfer, eher als publizistischer Gegenspieler der untergegangenen Staatsmacht.

Was ich über Inoffizielle Mitarbeiter bei der Lektüre erfahre, regt mich nicht sonderlich auf. Echte Freunde sind es nicht gewesen, die auf mich angesetzt waren. Es waren überwiegend Leute, die ich etwas geringschätzig als »Laufkundschaft« betrachtete. Bekannte, die ich ausgefragt, »abgeschöpft«, wie es im Stasi-Jargon heißt, aber nicht ins Vertrauen gezogen habe. Was andere schmerzhaft erlebten, bleibt mir anscheinend erspart. Niemand, zu dem ich eine enge Beziehung habe, hat mich hintergangen. Ich lese weiter. Ohne Beunruhigung und ohne besondere Emotionen. Sachstandsberichte mit Bewertungen meiner journalistischen Arbeit, Protokolle über Observierungen, IM-Berichte, Operativpläne, Vermerke und Auswertungen. Verfasst in einem gleichbleibend hölzernen Bürokraten-Deutsch.

Plötzlich wird mir heiß. Ich blicke auf eine Kopie mit Aufzeichnungen in meiner Handschrift. Ich fühle, wie mir Blut in den Kopf schießt. Hastig blättere ich, schaue mir die nächsten Seiten an. Vor mir liegen die Ablichtungen eines sehr privaten Tagebuchs. In einem Stenoblock habe ich meine Empfindungen während einer kritischen Phase unseres Ehelebens aufgeschrieben. Er lag ganz unten in meiner Schreibtischschublade. Begraben unter dienstlichen Papieren. Und nur für mich bestimmt. Verdammt noch mal, denke ich. Was geht den Staatssicherheitsdienst unser Intimleben an? Das war naiv. Dass der Stasi-Apparat keine Tabus kennt, war mir eigentlich klar. In der Theorie. Jetzt bin ich mit der Praxis konfrontiert. Der Gedanke an die heimlichen Mitleser wühlt mich auf. Wut mischt sich mit Hilflosigkeit, Erschrecken mit Scham.

Es dauert, bis sich an diesem Tag meine Erregung legt und ich meine Fassung zurückgewinne. Ich begreife, dass ich es mit den Ergebnissen einer konspirativen Durchsuchung meines Büros in der Clara-Zetkin-Straße zu tun habe. Am 26. März 1978 sind die Experten der Hauptabteilung VIII in mein Dienstzimmer eingedrungen. In einer sorgfältig vorbereiteten Aktion, die von der Führungsspitze des Staatssicherheits-Ministeriums genehmigt worden war. Der Einbruch war ja nicht ohne Risiko. »Stellen Sie sich vor, unsere Leute wären dabei erwischt worden«, hat mir lange nach dem Ende der DDR ein ehemaliger Stasi-Offizier gesagt. »Was das für ein Aufschrei im Westen gewesen wäre.«

Das Öffnen eines gewöhnlichen DDR-Schlosses war für die Spezialisten des MfS kein Problem. Es war ein Sonntag, Ostersonntag. Vermutlich kamen sie, als es dunkel war. Wo ich war, wussten sie. Ich stand unter Beobachtung. Sie müssen sicher gewesen sein, dass sie niemand überraschen würde. Kein Büromieter der Etage, kein zufälliger Passant. Die Fahnder durchstöberten Schubladen, Schränke und Regale. Was ihnen wichtig erschien, haben sie fotografiert. Adressbücher, Kalender, Briefe, Abrechnungen. Auch Notizen für meine journalistische Arbeit. Auf manchen Seiten sind noch die in dünnen Handschuhen steckenden Finger des Menschen zu sehen, der die Dokumente unter die Kamera gehalten hat. Nichts habe ich in der Zeit danach von dem heimlichen Besuch gemerkt. Alles, was die Profis angefasst und erschnüffelt hatten, lag auf dem gewohnten Platz. Spuren haben sie nicht hinterlassen.

Drei Tage nach dem Einbruch, der auch nach DDR-Recht illegal war, hat die für die Korrespondenten zuständige Hauptabteilung II/13 die Ergebnisse der »konspirativen Durchsuchung« in einem mehrseitigen Bericht ausgewertet und zusammengefasst. Aus den Materialien in meinem Büro gehe hervor, so lese ich, dass ich die mir als Korrespondent zustehenden Befugnisse überschreite, Kontakt zu »feindlichen und politisch-negativen Kräften« sowie »sogenannten Kritikern des realen Sozialismus« suche und über »die angebliche Entwicklung einer inneren Opposition in der DDR« recherchiere. Die im Büro dokumentierten Unterlagen bestätigten ferner »die vielfältigen Verbindungen des Pragal zu solchen Bürgern der DDR, die mit rechtswidrigen Anträgen zur Entlassung aus der Staatsbürgerschaft der DDR und Übersiedlung in die BRD in Erscheinung getreten sind«.

Es folgt eine Aufzählung von Personen, die ich nach Ansicht der Stasi zu ihrem Begehren der freien Ausreise »inspiriert« oder sie dabei beraten habe. Als besonders wichtigen Fund der Durchsuchung werteten die Fahnder die »Riesaer Petition«. Ein Originalschriftstück mit rund 30 Namen und Adressen von Bürgern,

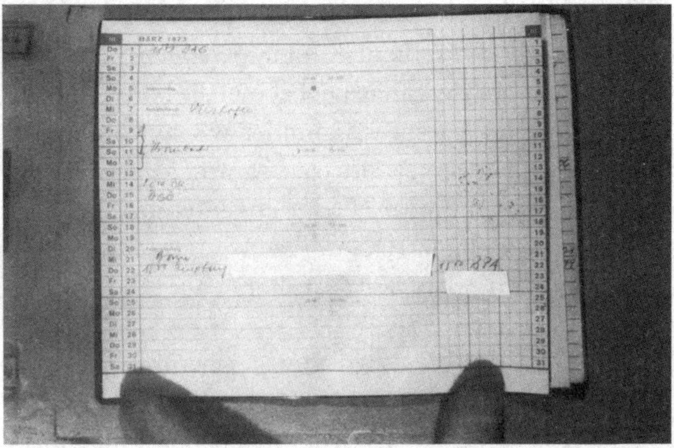

Objekt der Begierde: Ein Stasi-Offizier fotografiert heimlich Pragals Terminkalender

die auf Initiative des sächsischen Arztes Karl-Heinz Nitschke unter Berufung auf die UN-Konvention über Menschenrechte die Übersiedlung in die Bundesrepublik gefordert hatten. Über mich heißt es in dem Stasi-Protokoll: »Er unterhielt persönliche Kontakte zu Mitgliedern dieser Gruppe, ließ sich umfassend über deren feindliche und negative Aktivitäten informieren und wertete diese Kenntnisse publizistisch … in verleumderischer und diffamierender Weise gegen die DDR aus.«

Wer als West-Korrespondent im Machtbereich der DDR lebte, stand unter totaler Kontrolle des kommunistischen Geheimdienstes. Die Zimmer waren »verwanzt«, Telefongespräche wurden abgehört, Briefe geöffnet und mitgelesen, Hauspostkästen und Wechselsprechanlage kontrolliert, Kontaktpersonen registriert, Fahrten und Spaziergänge beobachtet und protokolliert. Wo immer wir waren, was immer wir machten – die Stasi hatte fast immer ein wachsames Auge auf uns. Was ich früher nur geahnt oder angenommen habe, ist in meinen Akten als »Operativer Vorgang Starnberg«, später »OV Kumpan, Teil Starnberg« auf etlichen Tausend Blatt dokumentiert.

Der Aufwand, den das MfS gegen uns »Klassenfeinde« betrieb, wirkt im Rückblick grotesk. Dass ich bei dienstlichen Fahrten in die DDR beobachtet wurde, war noch verständlich. Aber dass sich die »Firma« auch im Ost-Berliner Alltag über längere Zeitabschnitte von früh bis spät an unsere Fersen heftete, lässt sich wohl nur aus einem maßlos übersteigerten Sicherheitsdenken erklären. Sobald meine Frau und ich das Haus verließen, wurden mit akribischer Gründlichkeit über uns »Beobachtungsberichte« angefertigt.

Das liest sich so: »19.18 Uhr begab sich ›Starnberg‹ in Begleitung seiner Ehefrau Karin Pragal, welche den Decknamen ›Kobra‹ erhält, zum abgeparkten Pkw. Beide Personen fuhren auf direktem Weg zur Staatsoper. 19.37 Uhr betraten ›Starnberg‹ und ›Kobra‹ die Staatsoper. Im Kassenraum begrüßte ›Starnberg‹ eine unbekannte männliche Person mit Handschlag. Diese Person erhält im weiteren Bericht den Decknamen ›Boa‹. ›Starnberg‹ und ›Kobra‹ begaben sich zur Garderobe. Während der Vorstellung standen sie nicht unter operativer Bebachtung.« Aber danach. Denn im Bericht

Hauptabteilung VIII
Abteilung 10

Berlin, den 25. April 1978

Hauptabteilung II
Abteilung 13

Fortsetzung zum Beobachtungsbericht "S t a r n b e r g"

Für den 22. 4. 1978 von 07.00 Uhr bis 23. 4. 1978, 01.00 Uhr

07.00 Uhr wurde die operative Beobachtung von "Starnberg" fortgesetzt. Der Pkw Volvo stand im Wohngebiet abgeparkt.

09.50 Uhr verließen "Starnberg", "Kobra" und ihre beiden Kinder das Wohnhaus und begaben sich zum Pkw, in dessen Kofferraum sie einen Kinderroller verpackten.

09.55 Uhr fuhren alle Personen mit dem Pkw auf direktem Weg zur GÜSt Heinrich-Heine-Straße, wo sie
10.10 Uhr nach Berlin-West ausreisten.

Zu diesem Zeitpunkt wurde die operative Beobachtung unterbrochen.

Durch die Hauptabteilung VI erfolgte keine Einreisemeldung von "Starnberg".

Bei einer Kontrolle
18.45 Uhr an seiner Wohnung wurden beide Pkw festgestellt.

Die operative Beobachtung wurde fortgesetzt.

20.00 Uhr verließen "Starnberg" und "Kobra" das Wohnhaus und begaben sich zu dem Pkw Volvo.

"Starnberg" trug einen Kasten (50 x 50 x 30 cm). "Kobra" trug zwei gefüllte Plastetüten.

heißt es weiter: »22.16 Uhr verließen ›Starnberg‹ und ›Kobra‹ die Oper, begaben sich zu ihrem Pkw und fuhren auf direktem Weg zu ihrer Wohnung, wo sie den Pkw auf dem Parkplatz abstellten und das Haus um 22.31 betraten. In der Wohnung wurde kein Licht festgestellt. Bis 24.00 Uhr trat ›Starnberg‹ nicht wieder in Erscheinung. Zu diesem Zeitpunkt wurde die operative Beobachtung unterbrochen.«

In der Regel habe ich von der Oberservierung nichts gemerkt. Wenn ich doch mitbekam, dass ich verfolgt wurde, dann war dies von Stasi-Leuten beabsichtigt. Es gab westliche Diplomaten und Berufskollegen, die versucht haben, potenzielle Verfolger abzuhängen. Ich habe von solchen Spielereien nichts gehalten. Aber aus den Akten weiß ich, dass ich es meinen Beschattern auch ohne Absicht nicht leicht gemacht habe. Am 4. März 1978 waren die Beobachter wieder einmal in Ost-Berlin hinter mir her. Laut Protokoll passierte um 11.25 Uhr Folgendes: »In der Ho-Chi-Minh-Straße wendete ›Starnberg‹ verkehrswidrig und fuhr in Richtung Frankfurter Allee. Dabei geriet er aus verkehrstechnischen Gründen außer Kontrolle.« Sie hatten mich aus den Augen verloren.

Eines Tages hatte es meine Frau satt, dass Kollegen aus der Münchner Redaktion tagsüber bei uns zu Hause anriefen und wissen wollten, wo ich gerade sei. »Das weiß ich doch nicht«, sagte sie. »Wenn er nicht im Büro ist, dann hat er einen Termin.« Manchmal fügte sie noch provozierend hinzu: »Vielleicht ist er auf der Toilette oder bei seiner Freundin.« Als ich abends in

19.44 Uhr

PRAGAL, P. kurz vor dem Betreten des "Haus der Freundschaft"in der Puschkinstraße.

Bild 11

unsere Wohnung kam, meinte sie, der Verlag müsse mir endlich einen Anrufbeantworter für mein Büro besorgen. Dann würden die lästigen Anrufe in der Privatwohnung wohl aufhören. Ich war schon drei Jahre in Ost-Berlin und hatte mehrfach in München auf die Notwendigkeit einer technischen Neuanschaffung zur Verbesserung der Kommunikation hingewiesen.

Beim Besuch eines Verlagsmanagers trug ich erneut mein Anliegen vor und fand bei ihm Verständnis. Dann erkundigte ich mich beim Dienstleistungsamt, was außer einer Zolleinfuhr-Genehmigung für die Installation nötig sei. »Da stellen Sie mal einen Antrag«, sagte ein Sachbearbeiter, »und dann geht die Sache schon klar.« Das Verfahren sei ähnlich wie beim Telefon. Außerdem müsse ich mit ein paar Mark Gebühren rechnen. Obwohl ich die verlangte Formalität rasch erledigte, zog sich die Angelegenheit hin. Das Gerät sei in der DDR unbekannt, erklärte der Sachbearbeiter. »Wir brauchen noch die technischen Unterlagen.« Neben der Bedienungsanleitung benötige die Post auch die Schaltpläne. Ich lieferte die gewünschten Unterlagen. Aber auch dann rührte sich nichts. Schließlich wurde ich aufgefordert, das Gerät zu einer technischen Prüfung zur Verfügung zu stellen. »Nur für ein paar Tage.«

Nach etwa zwei Wochen bekam ich den Anrufbeantworter zurück. Verbunden mit dem Hinweis, dass ich die Kosten für die technische Untersuchung zu tragen habe. Mit rund 1000 Mark werde ich wohl rechnen müssen. Ich protestierte. Die DDR, so argumentierte ich, habe sich auf diesem Wege neues technisches Wissen aus dem Westen verschafft. Dafür auch noch Geld zu verlangen, sei eine Zumutung. Auf den Anschluss des Gerätes musste ich weiter warten. Fast hatte ich die Hoffnung aufgegeben, den Anrufbeantworter in meinem Büro nutzen zu können, da bekam ich einen Anruf, die Sache gehe in Ordnung. Am nächsten Tag kam ein Techniker und schloss das Gerät an. Von einer Rechnung war nicht mehr die Rede. Den wahren Grund für die Verzögerung habe ich später erfahren. Vor mir hatte ein Korrespondenten-Kollege in seinem Ost-Berliner Büro einen Anrufbeantworter installieren lassen, der es ermöglichte, die gespeicherten Gespräche auch von auswärts abzuhören, etwa aus Hamburg oder Berlin (West). Das rief die Stasi auf den Plan. »Die haben hier rotiert«, sagte mir ein Eingeweihter. Man vermutete wohl bei meinem Gerät eine ähnliche Funktion und inspizierte sein technologisches Innenleben. Die Enttäuschung hätten sich die DDR-Experten sparen können. Mit einer Fernabfrage konnte ich nicht dienen.

Immer unter Kontrolle zu sein – das war für manche der in Ost-Berlin lebenden Westler auf Dauer schwer zu ertragen. Wenigstens im Urlaub wollten sie das Gefühl der Freiheit genießen. Möglichst weit weg von der DDR, der Stasi und ihren Spitzeln. Verständlich, dass der eine oder andere sich an die Stirn tippte, als wir ihnen erzählten, wir blieben auch in unseren Ferien im Lande. Mal an der Ostsee, mal in märkischen Gefilden. Etwa in Menz am Roofensee, wo das Dienstleistungsamt für Diplomaten und »bevorrechtigte Personen« ein »Ferienobjekt« unterhielt und gegen Valuta Häuser vermietete. Auch dort hatte die »Firma« ein sorgsames Auge auf uns.

Kaum hatten wir das Haus 3 an einem Tag Ende Juni 1988 für zwei Wochen bezogen, da begannen die Mitarbeiter der Potsdamer Bezirksverwaltung ihre Aktion »Blitz«. Die Wände im »Objekt Wüste« waren mit Abhöranlagen präpariert. Der Genosse von der Auswertung war informiert. Und ein IM schickte sich an, unseren Tagesablauf zu kontrollieren und in einem »Zeitfilm« festzuhalten. »Im Verlaufe der Nacht keine Bewegungen«, notierte er handschriftlich morgens um 8 Uhr. Um 9.45 war immer noch »Ruhe im Haus. Pkw und Fahrräder stehen vor der Tür«. Der IM blieb wachsam: »11.35 Waldlauf von ihm allein. Zu 19.30 wurde die Sauna bestellt.«

Tag für Tag schrieb er auf, was er beobachtete. Seite

um Seite. Mit genauer Zeitangabe. Ein Sammelsurium von Banalitäten. Als DDR-Freunde telefonisch für das Wochenende ihren Besuch ankündigten, war IM »Peter« rechtzeitig auf Posten. »Um 10.38 Uhr begab sich der Pragal zu Fuß in Richtung Toreinfahrt des Geländes«, schrieb er ins Protokoll. »Hier zeigte er Warteverhalten.« Die Besucher kamen eine Stunde später. »Die männliche Person trug eine Kollegmappe, die weibliche Person einen Blumenstrauß.« Als gewissenhafter Spitzel notierte er sich auch Farbe und polizeiliches Kennzeichen des Autos vom Typ »Trabant«, mit dem unsere Freunde gekommen waren.

Um auf dem Laufenden zu bleiben, ließ ich mir die Tageszeitungen zustellen, die ich sonst in mein Büro bekam. Blätter aus dem Westen und aus der DDR. Ein Kurier brachte sie jeden Morgen nach Menz. Nach dem Frühstück lasen wir ausgiebig in den Gazetten. Ohne dabei viel zu reden. Manchmal, wenn mir bei der Lektüre etwas Interessantes auffiel, las ich es meiner Frau vor. »Hör mal, was sich Leipziger Schüler gegen das Rauchen haben einfallen lassen. Das wird dir gefallen.« So steht es wörtlich in einem Protokoll, in dem unsere Unterhaltung auf Tonband aufgezeichnet und später abgeschrieben worden ist. Der nächste Satz in der Abschrift lautet: »Papierknistern. Etwas später sagt sie: ja.«

Bei seinem Drang, mich auszukundschaften, beschränkte sich das Staatssicherheits-Ministerium nicht auf das eigene Territorium. Es dehnte seine Observierung auf das »Operationsgebiet« Berlin-West aus. Im

Falterweg in Charlottenburg hatten wir – anders als in den siebziger Jahren, in denen wir ausschließlich in Ost-Berlin lebten – nach meiner Rückkehr aus Bonn neben meiner Ost-Berliner Dienstwohnung in der Leipziger Straße einen zusätzlichen Wohnsitz genommen. Wir dachten dabei vor allem an unsere Kinder, die inzwischen in einem Alter waren, das schulische Experimente im realen Sozialismus verbot.

Im Frühjahr 1985 setzte das MfS einen Agenten in Marsch, um die Örtlichkeiten »aufzuklären«. Zwar stand unser Name nicht im West-Berliner Telefonbuch, aber der Stasi war die neue Adresse bekannt. Die Ausbeute des Kundschafters war mager. Und einer der Hellsten schien er auch nicht gewesen zu sein. Er konnte sich während seiner halbstündigen Beobachtung nicht einmal die richtige Zahl merken und übermittelte eine falsche Hausnummer. Ein Studentenwohnheim in unserer Nachbarschaft hielt er für ein »Aufnahmelager für polnische Bürger«. In seinem Bericht an die Hauptabteilung II/13 kam er zu dem Schluss, dass Pragals ein für die Zwecke der Stasi-Observierung ungeeignetes Haus gemietet hatten. Der Falterweg sei eine Sackgasse. »Da es sich um eine reine Wohngegend ohne jede Geschäfte handelt, ist eine direkte, längere Beobachtung des Hauses nicht möglich.« Ferner sei zu beachten, »dass es in dieser Gegend kaum Fußgänger gibt«.

Diese Auskunft hinderte die Hauptabteilung II/13 nicht daran, Stasi-Kollegen bei einem späteren Anlass um Amtshilfe zu bitten. Durch »inoffizielle Hinweise«

hatten meine Aufpasser mitbekommen, dass ich den Leiter der Ständigen Bonner Vertretung, Hans-Otto Bräutigam, meinen damaligen Chefredakteur Rolf Winter und den Ost-Berliner Anwalt Wolfgang Vogel zu einem Abendessen in unsere Charlottenburger Wohnung eingeladen hatte. Zur Adresse im Falterweg, so heißt es in einem Schreiben an die zuständige Diensteinheit, seien bereits Ermittlungen geführt worden. »Es wird um die Einleitung von operativen Kontrollmaßnahmen zur Feststellung weiterer Teilnehmer (genutzte Pkw) gebeten.«

Im Sommer 1984 habe ich meine Familie mit einem Urlaubsplan überrascht. Ich wollte an die polnische Ostseeküste. Nach Kolberg, das heute Kolobrzeg heißt. Ich war dort während des Krieges mit meiner Mutter zu einem kurzen Urlaub. Ich meinte, mich an den warmen, gepflegten Sandstrand der hinterpommerschen Küste erinnern zu können. Aber vielleicht habe ich mir das nur eingebildet. Jedenfalls zog es mich in nostalgischer Verklärung dahin. Meine Frau und meine Kinder willigten ein, skeptisch und ohne Begeisterung. Über ein West-Berliner Reisebüro buchte ich einen 14-tägigen Aufenthalt im Orbis-Hotel »Solny«. Meine Reiseabsicht blieb der Stasi nicht verborgen. Sie vermutete, der Urlaub sei nur Tarnung. In Wahrheit wolle ich in der damaligen Volksrepublik Polen über die aktuelle politische Lage Informationen einholen. Jedenfalls wurde der polnische Geheimdienst vor mir gewarnt. Pragals Aufgabenstellung, so lese ich in einer Aktennotiz des MfS, bestehe in der »Eigenerkundung zum

Stand des Einflusses von Solidarnošč und der Stabilität der inneren Lagebedingungen in der VRP«. Um Übermittlung und Einleitung geeigneter Kontrollhandlungen werde gebeten.

Unser Urlaub war ein Reinfall. Das Wetter war schlecht, die Ostsee kalt, der Hotelservice mies, und die Kinder langweilten sich. Drei Wochen nach unserer Abreise beantwortete die Geheimdienst-Zentrale in Warschau das Auskunftsersuchen des ostdeutschen Bruderdienstes. Der polnische Offizier Z. Wasilewski berichtete, dass wir Kontakt zu einem polnischen Ehepaar aufgenommen hätten, das uns ein Bekannter aus Ost-Berlin empfohlen hatte. Der überaus gastfreundliche Mann war kein Solidarnošč-Anhänger, sondern Kommunist und ehemaliger Offizier. Was dann in dem Schreiben folgt, dürfte die Stasi enttäuscht und ernüchtert haben: »Der Aufenthalt von Pragal in Kolobrzeg hatte typischen Erholungscharakter. Eine Kontaktaufnahme mit Personen, die uns interessieren, wurde nicht festgestellt.«

Nachbarn, Freunde und Bekannte

»Wir gehen ins Kino, wollt ihr mit?« Was denn gezeigt werde, wollten wir von unseren Ost-Berliner Freunden wissen. »1900«, von Bernardo Bertolucci. Den Film hatten wir noch nicht gesehen. Wir baten die Frau des Hausmeisters, auf unsere Kinder aufzupassen, setzten uns ins Auto und fuhren zum »Toni« am Antonplatz im Stadtbezirk Weißensee. Das Epos über die Auseinandersetzung zwischen Faschisten und Kommunisten in Italien wühlte uns auf. Wir fuhren gemeinsam nach Hause, um darüber zu diskutieren. Sie wundere sich, dass dieser Film überhaupt in der DDR gezeigt werde, sagte meine Frau. Unsere Freunde schauten sie erstaunt an. Wieso, fragten sie. Der Regisseur sei bekennender Marxist und zeige die Brutalität und Menschenverachtung der Faschisten. »Eben darum«, beharrte meine Frau. »Das ist doch wie hier.« Auch die DDR sei ein Polizeistaat, in dem die Menschenrechte verletzt würden. Unsere Freunde protestierten heftig.

Sie waren nicht in der SED und standen dem Regime kritisch gegenüber. Aber diesen Vergleich wollten sie nicht zulassen. Er provozierte sie. Sie waren »im antifaschistischen Geist« erzogen. Und danach waren Kommunisten – historisch betrachtet – nicht Täter, sondern Opfer. Im Film hatten Faschisten ihre Gegner auf einen mit hohen Drahtzäunen umgebenen Sportplatz getrieben. »Ihr seid doch auch eingesperrt«, sagten wir. Wir fetzten uns verbal, bis es draußen hell wurde. Streckenweise sehr emotional. Schließlich haben wir den Disput abgebrochen, weil wir müde waren und wenigstens noch eine Stunde bis zum Aufwachen der Kinder schlafen wollten. Nie zuvor haben wir so intensiv diskutiert und gestritten wie in unseren ersten Jahren in Ost-Berlin. Unsere Gegenwart löste immer neue Kontroversen aus. Über die Ost-Politik der sozial-liberalen Bundesregierung, über Umweltschutz und Marktwirtschaft, über die Arroganz von Bundesbürgern und Erfahrungen mit West-Besuchern. Auch über Kindererziehung, Umgangsformen, Esskultur und die Stellung der Frau in der Gesellschaft.

Ostler haben oft auf ihren Staat geschimpft, auf die Mängel und Unzulänglichkeiten und die Borniertheit seiner Diener. Aber wehe, Westdeutsche oder West-Berliner maßten sich an mitzumosern, die Wertungen der Ostler durch eigene Urteile zu ergänzen. Und dies womöglich noch in überheblicher Pose. Plötzlich verteidigten DDR-Bürger Zustände, die sie noch kurz zuvor kritisiert hatten. Gespräche im Osten waren anstrengend. Auch für uns. Die Fragen waren unbequem. Phrasen ließ man uns nicht durchgehen. Man musste seine Sätze kontrollieren und wägen, musste lernen, Empfindsamkeiten rechtzeitig zu erkennen. Erst als wir uns besser verstanden, als aus Bekannten Freunde geworden waren, brauchten wir nicht mehr jedes Wort auf die Goldwaage zu legen. Konnten auch schon mal ironisch von den »Zonis« sprechen, ohne befürchten zu müssen, für reaktionär gehalten zu werden.

Als wir nach Ost-Berlin zogen, kannten wir lediglich eine DDR-Bürgerin, der wir bei einem Urlaub am Goldstrand in Bulgarien begegnet waren. Über sie lernten wir andere Ost-Berliner kennen. Das setzte sich fort wie bei einem Schneeballsystem. Schon nach wenigen Wochen zählte der Kreis der Bekannten ein Dutzend und mehr. Mit jeder Party, zu der man uns einlud, wurde die Zahl der Menschen, die dann auch bei uns ein- und ausgingen, größer. Kaum jemand, dem wir unsere Adresse gegeben hatten, meldete sich an. In vielen Haushalten gab es kein Telefon. Außerdem wollte man vermeiden, dass die Stasi schon vorab Bescheid wusste. In der Regel standen die Besucher vor der Tür und klingelten. Unser Domizil im Plattenbau wurde zur Wohnung der offenen Tür.

Für unsere Besucher waren wir Exoten, Menschen aus einer anderen, für sie nicht zugänglichen Welt. »Es war so, als würde ein Fenster aufgemacht«, hat die 2006 verstorbene Schauspielerin Jenny Gröllmann gesagt. Bei uns sahen sie Bücher, die es in der DDR nicht gab. Sie schauten in Zeitungen und Zeitschriften, die ein gewöhnlicher Bürger des Arbeiter- und Bauernstaates nie zu Gesicht bekam. Vor allem aber konnten sie mit uns reden, uns fragen, uns beim Wort nehmen. Manche unserer Gäste ließ ich meine gedruckten und noch nicht veröffentlichten Artikel lesen. »Wie seht ihr das?«, wollte ich wissen. »Wenn ihr Einwände habt, sagt es.« Wechselseitig haben wir voneinander gelernt, haben Verständnis füreinander entwickelt.

Wenn Bundesbürger bei Verwandten in der DDR zu Besuch waren, haben sich beide Seiten oft etwas vorgemacht. Ostler haben die Tische üppig gedeckt und dabei verschwiegen, dass sie tagelang in Delikat- und sonstigen Läden herumgelaufen sind, um die Lebensmittel zu besorgen. Und Westler haben stolz ihre Autos vorgeführt, die sie nicht selten gebraucht oder auf Kredit gekauft hatten. Hinter die Fassaden hat man die anderen möglichst nicht schauen lassen. Und über Sorgen und Probleme sprach man ungern. Unser Leben dagegen war für die neuen Freunde transparent. Sie konnten überprüfen, ob bei uns Worte und Taten übereinstimmten, ob wir in Gesprächen Werte vertraten, nach denen wir auch im Familienalltag handelten. Unsere Glaubwürdigkeit stand täglich auf dem Prüfstand.

Unter den Menschen, die wir kennenlernten, waren Neugierige und Ängstliche, Sorglose und Misstrauische. Manche standen loyal zu ihrem Staat, andere machten aus ihrer Abneigung gegen den totalen Machtanspruch der regierenden Partei keinen Hehl. Oft hing die Bereitschaft, sich auf uns einzulassen, vom Beruf ab. Schauspieler, Musiker und Filmleute gehörten zu den Kontaktfreudigen, die sich über Abgrenzungsregeln der Machthaber am ehesten hinwegsetzten. Auch Ärzte und Naturwissenschaftler zeigten im Umgang wenig Scheu. Der Stasi blieb nicht verborgen, wer uns besuchte. »Pragal hat sich in einem Jahr einen DDR-Bekanntenkreis von 60 Personen aufgebaut«, lese ich in meiner Akte. »Der größte Teil gehört zur Intelligenz und ist prowestlich eingestellt.« Viele unserer neuen Bekannten sorgten sich, die Kontakte mit den West-Menschen könnten ihnen beruflich schaden. In etlichen Fällen war dies berechtigt. Aber meistens war die Neugier größer als die Angst. Und wenn aus dem gewachsenen Vertrauen erst einmal Freundschaft geworden war, hatten die Abgrenzungs-Ideologen der SED keine Chance. Mehr noch: Der Umgang mit den Westlern machte DDR-Bürger mutiger. »Durch euch«, sagt Henning Schaller, damals Bühnenbildner am Maxim-Gorki-Theater Berlin, »habe ich meine Anti-Haltung mit größerer Sicherheit gelebt.« Unsere Freundschaft war für ihn und seine Familie ein Schutz. Weder hat die Stasi versucht, ihn als Inoffiziellen Mitarbeiter anzuwerben, noch hat sie ihn offen schikaniert. Nach der Vereinigung wurde er Professor an der Kunsthochschule in Dresden.

»Ihr habt es aber sehr nett hier.« Den Satz aus dem Munde von DDR-Bürgern haben wir oft gehört. Die Einrichtung unserer Wohnung unterschied sich von der Standard-Möblierung in den Plattenneubauten. Bei uns stand nicht die übliche dunkle Schrankwand, sondern ein aus Nussbaumholz gefertigter Biedermeierschrank. Statt einer wuchtigen Sitzgruppe, die das halbe Zimmer vollstellte, gab es ein englisches Sofa und entsprechende Sessel. Und auch die beiden Empiretische, auf denen Lampen mit Porzellanfüßen standen, entsprachen nicht dem Muster der propagierten sozialistischen Wohnkultur.

Im Laufe der Zeit haben wir Menschen getroffen, die ebenfalls Antiquitäten schätzten und besaßen. Menschen, die einem bürgerlichen Milieu entstammten und sich in ihrem Wohn- und Lebensstil bewusst von den Geschmacksvorgaben der herrschenden Funktionärsschicht abhoben. Aber im sozialistischen deutschen Staat, in dem kollektive Behaglichkeit mehr zählte als die Ästhetik von Individualisten, bildeten sie eine Minderheit. In den siebziger Jahren, als Hunderttausende DDR-Bürger aus heruntergekommenen Vorkriegshäusern, oft mit Außentoilette auf der halben Treppe, in neue Plattenbauten mit Fernheizung umzogen, verhielten sich Ostdeutsche so wie Millionen Westdeutsche etliche Jahre zuvor. Man wollte moderne Möbel und entledigte sich des vermeintlichen Plunders ihrer alten Einrichtungen, die von den Eltern und Großeltern stammten.

Mit den elektronischen Geräten, die sie in unserer Wohnung sahen, haben wir bei Besuchern Unverständnis, ja sogar Enttäuschung hervorgerufen. Wer aus dem Westen kommt, so dachten sie, der müsste technisch auf dem neuesten Stand sein. Aber das waren wir nicht. Unser tragbarer Fernsehapparat war schon ein paar Jahre alt, der Plattenspieler auch. Das Radio im Wohnzimmer war zwar ein neueres Modell, aber weit davon entfernt, HiFi-Qualität zu bieten. Und dann stand im Schlafzimmer noch ein alter Röhrenempfänger in einem Holzgehäuse. Geräte dieser Art waren selbst in der DDR längst aus der Mode und konnten bestenfalls als Liebhaberstück durchgehen. »Das ist ja unfassbar«, sagte ein befreundeter Physiker. Er war ein Elektronik-Freak und konnte nicht begreifen, warum wir uns mit einem derartigen Fossil von Radio begnügten. Ein Nachbar, der sich später als Stasi-Spitzel entpuppte, vermutete indes, das Uralt-Radio sei nur Tarnung. Es diene in Wahrheit dazu, von einem westlichen Geheimdienst verschlüsselte Nachrichten zu empfangen. In einem auf Tonband gesprochenen Bericht an seinen Führungsoffizier über Beobachtungen in unserer Wohnung hat er speziell die Wellenbereiche des Radios angegeben. Die Langwelle hielt er für so wichtig, dass er sich sogar die Kilohertz-Zahlen einprägte.

Versandhauskataloge übten auf DDR-Bürger einen besonderen Reiz aus. Sie blätterten fasziniert in den bunten Angebotsbüchern und staunten über die Fülle der offerierten Waren. Manche fragten zaghaft, ob sie sich die Kataloge für ein paar Tage ausleihen dürften. Andere sagten, sie hätten gern ein eigenes Exemplar. Beim Anschauen blieb es nicht. Etliche hatten West-Verwandte und besaßen D-Mark. Meine Frau notierte sich ihre Wünsche, ließ die Artikel auf ihren Namen an unsere West-Berliner Postfachadresse kommen und brachte die Pakete im Auto in unsere Wohnung. Die Ost-Freunde mussten nun nicht mehr ihre bundesdeutschen Verwandten oder die DDR-Oma, die als Rentnerin in den Westen reisen durfte, um einen Gefallen bitten. Leute, die uns noch nicht lange kannten, fragten uns manchmal, was wir für die Sachen bekämen. Sie meinten, wir verlangten einen Aufschlag. »Das, was sie kosten«, sagten wir. Wir betrachteten den Warentransport als Freundschaftsdienst.

In den West-Katalogen entdeckten Freunde mitunter Waren, die ihnen bekannt vorkamen. Etwa Möbel, die in der DDR hergestellt worden waren und die es dort nur in seltenen Glücksfällen zu kaufen gab. In der Regel waren es Produkte der zweiten Wahl, die irgendeinen Fehler hatten und von westdeutschen Einkäufern nicht genommen wurden. Der Vergleich der Preise hat unsere DDR-Freunde schockiert. Das Versandhaus bot eine komplette Sitzgarnitur zu einem D-Mark-Preis an, für den sie in Ost-Mark gerade mal einen Sessel hätten erstehen können. Schlagartig wurde unseren Freunden klar, wie billig volkseigene Produkte, die auf dem Binnenmarkt fehlten, ins »kapitalistische Ausland« verhökert wurden. Und wie tief ihnen der sozialistische Staat mit den überhöht festgesetzten Preisen selbst in die Tasche griff. Hätten sie geahnt, in welch gigantischem Umfang heimische Erzeugnisse zu Dumping-Preisen verschleudert wurden, ihre Empörung über die Machthaber wäre schon damals so groß gewesen wie gegen Ende der DDR, als sich selbst SED-Genossen von ihren vergreisten Regenten abwandten.

Je mehr Leute wir kennenlernten, desto umfangreicher und spezieller wurden die Aufträge. Meine Frau, die sich weitaus mehr als ich um die Erfüllung der Warenwünsche kümmerte, lernte viele Fachgeschäfte in den westlichen Stadtbezirken kennen. Einer unserer Freunde, ein leidenschaftlicher Bastler, benötigte bestimmte Elektronikteile. Ein Arztehepaar, das sich am östlichen Stadtrand ein Haus baute, wollte eine Duschtrennwand fürs Badezimmer. Und ein Handwerker überraschte uns mit der Bitte, für seinen Nachwuchs die Kinderbücher von Erich Kästner zu besorgen. Von »Emil und die Detektive« bis zu »Pünktchen und Anton«. Die Bände gab es in den Buchhandlungen der DDR nicht.

Zu den Vorzügen unseres Korrespondenten-Lebens gehörte die Möglichkeit, im Versina einzukaufen. So hieß das von der DDR-Regierung betriebene Unternehmen zur Versorgung von Diplomaten mit zollfreien Waren und Dienstleistungen. Der Valuta-Shop in der Otto-Grotewohl-Straße (heute Wilhelmstraße) bot Zigaretten, Spirituosen und Kaffee zu konkurrenzlos niedrigen Preisen. Eine Stange Camel oder Kent kostete in den siebziger Jahren 5,50 DM, eine Flasche Weinbrand 2,80 DM. Das war deutlich weniger, als man im DDR-Intershop zahlen musste. Das Sortiment bei Versina wurde ständig erweitert. Es reichte von Parfum über Haushaltsgeräte bis zu Lebensmitteln. Als es in der Grotewohl-Straße zu eng wurde, zog der Diplomaten-Laden in einen von Schweden errichteten Neubau im Stadtteil Marzahn. Natürlich wussten die Mitarbeiter, dass die Kunden mit den Sonderausweisen nicht nur ihren eigenen Bedarf deckten. Doch verkauft wurde ohne Mengenbeschränkung. Es gab Abnehmer, die orderten bei einem einzigen Besuch hundert Stangen Zigaretten. Die Billig-Ware wurde häufig per Auto nach West-Berlin geschmuggelt und an Händler und Hehlerringe abgesetzt. Angehörige und Bedienstete von Botschaften besserten durch solche illegalen Geschäfte ihr Gehalt auf. Ganz ohne Risiko war das nicht. In der DDR akkreditierte Diplomaten genossen im Westteil der Stadt keine Immunität. Am Checkpoint Charlie und anderen Grenzübergängen ließ der Westzoll schon mal stichprobenartig die Kofferräume öffnen. In krassen Fällen wurde nicht nur die Ware beschlagnahmt, sondern mitunter das Auto gleich mit.

Auch wir haben mehr gekauft als wir selbst verbrauchten. Wenn wir irgendwo eingeladen waren, nahmen wir oft eine Flasche Whisky oder Cognac mit und erfreuten damit unsere DDR-Gastgeber. Ein befreundetes Ehepaar hatte in einem Dorf an der Ostseeküste ein kleines Bauernhaus erworben, das es zum Feriendomizil umbauen wollte. Örtliche Handwerker waren schwer zu bekommen. Neben Geld musste man mehr zu bieten haben. Etwa Schnaps einer westlichen Marke. Wir halfen mit Dutzenden Flaschen eines Weinbrands aus, der einen französischen Fantasienamen trug. Im Grunde war der Inhalt »ein Rachenputzer«. Die Bauleute aus Vorpommern aber ließen sich damit locken und halfen mit, das Gebäude zu renovieren. Über Bekannte lernten wir einen privaten Fleischer kennen. Der verwendete für seine von den Kunden hochgeschätzten Würste Naturdarm, der in der DDR schwer zu beschaffen war. Er bekam ihn von seinem Lieferanten nur gegen Whisky, den er mit Valuta im Intershop kaufte. Für den »Johnnie Walker«, den wir ihm besorgten, musste er viel weniger zahlen. Er revanchierte sich, indem er uns Filets gab, die – weil sie rar und begehrt waren – zumeist gar nicht erst auf die Fleischtheke kamen. Die Menge war so üppig, dass wir die Filets zum größten Teil an unsere Freunde weitergaben.

Indem wir mitmachten in diesem System des Gebens und Nehmens, haben wir bald begriffen, wie die DDR-Gesellschaft wirklich funktionierte. Jeder, der etwas zu bieten hatte – sei es eine Ware oder eine Dienstleistung – war bestrebt, etwas anderes zu bekommen, das ihm fehlte. Die starre Planwirtschaft wurde von den Bürgern durch Tauschgeschäfte aller Art unterlaufen. Wer Beziehungen hatte, spielte diesen Vorteil ungeniert aus. Jemanden zu kennen, der an Autoersatzteile herankam, war Gold wert. Manch einer entwickelte dabei herausragende Fähigkeiten, die es ihm ermöglichten, auch in einer Mangelgesellschaft ganz gut über die Runden zu kommen.

Wer als Westler im Osten wohnte, konnte sich den vielfältigen Bitten, mit denen er konfrontiert wurde, nur schwer entziehen. Gewiss gab es unter den bundesdeutschen Diplomaten extrem vorsichtige Naturen, die sich überaus korrekt an alle Gesetze und Verordnungen der DDR hielten. Korrespondenten litten weniger unter solchen Skrupeln. Briefe zu befördern, die nicht von der Stasi gelesen werden sollten, waren für mich und die meisten meiner Kollegen selbstverständlich. Manuskripte von ostdeutschen Autoren habe ich ebenso »nach drüben« geschafft wie Filme von Ost-Berliner Fotografen. Was uns bevorzugt in Ost-Berlin lebende Westler dazu trieb, gegen DDR-Bestimmungen zu verstoßen, war nicht Abenteurertum oder Lust an der Provokation, sondern das Bewusstsein, die Härten der deutschen Spaltung lindern zu können. Wie konnte man jemanden abweisen, der aus der DDR herauswollte und sich mit seinem Begehren schriftlich an bundesdeutsche Behörden oder an die Menschenrechtskommission der UNO wandte? Wir Korrespondenten wussten, wie die »stille Diplomatie« funktionierte. Wir hatten mitbekommen, dass sich hinter den Kulissen oftmals mehr zugunsten bedrängter Menschen regeln ließ, als wenn man den Fall an die große Glocke hängte.

Einige der humanitären Dienste waren politisch heikel. Da war zum Beispiel ein Ost-Berliner Krankenhausarzt, der bei einer Dienstreise im Westen geblieben war. Er hoffte, dass seine Frau und seine beiden Kinder bald in die Bundesrepublik nachkommen dürften. Aber die DDR-Behörden, die an ihm ein Exempel statuieren wollten, verweigerten die Ausreise. Mehr als drei Jahre lang. Um im Westen arbeiten zu können, benötigte der geflüchtete Arzt Dokumente, darunter seine Promotionsurkunde. Die hatte er, um bei der Ausreise-Kontrolle nicht aufzufallen, zu Hause gelassen. Wir sorgten dafür, dass er die Papiere bekam. Und wenn wir seiner Frau außer schriftlichen Nachrichten den von ihm in West-Berlin besorgten Wochenendeinkauf einschließlich Katzenstreu brachten, nahmen wir auf dem Rückweg Briefe an ihn mit. So blieben die getrennten Eheleute in unkontrolliertem Kontakt.

Die Stasi hat den Kurierdienst mitbekommen, ohne freilich im Detail zu wissen, was alles hin- und hertransportiert wurde. Sie schaute mir nicht nur in meiner beruflichen Tätigkeit auf die Finger. Sie sammelte auch eifrig Informationen, die dazu dienten, Korrespondenten zu kriminalisieren. Das Augenmerk der Stasi-Offiziere richtete sich besonders auf meine Frau. Wie über mich so hatten sie auch über sie eine Akte angelegt, in der die Paragrafen des Strafgesetzbuches aufgelistet waren, gegen die sie laut Stasi-Verdächtigungen verstoßen habe. »Die P. steht im Verdacht«, so heißt es dort, »ihren Ehemann bei der Begehung von Straftaten zu unterstützen bzw. arbeitsteilig mit ihm vorzugehen.« In einem weiteren Satz musste die Stasi allerdings einräumen, dass sie konkret wenig in der Hand hatte, was sie offiziell verwerten konnte. »Die bisher erarbeiteten, den Verdacht begründenden Hinweise tragen inoffiziellen Charakter.« Und das bedeutete: Gegenüber der Justiz waren die Erkenntnisse nicht zu verwerten.

»Da wird mir ja jetzt noch ganz komisch.« Frau Freitag schaut auf ein Blatt Papier mit der Überschrift: »Auskunftsbericht zum operativen Material Freitag.« Sie liest und sagt verblüfft: »Was die alles gewusst haben.« Freitag ist nicht ihr wirklicher Name. Wir haben sie nur so genannt. Weil sie aus Furcht, bei der Stasi aufzufallen, es so wollte. Frau Freitag war in Ost-Berlin unsere Putzfrau. Eine »illegale Reinigungskraft«, wie sie jetzt in dem Aktenvermerk des MfS liest. Wir haben uns lange nicht gesehen. Sie hat noch einmal geheiratet. Ihr neuer Name war meiner Frau und mir unbekannt. Erst durch gemeinsame Bekannte aus DDR-Zeiten haben wir ihre neue Adresse herausgefunden.

Im Frühjahr 1974 stand sie zum ersten Mal in unserer Wohnung in der Ho-Chi-Minh-Straße. Eine kleine, schmächtige Frau, der man ihre Unsicherheit ansah. Begleitet wurde sie von ihrem damaligen Ehemann, einem gelernten Schlosser, der unseren Hausmeister kannte. Den hatte meine Frau gefragt, ob er nicht jemanden wüsste, der bei der Reinigung der Wohnung helfen könnte. Frau Freitag sah sich um, ging durch die Wohnung und willigte ein. Sie kündigte ihre Arbeitsstelle beim Staatlichen Außenhandel und kam fortan zweimal in der Woche für jeweils fünf Stunden. Dafür bekam sie 50 D-Mark. »Das war viel Geld«, sagt sie. Ihr Wochenverdienst entsprach nach dem Schwarzmarkt-Kurs etwa 200 Mark Ost. Der neue Job war lukrativ: In zehn Stunden Arbeit bei uns verdiente sie ungefähr so viel wie in 43 3/4 Stunden regulärer Wochenarbeitszeit vorher. Der Gewinn an freier Zeit kam ihrem Sohn zugute.

»Ich habe mich bei Ihnen wohlgefühlt«, sagt Frau Freitag. »Und ich habe mir viel abgeguckt.« Etwa, wie wir Gäste bewirtet haben. »Ich komme aus einfachen Verhältnissen«, erzählt sie. Wie sollte sie wissen, wie man den Tisch für ein Essen mit mehreren Gängen deckt. Die Erfahrungen kamen ihr später zugute. Nach dem Ende der DDR hat sie eine Pension eröffnet, die sie noch heute erfolgreich führt. Zwölf Jahre, während meiner gesamten Korrespondenten-Zeit, hat Frau Freitag bei uns geholfen. Umsichtig, fleißig, zuverlässig. Eine »Perle«, die wir an andere West-Haushalte in Ost-Berlin vermittelt haben. »Zwischendurch habe ich schon mal Angst bekommen«, sagt Frau Freitag. Aber die hat sie erfolgreich verdrängt.

Die Stasi hat sie beobachtet, aber gewähren lassen. Frau Freitag besitze einen Schlüssel zur Wohnung des Pragal, steht in einem Aktenvermerk, den ich ihr bei unserem Besuch mitgebracht habe. »Somit ist sie in der Lage, diese auch in der Abwesenheit von Pragal aufzusuchen.« Nie, sagt Frau Freitag, sei sie von der Stasi angesprochen worden. Warum habe man nicht versucht, sie zu erpressen. Die Frage lässt ihr keine Ruhe. »Sie waren zu nahe an uns«, mutmaße ich. »Sie hätten uns davon erzählen, und ich hätte darüber berichten können. Das wollte man vermeiden.« Stattdessen hat das MfS sie ausgeforscht. Ihre Familien- und Verwandtschaftsverhältnisse ebenso wie die Arbeitsstelle ihres Lebensgefährten. »Anlage: Kontaktübersicht zum Material Freitag«, steht am Schluss des Vermerks von Leutnant R. Das Papier fehlt. Schade, wir hätten gern gewusst, was der Offizier noch alles aufgeschrieben hat.

Abgesehen von Einkaufs- und Besorgungsfahrten führte uns in den siebziger Jahren selten der Weg nach Berlin (West). In Ost-Berlin kannten wir uns aus. Hier lebten die Menschen, mit denen wir Umgang hatten. Ich lernte, mich zu bewegen, ohne als Westler aufzufallen. »Pragal war bemüht, wie ein DDR-Bürger zu leben und zu denken«, stellte ein Stasi-Offizier fest. Das stimmte. Mehr und mehr nahm ich die Umwelt im realen Sozialismus mit den Augen meiner Freunde wahr. Ich lernte zwischen den Zeilen zu lesen, Vorgänge wahrzunehmen, die sich nicht einfach in ein Schwarz-Weiß-Klischee einfügen ließen. Ich legte auch ihre Maßstäbe an, verglich ideologischen Anspruch mit der sozialen Realität. Und da ich darüber schrieb, die wachsende Diskrepanz an Beispielen aus dem Alltag darstellte, hielten manche Staatsdiener mich, den erklärten Anhänger einer selbstbewussten, offensiven Entspannungspolitik, für gefährlicher als einen kalten Krieger aus dem erzkonservativen Lager.

In Ost-Berlin bekamen wir auch Besuch von westdeutschen Freunden und Bekannten. Sie waren neugierig und wollten wissen, wie wir leben. Sie reisten mit

Tagesvisum ein und mussten »die Hauptstadt« um Mitternacht verlassen. Eines Tages war unser Wohnzimmer mal wieder voll von Menschen. Bürger Ost und Bürger West. Ab 22 Uhr wurden die Wessis unruhig. Sie blickten auf die Uhr und meinten, sie müssten uns bald verlassen, um rechtzeitig zum Grenzübergang zu kommen. Ab 23 Uhr bestand die verbliebene Runde nur noch aus Ostlern, meiner Frau und mir. »So, jetzt sind wir unter uns«, sagte eine Nachbarin, als der letzte Bundesbürger gegangen war. Da wussten wir: Jetzt sind wir wirklich angekommen und gehören dazu.

Als West-Kind in der Ost-Schule

Eines Tages kam Markus aus der Schule und wollte, kaum dass er die Wohnungstür geschlossen hatte, von meiner Frau wissen: »Mama, was ist ein Grenzverletzer?« Ein Mitschüler aus der zweiten Klasse hatte den Begriff erwähnt, als er bei der morgendlichen Zeitungsschau Überschriften aus Ost-Berliner Blättern vorlas, die ihm seine Mutter ins Mitteilungsheft geschrieben hatte. Grenzverletzer, so erklärte meine Frau, würden in DDR-Medien Menschen genannt, die sich von Westen her an der Mauer zu schaffen machten. Manche versuchten hinauf- oder gar hinüberzuklettern. Aus Übermut oder weil sie betrunken waren.

Markus, der zu dieser Zeit als einziges Kind bürgerlicher Eltern mit bundesdeutschem Pass in eine DDR-Schule ging, machte das Wort Grenzverletzer zu schaffen. Mitschüler, von denen nicht wenige aus politisch-linientreuen Familien kamen, wollten ihm einreden, dass böse, bewaffnete West-Menschen die friedliche DDR überfallen wollten. Vergeblich versuchte unser Sohn ihnen klarzumachen, dass auf der Westseite der Mauer keine Soldaten mit Gewehren stünden. Dass jeder, der Lust habe, an die Mauer treten und sie berühren, ja selbst besprühen und bemalen könne. Das hielten seine Klassenkameraden für ein Märchen. »Sie glauben mir einfach nicht«, sagte Markus. Er war unglücklich und den Tränen nahe. »Aber ich sehe das doch, ich fahre doch hin und her.« Wenn er bewaffnete Uniformträger erblickte, dann auf der Ostseite der Mauer. Die bewachten mit ihren Maschinenpistolen sogar die Gärtner, die wenige Meter vom Mauerdurchlass entfernt die Blumenkübel innerhalb des Grenzübergangs pflegten. Eine absurde Situation, die Kindern mitunter deutlicher auffiel als Erwachsenen.

Dass wir Markus solchen und ähnlichen Konflikten aussetzen würden, war uns bewusst, als wir uns entschieden, ihn in Ost-Berlin zur Schule gehen zu lassen. Manche meiner Kollegen, die fest in West-Berlin verwurzelt waren, haben uns nicht verstanden und ungläubig den Kopf geschüttelt, als sie von unserem Entschluss hörten. So ein Leichtsinn, meinte ein befreundeter Korrespondent. Ihr könnt mit eurem Kind doch nicht solche Experimente machen. Wir verstanden ihn. Wir hatten ja selbst Zweifel. Viele Wochen hatten wir immer wieder darüber diskutiert, was wir tun würden, wenn Markus schulpflichtig würde. Wir haben Freunde gefragt und Argumente abgewogen. Wohl wissend, dass wir nur noch höchstens zwei, drei Jahre in Ost-Berlin bleiben würden.

Erster Gedanke: Wir geben unseren Sohn in eine West-Berliner Schule. Wäre ja normal gewesen. Eine Schule in der Nähe einer der Grenzübergänge, die wir benutzen durften. Dorthin hätten wir ihn mit dem Auto bringen müssen. Und mittags wieder abholen. Unsere Tochter Katharina ging in den Kindergarten der evangelischen Galiläa-Gemeinde in Berlin-Friedrichshain, also im Osten. Wie auch schon Markus. Was wäre, wenn sie krank würde und zu Hause bleiben müsste? Wer würde dann Markus fahren? Kollidierte das mit meinen beruflichen Terminen? Fragen über Fragen. Und jede Menge Ungewissheiten.

Zweiter Gedanke: Der Schulbus der Ständigen Vertretung. Der fuhr jeden Tag zur Waldschule nach Berlin-Charlottenburg. Aber die Ho-Chi-Minh-Straße lag nicht auf seiner Route. Die Kinder wurden in der Leipziger Straße in Mitte und in Pankow eingesammelt, dort wo die meisten Mitarbeiter der Bonner Mission wohnten. Also hätten wir Markus wiederum mit dem Auto zur Sammelstelle bringen müssen. Und mittags dort wieder abholen. Eine komplizierte Situation. Was hätte das, so fragten wir uns, für Markus bedeutet. Ein Leben auf beiden Seiten der geteilten Stadt. Ohne Mitschüler und Spielgefährten im Osten. Und mit Klassenkameraden, die er nur in der Schule, aber nie in seiner Ost-Berliner Freizeit sehen würde. Das wollten wir Markus nicht zumuten. Er sollte kein isoliertes Kind werden.

Dritter Gedanke: Eine Ost-Schule. Anfangs schreckte uns die Vorstellung. Als DDR-Korrespondent kannte ich die Aufgaben der Bildungseinrichtungen. Erziehung zu sozialistischen Persönlichkeiten. Darum ging es. Wollten wir das? Natürlich nicht. Andererseits fühlten wir uns durchaus in der Lage, politische Indoktrination zu Hause zu korrigieren. Wir mussten unser Kind ja nicht zur Doppelzüngigkeit erziehen wie so viele Eltern in der DDR. Wir mussten ihm nicht sagen, dies oder jenes darfst du nicht in der Schule sagen. Das Risiko, Markus könnte ideologisch auf die schiefe Bahn geraten, erschien uns kalkulierbar. Er sollte seinen normalen Schulweg haben und dort lesen und schreiben lernen, wo er vorübergehend zu Hause war.

Nachdem wir uns entschieden hatten, unseren Sohn in unserem sozialen Umfeld einschulen zu lassen und ihn nicht dem Leben in einer geteilten Welt auszusetzen, schickte ich im Januar 1977 dem Dienstleistungsamt für Ausländische Vertretungen unseren Antrag. Meine Frau und ich wussten, in welches Dilemma wir die DDR-Behörden damit brachten. Ein bisschen hat es uns auch Spaß gemacht. Schließlich war ich Journalist und neugierig auf das Innenleben des DDR-Schulsystems. Und einbringen wollten wir uns auch.

Wahrscheinlich hätten die Behörden unser Begehren am liebsten abgelehnt. Aber das ging nicht. Es bestand Schulpflicht. Und wir hatten nur unseren Wohnsitz in Ost-Berlin. Im Westen waren wir nicht mehr polizeilich gemeldet. Überdies konnten wir darauf verweisen, dass Markus einen DDR-Kindergarten besucht und dort einen Vorschul-Unterricht genossen hat. Für die Volksbildungs-Funktionäre der SED war das ein ebenso neuer wie politisch verzwickter Fall. Warum, so fragten sie sich, überlässt ein westdeutscher Korrespondent, den man als Vertreter des »Klassenfeindes« einstufte, seinen Sohn dem sozialistischen Schulwesen? Es gab, wie ich später erfuhr, zwei unterschiedliche Erklärungen. Damit werde die Überlegenheit des DDR-Bildungssystems anerkannt, mutmaßten die einen. Vorsicht, der Vater ist Journalist und will nur Einblicke gewinnen, warnten die anderen. Unsere wahren Gründe blieben ihnen offenbar verborgen. Oder man hat sie, weil sie nicht ins ideologische Schema passten, einfach nicht zur Kenntnis genommen.

Am 23. Mai 1977 teilte uns der Direktor mit, dass Markus ab September die 34. Oberschule an der Bernhard-Bästlein-Straße besuchen werde. Das erst wenige Jahre zuvor errichtete Gebäude konnten wir vom Küchenfenster aus sehen. Zugleich lud er uns zu einem Elternabend ein. Auf einem Merkblatt wurden die »lieben Eltern« darüber informiert, welche Arbeitsmaterialien unser Kind benötigt. Die Aufzählung reichte von der Federtasche über gespitzte Bleistifte, Lineal und Schere bis zum Mitteilungsheft. Auch Heft- und Buchumschläge waren mitzubringen. In verschiedenen Farben. Je nach Unterrichtsfach. Sowie Buntpapier nebst Klebstoff für den Werkunterricht. Und ein Beutel mit Turnkleidung. »In unserer Schule«, so hieß es am Schluss der Mitteilung, »werden Hausschuhe getragen. Es können auch Sandalen sein.« Das hatte einen triftigen Grund. Anders als in West-Schulen wurden die Böden nicht täglich von bezahlten Reinigungskräften sauber gemacht.

Ende Mai, rund drei Monate vor der Einschulung, wurde den Eltern bei einer Zusammenkunft die Lehrerin vorgestellt. Der Direktor, ein strammer Genosse, nannte Bärbel B. eine erfahrene Kollegin, die schon mehrere erste Klassen geführt habe. SED-Mitglied war sie nicht. Aber, wie wir bald merkten, eine gute Pädagogin. Vielleicht war dies der Grund, warum man ihr die Anfänger-Klasse mit dem West-Kind anvertraute. Natürlich hatte sie ihre ideologischen Vorgaben und musste die zentralen Lehrpläne einhalten. Aber schon an der Art, wie sie an diesem Abend auf Mängel in der Versorgung mit Schulmaterialien aufmerksam machte (»Blaue und rote Umschläge sind schon alle«) erkannten wir, dass sie durchaus eigene Vorstellungen von ihrer Erziehungsaufgabe hatte.

Unser Eindruck bestätigte sich, als sie zum ersten Mal zu uns in die Wohnung kam. Hausbesuche des Klassenlehrers oder der Klassenlehrerin nach Anmeldung waren in der DDR übliche Praxis. Sie dienten einerseits der sozialen Kontrolle. Andererseits trugen sie dazu bei, dass Eltern und Lehrer enger zusammenwirkten. Bärbel B. kam nicht allein. Sie brachte – vermutlich auf Anweisung des Direktors – die Horterzieherin mit. Gedacht war die Visite bei der West-Familie als kurzer, nicht zu umgehender Höflichkeitsbesuch. Wir kamen ins Plaudern, und die Stunden vergingen. Irgendwann stand die Lehrerin auf und trat vor unser Bücherregal. Die meisten Bände waren West-Literatur, in der DDR nicht zu bekommen. Oder Bücher von ostdeutschen Autoren, die nur im Westen verlegt wurden.

Bärbel B.s Blick richtete sich auf ein schmales Bändchen mit blauem Umschlag. »Die wunderbaren Jahre« von Reiner Kunze. Erschienen im S. Fischer Verlag Frankfurt am Main. Sie hatte vom jüngsten Buch des Thüringer Autors gehört. Sie wusste, dass es von Jugendlichen in der DDR handelte und von den staatlichen Repressionen, denen sie ausgesetzt waren. Sie schlug den Band auf, fing an zu lesen. »Wir leihen Ihnen das Buch gerne aus«, sagte meine Frau. Frau B. zögerte für einen Moment. »Nehmen Sie es mit«, ermunterte ich sie. Da steckte sie das Prosa-Bändchen in ihre Tasche. Als sich die beiden Frauen verabschiedeten, war es spät in der Nacht.

»Lieber Schulanfänger, ich gratuliere Dir sehr herzlich zum Schulanfang. Ich wünsche Dir viel Freude und immer gute Erfolge beim Lernen. Sicher möchtest Du bald das blaue Halstuch der Pioniere tragen. Bereite Dich darauf vor, ein guter Jungpionier zu werden.« Der Aufruf von Helga Labs, der Vorsitzenden der Pionierorganisation »Ernst Thälmann«, galt allen Erstklässlern, also auch Markus. Meine Frau und ich betrachteten das beigefügte Formblatt mit dem Aufnahmeantrag. Wir wussten nicht so recht, wie wir uns verhalten sollten. Ein westlich-bürgerliches Kind bei den DDR-Pionieren? Zu deren Geboten es gehörte, »unsere Deutsche Demokratische Republik zu lieben«.

Skeptischer Blick in die Zukunft. Markus an seinem ersten Schultag.

Das ging nun wirklich nicht. Aber wir wollten auch nicht, dass unser Sohn zum Außenseiter in seiner Klasse würde. Zum Glück wurde uns die Entscheidung abgenommen. Als »Ausländer-Kind«, so teilte man uns mit, könne Markus nicht formell Jungpionier werden. Er bekomme keinen Ausweis und kein Halstuch. Aber ausgrenzen wolle man unseren Sohn nicht. An den Pionier-Veranstaltungen könne er natürlich teilnehmen. Das hat er in der Regel auch getan.

In der Schule – der Unterricht begann morgens um 7.30 Uhr – ging es militärisch straff zu. Appelle gehörten zum Ritual. »Achtung, stillgestanden«, tönte der Sprecher der Pioniergruppe. »Ich melde: Klasse 1b zum Unterricht bereit.« Zu Beginn der Woche trat die Schülerschaft auf dem Schulhof zum Fahnenappell an. Regelmäßig gab es »Fleißappelle«, bei denen die jeweils besten Schüler ausgezeichnet wurden. Mir kam das Melden der Klasse durchaus bekannt vor. In der Sexta des Gymnasiums, in dem ich Anfang der fünfziger Jahre im nordrhein-westfälischen Siegerland meine Pennälerzeit begann, oblag diese Aufgabe unserem Klassensprecher. Einer der Studienräte, ein ehemaliger Wehrmachtsoffizier, bestand darauf. Ich habe mich damals darüber lustig gemacht. Und Markus machte es nicht anders. Wenn er außerhalb der Schule den Freundschaftsgruß »Seid bereit, immer bereit« vorführte, legte er nicht – wie es korrekt gewesen wäre – die rechte Hand mit den Fingern über den Kopf, sondern seine Linke quer über die Stirn. Wie die rheinischen Karnevalisten, deren närrische Vorfahren die

Geste erdacht hatten, um ihre preußische Obrigkeit zu verspotten.

»A, B, C, aus China kommt der Tee. Das weiß bei uns schon jedes Kind, weil fleißig wir beim Lernen sind.« Ob das Blatt mit den holperigen Reimen zum Alphabet Unterrichtsstoff war, weiß ich nicht. Markus hat es irgendwann mal mitgebracht. »D, E, F, wenn ich den Peter treff', dann nehm' ich ihn mal tüchtig ran, weil er das Einmaleins nicht kann.« Die Verse vermitteln einen Eindruck vom Selbstverständnis der DDR-Schule. Sekundärtugenden wie Fleiß, Disziplin, Pünktlichkeit, Ordnung und Sauberkeit standen oben an. Und man ließ im Normalfall niemanden zurück. »V, W, X, vom Faulsein lernt man nix. Was du nicht kannst, das lernst du noch. Hab keine Angst, wir helfen doch.«

Beim nächsten Elternabend sollte das »Klassenelternaktiv« gewählt werden. Die Lehrerin las die Namen der Personen vor, die bereit waren, für einen Posten in der Elternvertretung zu kandidieren. Für einen Moment überlegte meine Frau, ob sie sich zusätzlich melden sollte. Aber das wäre dann doch zu provokant gewesen. Dann stellten sich die Bewerber vor. Eine Pädagogin war dabei und ein Arzt. Wir kannten niemanden. Aber die Leute wirkten engagiert und nicht unsympathisch. Vorschlag der Lehrerin: Zustimmung durch Handheben. Sie sah uns Westler an. Ich ahnte, was ihr durch den Kopf ging. Würden wir Einwände erheben? Oder Nachfragen stellen? Wir hatten nicht vor, ihr Schwierigkeiten zu machen. Fast gleichzeitig streckten wir den Arm hoch.

Noch einmal waren die Eltern an diesem Abend gefordert. Es ging darum, dass sie freiwillig »gesellschaftliche Aufgaben« übernehmen. In den meisten Klassen war es üblich, dass die Kinder leere Flaschen und Altpapier in die Schule brachten. Bärbel B. aber wollte nicht, dass sich die Erstklässler damit abschleppten. Sie schlug vor, dass Eltern die Aufgabe des Einsammelns übernehmen. »Es gibt doch bestimmt einen Vater, der einen Hänger hat«, sagte sie. Niemand meldete sich. Meine Frau und ich sahen uns stumm an. Hier greifen wir ein, dachten wir und meldeten uns. Wir hatten zwar keinen Autoanhänger, aber einen Volvo-Kombi. Mit viel Platz für die abzuholenden »Sekundärrohstoffe«, wie man in der DDR sagte. Die Lehrerin gab die Termine für die Sammelaktion im Mitteilungsheft bekannt. Fortan fuhren wir etwa einmal im Monat in unserem Kiez von Haus zu Haus und luden die gebündelten Zeitungen ein.

Für die Kinder, deren Eltern Trabant, Lada oder Wartburg fuhren, war das ein großer Spaß. Aus einer Pflichtaktion, an der man sich sonst lustlos beteiligte, wurde eine Art Happening. Einige Kinder setzten sich auf die Rückbank und in den Laderaum und machten beim nächsten Halt anderen Platz. Auch Sprösslinge von Stasi-Eltern fuhren mit. Als das ZDF 1979 die Szene für einen Film des Magazins »Kennzeichen D« drehte, saß einer dieser Knaben auf der Rückbank. Damit er keinen Ärger bekam, sagten wir ihm, er möge sich ducken, um beim Filmen nicht gesehen zu werden. Der Erlös der Aktion, bei der die Schulklassen miteinander wetteiferten, ging an die »Solidarität«. Was immer man darunter verstand. Genauere Auskünfte über die Verwendung wurden nicht erteilt. Wir sahen darüber hinweg.

Markus wollte mit seiner Klasse im Wettbewerb vorne liegen. Deshalb schmuggelten wir unter die Ost-Blätter auch West-Zeitungen, die wir mit unserem Korrespondenten-Status gegen Bezahlung in Valuta beziehen durften. Den jeweiligen politischen Teil in unser Bündel zu packen, haben wir uns nicht getraut. West-Gazetten waren, wie wir belehrt wurden, nur zum persönlichen Gebrauch bestimmt. Aber die dicken Anzeigenbeilagen der Wochenendausgaben erfüllten auch ihren Zweck. Damit brachten wir meistens mehr Kilo auf die Waage als mit allen Ost-Blättern zusammen. Mit der Folge, dass die Klasse von Markus Dauersieger im Wettbewerb wurde. Die Lehrerin sagte uns, sie habe nicht den vollen Betrag auf das Solidaritätskonto überwiesen. Sie behielt einen Teil des Geldes zurück, um ihre Klasse zum Eisessen einladen zu können. Als Anerkennung dafür, dass sie so fleißig Rohstoffe sammelte.

An das Gebot der Nicht-Weitergabe westlicher Druckschriften haben wir uns nicht gehalten. Freunde und Bekannte, zu denen wir Vertrauen hatten, durften bei uns selbstverständlich West-Zeitungen lesen. Und wer wollte, konnte die älteren Exemplare auch mit nach Hause nehmen. Besonders begehrt waren Zeitungen und Zeitschriften mit dem westlichen Fernseh-Programm. Die kaufte meine Frau zumeist im Dutzend ein. Ein Exemplar war jeweils für die Lehrerin bestimmt. Einmal in der Woche steckten wir die TV-Zeitung in die Schulmappe unseres Sohnes. Eingewickelt in das SED-Zentralorgan *Neues Deutschland*. Bärbel B. holte das Heft verabredungsgemäß aus dem Ranzen.

»Mama, was ist das, was Frau B. immer aus meiner Mappe holt«, wollte Markus eines Tages wissen. »Das erzähle ich dir, wenn wir nicht mehr hier wohnen«, erwiderte meine Frau. Die Lehrerin könnte sonst in Schwierigkeiten geraten. Für Markus, der Bärbel B. sehr mochte, war das Thema damit fürs Erste erledigt. Solange wir in Ost-Berlin lebten, hat er nicht wieder nach dem geheimnisvollen Griff in den Ranzen gefragt. Erst als wir zwei Jahre später in Sankt Augustin bei Bonn wohnten, kam er darauf zurück. »Mama, jetzt kannst du mir doch sagen, was Frau B. jeden Montag aus meiner Mappe geholt hat.« Als er die Wahrheit erfuhr, war er neun Jahre. Noch heute wundern wir uns darüber, wie verständnisvoll Kinder in diesem Alter sein können.

Markus war sich zwar seiner besonderen Situation bewusst, aber er wollte in seiner Schule nicht durch West-Insignien auffallen. Er besaß einen Pelikan-Füllfederhalter. Doch den hatten einige Mitschüler auch. Selbst DDR-Lehrer meinten, der West-Füller sei besser als die Erzeugnisse aus volkseigener Produktion. »Den kaufen Sie doch sicher bei sich«, hatte uns der Direktor beim ersten Gespräch in seinem Büro gesagt. Meine Frau und ich schauten uns erstaunt an. Diese Bemerkung hatten wir von einem linientreuen Bildungsfunktionär nicht erwartet. Gleichwohl passte sie in das gespaltene Bewusstsein einer regierenden Kaste, die Intershops mit West-Waren duldete und damit dazu beitrug, die D-Mark des Klassenfeindes zur Leitwährung für die eigenen Bürger zu machen.

Westliche Snacks, wie sie heute Schüler in den Pausen konsumieren, gaben wir Markus nicht mit. Er sollte kein »Kaugummiprinz« werden, der sich durch das Verteilen von Süßigkeiten aus dem Westen beliebt macht. Das galt auch für die Kleidung. In Marken-Klamotten, womöglich mit auffälligen Symbolen, ließen wir Markus nicht in die Schule gehen. Als die Lehrerin einer Parallelklasse ihrer Kollegin erzählte, bei ihr sei der Sohn eines Volksarmee-Offiziers in einem US-Hemd mit der aufgedruckten amerikanischen Nationalflagge zum Unterricht erschienen, konnte Bärbel B. auftrumpfen. Unter Anspielung auf ihr West-Kind Markus sagte sie: »Diese Sorge habe ich nicht.«

Nach dem Unterricht gingen die Schüler in eine benachbarte Kantine zum gemeinsamen Mittagessen. Dafür zahlten wir rund zehn Ost-Mark im Monat. Anschließend legten sie sich im Schulgebäude zum Schlafen. Dann schloss sich der Hort an. Die Kinder spielten und erledigten ihre Hausaufgaben. Manchmal brachte Markus anschließend den einen oder anderen Mitschüler nach Hause. Anfangs war es nur Susi, ein Mädchen aus Ghana, dessen Vater Diplomat war. Sie war das andere »Ausländerkind« der Klasse und wohnte im selben Haus wie wir. Nach und nach trauten sich andere Kinder in unsere West-Wohnung, manche mit, manche ohne Erlaubnis ihrer Eltern. Markus hatte – ebenso wie seine kleine Schwester – eines unserer vier Zimmer für sich allein. Seine Spielsachen waren für DDR-Kinder höchst attraktiv. Es gab Lego-Steine, Playmobil-Spielzeug, Matchbox-Autos, Asterix-Hefte und viele andere Dinge, die man im Arbeiter- und Bauernstaat nur bekam, wenn man West-Geld oder West-Beziehungen hatte.

Markus hatten wir erlaubt, die Wände in seinem Zimmer mit Kreide oder Fingerfarben zu bemalen. Freilich nur dort. Er machte davon reichlich Gebrauch. Auch zwangen wir ihn nicht, sein Spielzeug jeden Abend aufzuräumen. Es lag kunterbunt auf dem Teppichboden herum. Das irritierte seine Schulfreunde. Bei ihnen zu Hause, wo es meist eng war, herrschte strenge Zucht. Spielzeugautos aus dem Westen wurden von den Eltern wie Ikonen behandelt. Sie hatten einen besonderen Platz. Das Tohuwabohu im Zimmer unseres Sohnes deuteten einige der DDR-Kinder falsch. Sie meinten, sie könnten Gegenstände zerstören. Es dauerte eine Weile, bis wir ihnen klarmachen konnten, dass Freiheiten im Kinderzimmer auch Grenzen haben. Und dass man mit Gegenständen trotz des vermeintlichen Chaos pfleglich umgehen sollte.

An einem Samstagnachmittag wurde im West-Fernsehen »Das fliegende Klassenzimmer« gezeigt. Markus und einige seiner Schulfreunde wollten sich den Film nach dem Buch von Erich Kästner anschauen. Vor Beginn stand der Mitschüler Alex auf und sagte, er müsse jetzt nach Hause. Sein Vater, so wussten wir von der Lehrerin, arbeitete bei der Staatssicherheit. Für solche Familien war West-Fernsehen untersagt. »Tschüss, Alex«, sagten die anderen Kinder. Sie erkannten sein Problem. Niemand versuchte ihn aufzuhalten. Niemand sagte, deine Eltern merken es doch nicht, wenn du mit uns den Film siehst. Und auf die Idee, Alex einen Feigling zu nennen, kam schon gar keiner.

Wenn Markus aus der Schule kam, hatte er meistens Fragen. »Mama, kann man im Westen Frauen kaufen«, wollte er eines Tages wissen. Ohne die Antwort abzuwarten, fügte er hinzu: »Das geht doch nicht. Man kann doch keine Frauen kaufen.«

Vorsichtig versuchte meine Frau herauszufinden, wie er darauf komme. »Wenn ich im Westen bin, dann kaufe ich mir als Erstes eine Frau.« Das habe ihm ein Junge aus seiner Klasse gesagt, erklärte Markus. Dessen Eltern hatten einen Ausreiseantrag gestellt, und der Sohn lebte in Gedanken bereits jenseits der Grenze. Wahrscheinlich hatte er den Satz von Erwachsenen aufgeschnappt. Wie erklärt man einem Kind, was Prostitution ist? In der DDR gab es die nicht. Jedenfalls nicht offiziell. Tatsächlich blühte auch dort das Geschäft mit dem käuflichen Sex. Geduldet sogar von der Staatssicherheit. Meine Frau erläuterte unserem Sohn, dass es Männer gebe, die Frauen dafür bezahlten, wenn sie ihnen Gesellschaft leisteten. Aber Frauen kaufen, so wie man früher Sklaven gekauft habe, das gebe es in der Bundesrepublik nicht. Markus fühlte sich bestätigt.

Je länger unser Sohn in Ost-Berlin zur Schule ging, desto größer wurde seine Abneigung gegen sozialistische Agitation. Der Rummel, den man besonders um das sowjetische »Brudervolk« machte, ging ihm zunehmend auf die Nerven. Einmal hatten die Schüler im Werkunterricht Kosmonauten gemalt. Mit dem roten Stern als Symbol. Markus passte das nicht. Er zeichnete einen Astronauten, wie man im Westen die Raumfahrer nennt. Und statt des roten Sterns malte er eine amerikanische Flagge.

Seine Distanz gegenüber dem realen Sozialismus war langsam gewachsen. Am ersten Maifeiertag, den wir in Ost-Berlin erlebten, hatten ihn die vielen Fahnen an den Häusern beeindruckt. Auch er wollte so eine Flagge haben. Das sei nicht die unseres Staates, sagten wir ihm. Wir seien hier nur Gäste. Das überzeugte ihn nicht. Er befestigte ein rotes Taschentuch an einem Stock und schwenkte es aus dem Fenster. Im Jahr darauf fragte uns ein Ost-Berliner Freund, der eine gleichaltrige Tochter hatte, ob er unseren Sohn mit zur Parade anlässlich des Feiertages der Werktätigen mitnehmen solle. Wir hatten nichts dagegen. Als Markus zurückkam, hatte er glänzende Augen. Sogar an Erich Honecker seien sie vorbeigelaufen, sagte er voller Begeisterung.

Wieder ein Jahr später – inzwischen ging er zur Schule – fragten wir ihn, ob er erneut Lust auf den Aufmarsch habe. »Lasst mich bloß in Ruhe«, wehrte er ab. Missmutig erzählte er, wie sie im Unterricht mit Geschichten rund um den ersten Mai überhäuft worden seien. »Erster Mai, wir sind dabei, rote Nelken tragen wir, frohe Lieder singen wir.« So steht es in seiner damaligen Fibel. Ein anderer Text handelt von Männern, Frauen und Kindern, die auf der Straße marschieren. »Sie winken mit Blumen, Zweigen, Tüchern und Fahnen. Sie grüßen die Genossen und die Freunde aus den anderen Ländern auf den Tribünen. Groß ist die Freude, wenn diese auch winken und lachen.«

Für meine Frau und mich war seine Reaktion ein Beleg dafür, dass dogmatische Kommunisten mit ihrer ideologischen Maßlosigkeit ursprüngliches Interesse und Engagement von Kindern nicht förderten, sondern zerstörten. Spätestens von da an brauchten wir uns keine Sorgen mehr zu machen, Markus könnte mit einem uns unliebsamen Weltbild in die Bundesrepublik zurückkehren. Jahre später, als er in West-Berlin aufs Gymnasium ging, hat er mal geäußert, wie sehr es ihn reize, noch einmal in seine alte Klasse zu gehen. Dann würde er den Laden »so richtig aufmischen«.

Vorerst jedoch galt es Abschied zu nehmen von seinen Mitschülern und seiner Lehrerin. Am 2. Februar 1979 war sein letzter Schultag in Ost-Berlin. Es gab Zeugnisse. Markus erhielt nur eine Abschrift, von seinem letzten Zeugnis. Und was ist mit den anderen Zeugnissen, wollten wir wissen. Das Original-Zeugnisheft, so teilte uns die Lehrerin mit, sei ein amtliches Dokument, das nicht aus der DDR ausgeführt werden dürfe. So hatte es ihr der Direktor aufgetragen. Er selbst drückte sich. Über diese Auskunft der Schulbehörde haben wir uns mächtig aufgeregt. Die Entscheidung, die uns absurd erschien, wollten wir nicht hinnehmen. Wir wandten uns an die Ständige Vertretung der Bundesrepublik mit der Bitte, bei der DDR auf Herausgabe des kompletten Zeugnisheftes zu dringen. Doch Ost-Berlin, wo die Geheimniskrämerei oft über den gesunden Menschenverstand siegte, blieb stur. Es dauerte etwa ein Jahr, bis wir wenigstens die Abschriften aller Zeugnisse von Markus auf dem amtlichen Weg über die Bonner Vertretung erhielten. Als uns viele Jahre später die Diplomatentochter Susi aus Ghana besuchte, fragten wir sie, ob sie ihr Zeugnisheft beim Verlassen der DDR ausgehändigt bekommen habe. Sie sah uns verständnislos an. »Aber natürlich«, sagte sie.

»Ich sehe da einen«, sagte Bärbel B. in der letzten Schulstunde, »der rutscht schon unruhig auf seinem Platz herum.« Markus wurde nach vorne gerufen. Sie wolle nicht viele Worte machen, sagte die Lehrerin. Die Klasse wisse ja, dass er sie verlasse. Die Lehrerin war sichtlich gerührt. Als sie ihn in den Arm nahm, applaudierten alle Mitschüler. Markus und Susi, die beiden Ausländer-Kinder, hätten mit ihrer offenen Art und ihrem sozialen Verhalten die Klasse nachhaltig geprägt, hat uns die Lehrerin später berichtet. Und dieser Einfluss sei noch Jahre spürbar gewesen.

Der Wechsel in die Grundschule in unserem neuen Wohnort Sankt Augustin bei Bonn klappte reibungslos. Lesen und Schreiben hat Markus in Ost-Berlin nicht schlechter gelernt als in westlichen Schulen. In einigen Fächern, etwa Mathematik, war er mit dem Unterrichtsstoff seinen Mitschülern voraus. Und dass er in seinen ersten beiden Schuljahren an Ordnung gewöhnt wurde, hat ihm auch nicht geschadet. Die Umstellung von streng auf locker verkraften Kinder mühelos. Umgekehrt wäre es gewiss schwerer gewesen.

Nachts wurde die Republik abgeschlossen

Ich kam mit meinem Auto aus Leipzig und wollte nach Hause. Das Zuhause lag in Ost-Berlin, Stadtbezirk Lichtenberg. Als ich nach der Autobahn-Abfahrt Beelitz auf den Berliner Ring fuhr, hatte ich die Wahl: Ich konnte weiter Richtung Osten fahren bis zum Schönefelder Kreuz und dann den Abzweig nach »Berlin, Hauptstadt der DDR« nehmen. Eine Strecke, auf der ich keine Grenze hätte passieren müssen. Doch es wäre ein großer Umweg gewesen. Halb um West-Berlin herum. Ich konnte aber auch durch West-Berlin fahren. Das wäre erheblich kürzer gewesen. Ich war erst seit ein paar Monaten Korrespondent. Ich entschied mich für die kurze Route, zum ersten Mal. Und mit einem Gefühl, bei dem sich Neugier mit Unsicherheit mischte.

Als ich Potsdam-Babelsberg passierte, wurde mir bewusst, in welcher außergewöhnlichen Situation ich war. Für meine neuen Bekannten in Ost-Berlin war das, was ich gerade vorhatte, schwer vorstellbar. Sie hätten spätestens hier die Autobahn verlassen müssen. Letzte Ausfahrt vor der Staatsgrenze, hieß das in der Amtssprache. Weiterfahrt nur im Transit. Solche Schilder, unübersehbar groß, standen auch vor den Grenzübergängen zur Bundesrepublik. Was hätten gewöhnliche

DDR-Bürger dafür gegeben, jetzt Beifahrer mit West-Pass zu sein. Einmal über den Kurfürstendamm zu fahren, den sie nur aus dem West-Fernsehen kannten. Einmal auf dieser Insel der Freiheit zu sein, an die sich nur die Älteren erinnerten, die Berlin vor dem Mauerbau erlebt hatten. Wenn jetzt jemand von Potsdam nach Ost-Berlin wollte, ging das nur um das eingemauerte West-Berlin herum. Egal ob mit dem Auto oder mit dem Zug.

Es war schon spätabends. Am hell erleuchteten Grenzkontrollpunkt Drewitz war wenig Betrieb. Ich gab meinen Pass mit der ausgefüllten Zählkarte ab, in der neben den Personalien auch das Reiseziel und der Zweck der Reise anzugeben waren. Zu meinen »Reise-Dokumenten« gehörte eine »Grenzempfehlung«. Sie wurde in den ersten Jahren nur den »Funktionsträgern«, also den Korrespondenten, gegeben. Die Ehefrauen mussten zunächst ohne Extradokument auskommen und die Erschwernisse gewöhnlicher Besucher hinnehmen. Eine strapaziöse Zeit für die Angehörigen, die oft schikaniert wurden. Erst nach hartnäckigem Insistieren der Bundesregierung bequemte sich die DDR-Führung, die Ehepartner gleichzustellen.

In der mit dem Hammer- und Zirkel-Emblem verzierten Empfehlung, ausgestellt vom Ministerrat der DDR, wurden die zuständigen Grenz- und Zollbehörden ersucht, den Inhaber »bevorzugt abzufertigen«. In der Praxis hieß das schneller und ohne Zollkontrolle. Nach dem Ende der DDR ist den Korrespondenten von Kritikern vorgehalten worden, sie hätten Privilegien

MINISTERRAT DER
DEUTSCHEN DEMOKRATISCHEN REPUBLIK
Ministerium für Auswärtige Angelegenheiten

Nr. 212/76

GRENZEMPFEHLUNG

Das Ministerium für Auswärtige Angelegenheiten der Deutschen Demokratischen Republik ersucht die zuständigen Grenz- und Zollbehörden

Herrn Peter PRAGAL

an der Grenzübergangsstelle Bhf. Friedrichstraße
Heinrich-Heine-Straße
Bornholmerstraße

bevorzugt abzufertigen.

Herr Peter PRAGAL

ist im Besitz des Passes Nr. D 4349961

ausgestellt 15. Januar 1974

und des Visums der DDR Nr. M-2/2754

vom 17. Dezember 1976 / ab 11.01.77

Diese Grenzempfehlung ist gültig bis

31. Dezember 1977

Berlin, den 17.Dezember 1976

DEUTSCHE DEMOKRATISCHE REPUBLIK – Ministerium für Auswärtige Angelegenheiten – 29

[Unterschrift]

Ag 400 VEB DEUTSCHE WERTPAPIER-DRUCKEREI III 18 185

genossen und sich durch eine geschönte Darstellung der Realität im Arbeiter- und Bauernstaat dafür gefällig erwiesen. Eine absurde Unterstellung. Tatsächlich war das der DDR politisch abgerungene Papier eine Grundvoraussetzung, um nach westlichen Maßstäben journalistisch arbeiten zu können. Als ich damals über Drewitz fuhr, gingen mir freilich andere Gedanken durch den Kopf. Die Empfehlung galt streng genommen nur für die innerstädtischen Übergänge. Ich war erleichtert, als ich feststellte, dass man sie auch hier respektierte. Nach wenigen Minuten hatte ich meinen grünen Pass zurück und durfte »ausreisen«.

Ich fuhr über die Avus und durch die westliche City zur Heinrich-Heine-Straße. Vorbei an Leuchtreklamen und unzähligen Kneipen und Restaurants, durch deren Scheiben ich Gäste sah. Pulsierendes Leben einer Großstadt, die keine Schließzeit kannte. Vertrautes Terrain und doch nicht mein Zuhause. Jedenfalls nicht in den ersten fünf Jahren. Auf dem Weg in eine Stadthälfte, die wir anfangs als grau, düster und trostlos empfunden haben. Aber da wohnten wir. Dort war meine Familie, dort standen unsere Möbel. Und dahin wollte ich jetzt. »Sie verlassen den amerikanischen Sektor«, las ich auf einem Schild. Für viele West-Bürger klang das wie eine Warnung. Sie war ja auch so gemeint. Auch wir hatten anfangs Herzklopfen, wenn wir in den Kontrollpunkt einfuhren.

Mitternacht war schon vorbei. Bundesbürger mit Tagesvisum mussten bis 24 Uhr Ost-Berlin verlassen haben. Ich dagegen, als akkreditierter Korrespondent mit

Wohnsitz in der »Hauptstadt«, durfte – wann immer ich wollte – die Grenze passieren. Rund um die Uhr. Mein Auto trug ein DDR-Kennzeichen. Mit einem weißen QA auf blauem Grund. Ein Schlagbaum versperrte die Einfahrt. Der DDR-Grenzer im Wachturm musste mich wohl gesehen haben. Aber er reagierte nicht sofort. Vielleicht war er kurz eingenickt. Jetzt, da der Grenzbetrieb eigentlich ruhte. Ich tippte auf die Lichthupe. Der Sperrbalken zwischen dem Mauerdurchlass öffnete sich. Die Ampel sprang auf Grün.

Ich kurvte mit meinem Wagen um die betonierten Hindernisse, die illegale »Grenzdurchbrüche« verhindern sollten. Bei westlichen Besuchern lösten sie eher Beklemmung aus. Daran änderten auch die Blumenkästen nichts, die man zur Verschönerung aufgestellt hatte. An der Seite standen in Doppelreihen »Spanische Reiter.« Dann ein Schild: »Weiterfahrt nach Aufforderung.« Ich beachtete es nicht. Da war niemand, der mich auffordern konnte. Der Abfertigungsschalter, an dem die Besucher tagsüber auf die Rückgabe ihres Passes warteten, war geschlossen. Um diese Zeit wurde am letzten Kontrollhäuschen abgefertigt. »Guten Morgen«, sagte der Offizier von der Passkontrolle. Der Koppelgürtel saß ein wenig schief, so als habe er ihn in Hast angelegt. Ich hatte ihn in seiner Ruhe gestört. Aber er ließ sich nichts anmerken. Er nahm Pass und Zählkarte entgegen. Nachdem er mir die Dokumente zurückgegeben hatte, schritt er zum Gittertor. Das war geschlossen und mit einer Kette nebst Vorhängeschloss gesichert. Mit geübten Griffen drehte er den

Schlüssel herum und gab mir den Weg in die eben noch verrammelte Republik frei.

Heinrich-Heine-Straße – das war unser bevorzugter Grenzübergang. Über viele Jahre sind meine Frau und ich hier regelmäßig hin- und hergefahren. Anfangs mit bangen Gefühlen. Wie Pioniere auf Erkundungsfahrt. Später, besonders während meiner zweiten Akkreditierungszeit in den achtziger Jahren, mit dem Bewusstsein, die Befugnisse der Grenzer und Zöllner richtig einschätzen zu können. Eine Sicherheit, die es uns erlaubte, die Uniformierten auch schon mal auszutricksen und Dinge zu transportieren, die nach DDR-Recht nicht zulässig waren. Innerlich haben wir die Anomalität der Grenze, die das Land und die Stadt durchschnitt, nie akzeptiert. Selbst dann nicht, als sie für uns mühelos zu überwinden war. Dafür haben wir zu viel mitbekommen von den Sehnsüchten und den Ängsten, die unsere Freunde mit dem Wort Grenze verbanden. Drohung und Verheißung zugleich. Wie groß war ihr Erstaunen, als sie nach der »Wende« durch westliche Länder reisten. »Sind wir jetzt schon in Holland?«, fragte eine Freundin aus Ost-Berlin. Den Übergang von Deutschland in die Niederlande hatte sie nicht bemerkt.

Manchmal fuhren wir mehrmals pro Tag über die Grenze. Oft nur für kurze Zeit, um irgendeine Besorgung zu erledigen. »Ich fahre mal eben rüber.« Zur Bank, zum Arzt, zur Post, zum Blumenladen. Ein provozierender Satz. »Na, schon wieder zurück«, sagte manchmal einer der Kontrolleure. Es klang etwas spitz. Aus- und Einreise waren für die Machthaber der SED und die Offiziere an der Grenze staatliche Hoheitsakte. Ihr Pochen auf die Souveränität hatte etwas Zwanghaftes. Westlern gewährte man Einlass, vorausgesetzt, es lag nichts gegen sie vor. Und DDR-Bürger kamen nur dann in den Genuss der Ausreise, wenn sie Rentner oder auf Linientreue geprüfte Reisekader waren. Mal eben rüber auf die andere Seite – das klang in den Ohren staatstreuer Funktionäre und Uniformträger unangemessen und überheblich.

Aber auch Freunde und Bekannte taten sich mit der leichthin gesprochenen Bemerkung schwer. Eines Tages wurde meine Frau von einer Ost-Berliner Freundin gebeten, für sie in West-Berlin ein paar Stiefel zu besorgen. »Wenn du derweil auf die Kinder aufpasst, fahre ich mal eben rüber«, sagte meine Frau. »Mache ich«, sagte die Freundin. Aber man sah ihr an, dass sie irgendetwas bewegte. Später hat sie erzählt, dass sie der Satz »Ich fahr mal eben rüber« fast verrückt gemacht habe. Sie, damals Mitte 30, hatte als gewöhnliche DDR-Bürgerin keine Chance zu einer West-Reise. Wer es illegal probierte, so wusste sie, riskierte sein Leben. Ihre Reaktion hat mit dazu beigetragen, dass wir unsere Worte künftig sorgfältiger wählten und stärker auf die Empfindlichkeiten unserer Freunde achteten.

Kaum ein anderer Ort war besser geeignet, menschliches Verhalten zu studieren, als ein DDR-Grenzübergang. Westdeutsche, die zu Hause gegenüber Behörden durchaus selbstbewusst auftraten, klappten beflissen die Rückbänke ihrer Autos hoch und eilten um den Wagen herum, um die Kofferraumhaube zu öffnen.

Manchmal schon, bevor der DDR-Zöllner sie dazu aufgefordert hatte. Anderen Besuchern aus der Bundesrepublik sah man die Angst und Unsicherheit an, sie könnten gegenüber den Autoritäten in Uniform irgendetwas falsch machen. Und wenn ein Auto in eine Garage zur Sonder-Inspektion dirigiert wurde, erkannte man in den Gesichtern der Zuschauenden Erleichterung darüber, dass sie nicht selbst Opfer der Schikane geworden waren. Zivilcourage habe ich bei Besuchern aus dem Westen selten beobachtet. Man musste schon sehr mutig sein oder viel Zeit haben, um nach dem Grund einer Anweisung zu fragen oder sich einer Aufforderung der Kontrolleure zu widersetzen.

Selbst wir Korrespondenten haben uns mitunter auf Verfahren eingelassen, die wir eigentlich für unsinnig hielten. Bei der Vorkontrolle stand der jeweilige Uniformierte in der Regel auf der Beifahrerseite, nahe seinem Postenhäuschen. Auch dann, wenn nur eine Person im Auto war. Der Kontrolleur hätte auch auf die Fahrerseite kommen können. Eine genaue Anweisung dazu gab es nicht. Was dann folgte, war eine groteske Gymnastik. Der Fahrer beugte sich nach rechts, um die Scheibe herunterzukurbeln und mit ausgestrecktem Arm den Pass hinzuhalten. Der Uniformierte wiederum ging in gerader Haltung in die Knie, um das Gesicht mit dem Foto im Pass zu vergleichen.

»Warum lässt du dir das gefallen?«, fragte mich meine Frau. »Der kann doch auch zu dir kommen.« Sie hatte Recht. Und sie handelte danach. Das rechte Fenster in ihrem Auto blieb zu. Widerwillig schlurfte der

Kontrolleur auf die linke Fahrerseite. Als einer seiner Kollegen stur blieb und an der rechten, verschlossenen Tür rüttelte, stieg sie aus ging um das Auto herum und reichte dem Offizier ihren Pass mit der Bemerkung: »Ich wusste schon immer, dass die sozialistische Höflichkeit eine besondere ist.« Der Mann bekam einen roten Kopf. Die Lektion wirkte. Fortan gingen die Offiziere, wenn sie das Auto meiner Frau sahen, ein paar Schritte auf die Straßenmitte, um auf der richtigen, der gewünschten Seite zu stehen. Damit war das Spiel noch nicht zu Ende. Meine Frau hatte einen französischen 2CV. Bei diesem Auto klappte man die Seitenscheibe nach oben. Wenn der Kontrolleur zu dicht am Wagen stand, musste er seinen Kopf, um nicht von der Scheibe getroffen zu werden, zurücknehmen. Damit war die richtige Distanz wieder hergestellt.

Merkwürdig auch, wie unterschiedlich die DDR-Grenzwächter Bundesbürger behandelten. Wenn Geschäftsleute in großen Limousinen anreisten, überboten sich die Grenzer und Zöllner an Höflichkeit. »Kapitalist« und »Ausbeuter« waren Begriffe aus marxistisch-leninistischen Lehrbüchern. Kampfbegriffe für die ideologische Auseinandersetzung. Im wirklichen Leben spielten sie kaum eine Rolle. Jedenfalls waren »Klassenfeinde«, mit denen der sozialistische Staat handelte, vor Schikanen verhältnismäßig sicher. Wenn aber junge, lässig gekleidete Leute in einem alten, klapprigen VW kamen, dann wurden sie in der Regel gründlich gefilzt.

»Wir hatten bestimmte Bilder im Kopf«, hat mir mal

ein früherer Oberstleutnant erklärt. Eingetrichterte Klischees, die Reflexe auslösten. Lange Haare und Gammel-Klamotten – das erweckte bei den auf Ordnung und Sauberkeit fixierten Kontrolleuren Misstrauen. Die jungen Leute könnten Rauschgift dabei haben. Also schaute man sie und ihr Gepäck genauer an, auch mit der Erwartung, fündig zu werden. Dann gab es von den Vorgesetzten Lob und Anerkennung. Dass die jungen Leute häufig politisch links waren und mehr Sympathien für den Sozialismus hatten als die hofierten Manager in ihren teuren Anzügen, spielte keine Rolle.

Die regelmäßigen Grenzpassagen haben mir den Blick auf die Menschen geschärft, die als »Angehörige der bewaffneten Organe« an der Heinrich-Heine-Straße Dienst hatten. Ich merkte bald, dass in den Uniformen keine emotionslosen Staatsdiener steckten, sondern sehr unterschiedliche Individuen – abgestumpfte und neugierige, launische und fröhliche, verbiesterte und freundliche. Menschen, die strenge Dienstvorschriften hatten und ideologisch geschult worden waren und dennoch – wie andere Werktätige auch – mal mit mehr, mal mit weniger Lust zur Arbeit gingen. Manchen, die wir regelmäßig sahen, haben wir Spitznamen gegeben. Da gab es den »Perückenträger«, einen jungen Offizier mit strohblondem Kunsthaar, und den »Nasenbohrer«, einen Zöllner, den wir beobachtet hatten, wie er mit dem Finger popelte.

Private Gespräche mit Reisenden aus dem Westen zu führen, war den Kontrolleuren untersagt. Wenn sie sich trotzdem jovial-freundlich gaben und Bundesbürger dazu verleiteten, über persönliche Dinge zu plaudern, dann hatte das oft einen konkreten Grund. Die Besucher, die in die DDR kamen, sollten »abgeschöpft« werden. Am Grenzübergang Bornholmer Straße wurden – wie der Vizechef der Passkontrolleinheit später berichtete – Informationen von Reisenden in einer »Operativkartei« gesammelt, der sich auch andere Abteilungen des MfS bedienten. In ihrer Naivität haben Westdeutsche mitunter den Grenzern erzählt, wen sie in der DDR besuchen wollten. Dass sie damit ihre östlichen Bekannten ins Visier der Stasi brachten, kam ihnen nicht in den Sinn.

Bei uns Korrespondenten machte eine solche Abschöpfung wenig Sinn. Wir waren ohnehin unter ständiger Kontrolle der Stasi und von deren Inoffiziellen Mitarbeitern umgeben. Das heißt nicht, dass wir mit Grenzwächtern nicht geredet hätten. Übers Wetter und ähnlich banale Dinge. Es kam sogar vor, dass Offiziere unvorsichtig wurden und Bemerkungen machten, die nach deren Staatsdoktrin keineswegs politisch korrekt waren. Als mein kleiner Sohn einmal die Pflichtinspektion eines Zöllners beobachtete und von mir wissen wollte, warum Autofahrer die Motorhaube öffnen sollen, unterbrach ein Uniformierter meinen Erklärungsversuch mit der Bemerkung: »Wie sollen Kinder verstehen, was selbst Erwachsene nicht begreifen.«

Noch erstaunlicher war die Reaktion eines Zöllners, als ich mit einem neuen Auto aus West-Berlin kam. Meine Frau liebte die französische »Ente«. Sie war unser Zweitwagen. Ich hatte ihn gerade vom Händler geholt. Als Ersatz für »Ente« Nummer eins, die altersschwach geworden war. DDR-Bürger schwärmten für westdeutsche Autos. Grenzwächter eingeschlossen. Sie sahen täglich alle möglichen Typen und Fabrikate. Oft kannten sie sich besser im Innenleben der Karossen aus als ihre Besitzer, wussten genau, welcher Hebel zu bedienen war, um die Rückbank herunterzuklappen. »Jetzt kommen Sie schon wieder mit so einem Schaukelding«, sagte der Mann in der blauen Uniform.

Es klang nach Enttäuschung. Gemischt mit einem bisschen Verachtung. Die hätte ich vermutlich nur noch dann steigern können, wenn ich in einem sowjetischen Lada gekommen wäre. »Bewahr uns Gott vor bösen Frauen und Autos, die die Russen bauen«, reimte der ostdeutsche Volksmund. Die »Ente« passte jedenfalls nicht ins Bild, das er sich von einem Medien-Vertreter der kapitalistischen Bundesrepublik machte. Vorwurfsvoll fragte er mich: »Können Sie Ihrer Frau nicht ein anständiges deutsches Auto kaufen?« Einen Trabi oder Wartburg aus DDR-Produktion hat er damit gewiss nicht gemeint.

DDR-Kontrolleure hatten eine penetrante Art, Besucher aus dem Westen zu belehren. Bei Staatsangehörigkeit müsse »BRD« eingetragen werden, ermahnten sie Reisende, die in das Feld der Zählkarte »deutsch« schrieben. Ich habe immer »deutsch« eingetragen. Aus Prinzip. Aber andere, die Ärger befürchteten, taten, wie ihnen geheißen. Umso schöner war es, wenn sich mal die »Organe« ins Unrecht setzten. Meiner Frau ist das an einem 24. Dezember passiert. In den achtziger Jah-

Zählkarte
für Statistik und Reiseservice

Card for Statistics and Travel Service
Carte pour la statistique et le service de voyage

Bei der Ausreise abgeben
To be handed over on exit
remettre au service de contrôle à la sortie

A

Pol. Kennz. d. Kfz
Registration number of vehicle
Plaque d'immatriculation
QA 57-48

E

Familienname / Family name / Nom de famille	Pragal
Vorname / First name / Prénom	Peter
Geburtsdatum und -ort / Date & place of birth / Date et lieu de naissance	8. 6. 39 Breslau
Wohnort / Domicile / Domicile	108 Berlin
Straße / Street / Rue	Leipziger
Haus-Nr. / No. / No. de maison	65
Paß-Nr. / Passport-No. / No. du passeport	H 2550474
Staatsangehörigkeit / Nationality / Nationalité	deutsch
Ausgeübte Tätigkeit / Present occupation / Emploi actuel	Journalist
Arbeitsstelle / Employer / Employé chez	STERN –
Anzahl der mitreisenden Kinder bis 16 Jahre (in Worten) / Number of accompanying children under 16 years (written) / Nombre d'enfants accompagnants jusqu'à 16 ans (en lettres)	—
Zweck der Reise *) / Purpose of the journey / But de voyage	dienstlich / official / officiel — privat / private / privé (X) — Touristik / tourism / touristique

für Bürger der BRD

A

*) Zutreffendes ankreuzen — Please mark corresponding items — Marquer d'une croix les mentions utiles

---

Zählkarte
für Statistik und Reiseservice

Card for Statistics and Travel Service
Carte pour la statistique et le service de voyage

E

Pol. Kennz. d. Kfz
Registration number of vehicle
Plaque d'immatriculation
QA 57-48

E

Familienname / Family name / Nom de famille	Pragal
Vorname / First name / Prénom	Peter
Geburtsdatum und -ort / Date & place of birth / Date et lieu de naissance	8. 6. 39 Breslau
Wohnort / Domicile / Domicile	108 Berlin
Straße / Street / Rue	Leipziger
Haus-Nr. / No. / No. de maison	65
Paß-Nr. / Passport-No. / No. du passeport	H 2550474
Staatsangehörigkeit / Nationality / Nationalité	deutsch
Ausgeübte Tätigkeit / Present occupation / Emploi actuel	Journalist
Anzahl der mitreisenden Kinder bis 16 Jahre (in Worten) / Number of accompanying children under 16 years (written) / Nombre d'enfants accompagnants jusqu'à 16 ans (en lettres)	—

für Bürger der BRD

Wir bitten Sie, beide Teile dieser Zählkarte auf der Vorder- und Rückseite vor Reiseantritt vollständig und gut leserlich mit Tinte in Blockschrift oder mit Schreibmaschine auszufüllen und dem Paßkontrollorgan zu übergeben. Damit unterstützen Sie die Bemühungen der Organe der DDR, den Reisefluß und den Reiseservice in unserem Land weiter zu verbessern.

Please fill in both parts of this card on the front and back page completely and legibly with ink in block letters or with typewriter before your journey and hand them over to the passport control officer. In doing so you will help the authorities of the GDR in their efforts to furthermore improve travelling and travel service in our country.

Nous vous prions de remplir les deux parties de cette carte de manière complète et lisible, en lettres majuscules à l'encre ou à la machine à écrire, et de la remettre au service de contrôle de passeport. De cette facon, vous soutiendrez les efforts des autorités de la R.D.A. en vue d'amelliorer les services de voyage dans notre pays.

ren, als wir sowohl im Osten wie im Westen wohnten. Ich war krank, konnte nicht Auto fahren und bat meine Frau, aus der Büro-Wohnung im Ostteil die West-Zeitungen zu holen, die ich dorthin von einem Post-Kurier der DDR zugestellt bekam.

Am Grenzübergang war am Mittag des Heiligen Abends nichts los. Der Zöllner machte die Schranke auf, ließ meine Frau ein Stück vorfahren und knallte dann das Eisengestänge mit Schwung zu. Die Schranke rastete aber nicht ein, sondern schnellte nach der anderen Seite und prallte an die Rückseite meines Dienstwagens. Meine Frau verzichtete darauf, auszusteigen und nachzuschauen. Stattdessen sah sie den Zöllner nur prüfend an. »Ist nichts passiert«, sagte der. Auf dem Parkplatz in der Leipziger Straße entdeckte sie den Schaden. Im Blech war eine dicke Beule, und eine der Rückleuchten war kaputt.

Das ist die Gelegenheit, ging ihr durch den Kopf. Seit einigen Wochen lag bei DDR-Freunden ein wertvolles Musikinstrument, das wir auf Bitten eines bekannten Ost-Berliner Schauspielers zu einer Adresse in West-Berlin bringen sollten. Meine Frau holte den Gegenstand ab, fuhr zur Grenze und »machte ein Fass auf«. Es kam nicht oft vor, dass man DDR-Kontrolleuren Fehlverhalten nachweisen konnte. Jetzt war so eine Situation da. Und meine Frau war entschlossen, sie auszunutzen. Sie war sicher, dass kein Zöllner es wagen würde, an diesem Tag ihren Wagen zu kontrollieren. Selbst wenn er gewusst hätte, was sie im Kofferraum mitführt. Wenn ein »Organ« erkläre, es sei nichts passiert, dann glaube sie das, sagte sie dem herbeigerufenen ranghohen Offizier. Der war längst im Bilde. Der Schaden wurde protokolliert. Die Reparaturkosten mussten von der DDR-Versicherung in Valuta beglichen werden.

Vor »Raketen«, wie DDR-Offiziere die Besitzer von Grenzempfehlungen nannten, hatten die »Organe« Respekt. Eine Beschwerde konnte für sie unangenehm sein. Besonders wenn man nach dem diensthabenden Offizier verlangte. Der Vorfall musste sofort »nach oben« gemeldet werden. In heiklen Fällen sogar bis zum Ministerbüro. Damit die Vorgesetzten informiert waren, bevor ein Schreiben mit Beanstandungen offiziell vorlag. Wir Korrespondenten waren zwar nicht den Diplomaten gleichgestellt. Die fuhren auf einer besonderen Spur, ohne dass die Wageninsassen aussteigen mussten, durch die Mauerdurchlässe. Aber schneller als bei gewöhnlichen Reisenden ging es bei uns allemal. Stichproben des Zolls seien bei uns nicht ausgeschlossen, hatten mir Mitarbeiter des DDR-Außenministeriums erklärt. Wahrscheinlich wollte man mit diesem Hinweis unseren Hang bremsen, die »großzügig gewährten Ein- und Ausreisemöglichkeiten« zu missbrauchen.

Die Frage »Führen Sie anmeldepflichtige Gegenstände mit?«, haben meine Kollegen und ich als Phrase empfunden, die wir nicht ernst nahmen. Nein, lautete die Standard-Antwort. Tatsächlich war der Kofferraum oft mit Gegenständen gefüllt. Nicht nur für unseren persönlichen Gebrauch. Je länger wir in Ost-Berlin lebten, desto umfangreicher war der Zettel mit Waren, die wir im Westen für unsere Ost-Freunde besorgen sollten. Viele hatten Verwandte in der Bundesrepublik und verfügten über D-Mark. Damit bezahlten sie, was wir für sie gekauft hatten.

Wir schmuggelten aber auch Dinge in den Osten, die gratis waren. Zum Beispiel Bücher. Das Innerdeutsche Ministerium und die Bundeszentrale für politische Bildung hatten ein breites Sortiment von politischer Literatur. Stapelweise habe ich mich mit Büchern versorgt, um sie Freunden zu schenken oder die Bibliothek eines kirchlichen Friedens- oder Umweltkreises damit auszustatten. Regime-Kritikern, die in der DDR-Provinz lebten und nur spärliche Kontakte in den Westen hatten, konnte man auf diese Weise eine riesengroße Freude machen.

Als einige unserer Freunde in den achtziger Jahren beruflich und in dringenden Familienangelegenheiten in den Westen fahren durften, machten sie auf der Rückfahrt mit der Eisenbahn in West-Berlin Station. Sie hatten Gepäck dabei. Mit Einkäufen, die der DDR-Zoll beanstandet hätte. Am Bahnhof Zoo haben wir ihre Utensilien in Empfang genommen und in unserem Wagen nach Ost-Berlin gebracht. Derweil fuhren unsere Freunde zum Bahnhof Friedrichstraße in Ost-Berlin. Ohne Koffer und Taschen. Die händigten wir ihnen später aus.

Ein einziges Mal in meiner Korrespondentenzeit hat die »Grenzempfehlung« nicht funktioniert. Meine Frau und ich waren in Berlin-Pankow bei britischen Diplomaten zum Abendessen eingeladen. Es war in den achtziger Jahren, als wir neben der Dienstwohnung in Ost-Berlin noch eine Privatwohnung in West-Berlin hatten. Vor allem der Kinder wegen, die inzwischen in Charlottenburg zur Schule gingen. Der kürzeste Weg nach Hause führte über die Bornholmer Straße. Am Grenzübergang wurde ich aufgefordert, den Kofferraum unseres Wagens zu öffnen. Das war mir bis dahin noch nie passiert. Ich war wütend und wollte mich zunächst der Anweisung widersetzen. Aber dann dachte ich daran, dass wir bei einer Weigerung ziemlich lange warten müssten. Und ich wollte nach Hause. Widerwillig stieg ich aus und öffnete die Haube. Der Kofferraum war leer. Ich kündigte an, dass ich mich beim Außenministerium beschweren würde und fuhr davon.

Viele Jahre später habe ich einen ranghohen Offizier, der damals an der Bornholmer Straße stationiert war, nach dem Grund der Kontrolle gefragt. Entweder, so sagte er mir, habe ein Idiot die Vorschrift nicht gekannt. »Oder die VIII ist hinter Ihnen her gewesen.« VIII – das war die für Beobachtung und Ermittlung zuständige Hauptabteilung der Stasi. Was wäre passiert, wenn ich mich geweigert hätte, den Kofferraum zu öffnen? Der Ex-Offzier überlegte nicht lange. »Dann hätte man mich gerufen. Ich wäre gekommen, hätte militärisch gegrüßt und mich für den Vorfall entschuldigt.« Schade, dass wir das nicht früher gewusst haben.

Willkür habe ich auch an anderen Grenzen kommunistischer Staaten erlebt. In den achtziger Jahren war ich zusätzlich zur DDR in einigen Ostblock-Ländern als

Korrespondent akkreditiert: In der Tschechoslowakei und in Ungarn, in Rumänien und Bulgarien. Alle paar Wochen setzte ich mich in Schönefeld ins Flugzeug und reiste »in meine Länder«. Ich benötigte dafür zwei grüne Bundespässe. In einem war mein DDR-Dauervisum eingestempelt, das ich für die tägliche Ein- und Ausreise brauchte. Der andere enthielt die Einreiseerlaubnis für die jeweiligen Länder. Die Visa holte ich mir in der zuständigen Botschaft in Ost-Berlin oder – wie im Fall Rumänien – im Generalkonsulat in West-Berlin. Dort lag mein Pass ein paar Tage. Jemand, der mit zwei Pässen reiste, war für die DDR verdächtig. Er könnte womöglich bei einer illegalen Fluchthilfe behilflich sein. Es dauerte eine Weile, bis die Grenzer begriffen, warum ich jeweils zwei Pässe in meiner Tasche hatte.

Nach Budapest fuhr ich gern. Die Stadt wirkte im Vergleich zu anderen Ostblock-Ländern fast westlich. Ungarn galt nicht zu Unrecht als »fröhlichste Baracke« im östlichen Lager. Wenn ich dagegen mit der rumänischen Fluggesellschaft Tarom nach Bukarest flog, hatte ich meistens gemischte Gefühle. Man spürte dort auf Schritt und Tritt, dass man im Reiche Ceauşescus in einer stalinistischen Diktatur war. Und so dreist wie die Securitate, der rumänische Geheimdienst, gegenüber Journalisten auftrat, agierte kein anderer Geheimdienst der Länder, mit denen ich zu tun hatte.

Irgendwann Mitte der achtziger Jahre wollte ich eine Parteikonferenz in Bukarest beobachten, zu der sich der sowjetische Generalsekretär Michail Gorbatschow angesagt hatte. Am Flughafen wurde mir die Einreise verweigert. Ohne Begründung. Ich verwies auf meinen Akkreditierungsausweis und mein gültiges Visum. Ohne Erfolg. Ich hatte Glück, dass ich mit der Interflug-Maschine, mit der ich gekommen war, zurück nach Schönefeld fliegen konnte. Andere Kollegen, die von Wien und Belgrad mit der rumänischen Staatslinie angereist waren, verbrachten eine ungemütliche Nacht auf den harten Bänken des Transitraumes, bis am Morgen die ersten Flugzeuge nach Österreich und Jugoslawien starteten. Als ich nach Rückkehr am Abend von meiner Ost-Berliner Wohnung meinen schon früher eingereisten Fotografen-Kollegen in seinem Hotel in der rumänischen Hauptstadt anrief, fragte er aufgeregt: »Wo bleibst du denn?« Ich sagte ihm, dass ich vor ein paar Stunden schon mal in Bukarest war. »Aber jetzt bin ich wieder in Berlin.«

Mit der ČSSR ist es mir einmal ähnlich ergangen. Ich wollte mit dem Zug nach Prag fahren. Um mich dort, wie bei früheren Besuchen, unter anderem mit Dissidenten zu treffen. An der Grenzstation Děčín, die in sudetendeutscher Zeit Tetschen hieß, wurde ich von tschechischen Grenzoffizieren aus dem Waggon geholt. Wieder keine Begründung. Mitreisende schauten mich mitleidig an. Ratlos und ein wenig beschämt stand ich allein auf dem Bahnsteig und wartete auf den Gegenzug in Richtung Dresden. Als mich kurz darauf die DDR-Grenzkontrolleure sahen, taten sie überrascht. »Na, schon wieder zurück«, sagte einer von ihnen. In meinen Ohren klang die Bemerkung wie eine Mischung aus Spott und Mitgefühl. Wahrscheinlich waren sie bereits informiert, dass mich ihre Genossen auf der anderen Seite der Grenze an der Einreise gehindert hatten.

In Berlin nahm ich Ende der achtziger Jahre die Grenze immer weniger wahr. Die Fahrten zwischen den beiden Teilen der Stadt waren uns derart zur Routine geworden, dass wir die Kontrollen eigentlich für überflüssig hielten. Auch wenn wir natürlich sahen, wie viele Menschen nicht zueinander kommen konnten – in unserem Lebensgefühl war Berlin eine Einheit. Wenn wir gefragt wurden, wo wir wohnen, pflegte meine Frau zu sagen. »Wir haben eine Stadtwohnung in Berlin-Mitte und ein Haus am Grunewald.« Das war ironisch, zumindest nicht ganz ernst gemeint. Aber bei vielen Berlinern – egal ob aus Ost oder West – kam der Satz nicht gut an. Er klang arrogant. Dabei wohnten wir an beiden Wohnsitzen zur Miete. Angeberei lag uns fern. Die Wahrheit war: Mit unserem Gefühl der berufsbedingten Freizügigkeit waren wir den Menschen, die unter der Trennung durch Mauer und Todesstreifen litten, um einen historischen Moment voraus.

Unserem Sohn ging es ähnlich. Der besuchte ein Gymnasium in Charlottenburg. Aber Klavierstunde hatte er im Osten, bei einer befreundeten Musikerin. Vom S-Bahnhof Grunewald fuhr er bis Friedrichstraße. Dort ging er eine Treppe hinunter zur Passkontrolle. Weil er als Sohn eines Korrespondenten ein Schulvisum in seinem Ausweis hatte, musste er nie lange warten. Dann ging er auf den Ost-Bahnsteig und fuhr bis Ostkreuz. Einmal in der Woche. Eines Tages kam er viel früher als gewohnt nach Hause. Zwei Stationen vor dem Bahnhof Zoo war ihm eingefallen, dass er seinen Pass vergessen hatte. Die Fahrt in den Stadtteil Friedrichshain war ihm so selbstverständlich geworden, dass er die Einreise-Prozedur unbewusst für nicht mehr notwendig hielt. Es schien so, als habe er – weit vor dem Mauerfall – in seinem Kopf die Wiedervereinigung vorweggenommen.

Heute kann man an der Station Grunewald in die S-Bahnlinie 7 einsteigen und bis Ostkreuz durchfahren. Kein jüngerer Tourist käme auf die Idee, dass diese Fahrt einmal durch eine »Staatsgrenze« unterbrochen war. Und der »Tränenpalast«, vor dem einst die Ostler ihre West-Besucher wehmütig und schluchzend verabschiedeten, ist heute ein denkmalgeschützes Gebäude, dem von außen niemand mehr ansieht, dass hier einmal Reisende vor den Kontrollen der Grenzer und Zöllner zitterten.

An der kurzen Leine

Am 11. Mai 1978, einem Donnerstag, wurde ich ins Außenministerium der DDR zitiert. Es war keiner der üblichen Anrufe, wie ich ihn aus dem Arbeitsalltag kannte. Telefonate, bei denen man mir mitteilte, ob ein von mir beantragtes »journalistisches Vorhaben« genehmigt oder abgelehnt worden sei. Diesmal wurde ich offiziell einbestellt. Ich ahnte, was mich erwartete.

Zwei Tage zuvor waren drei meiner Korrespondenten-Kollegen, ein Fernseh-, ein Hörfunk- und ein Agentur-Journalist, vorgeladen und mit der Begründung, sie hätten eine Falschmeldung verbreitet, verwarnt worden.

Ich fuhr also zum DDR-Außenministerium, einem zehngeschossigen, 1967 bezogenen Gebäude an der Südwest-Seite des Schlossplatzes, der damals die Namen von Marx und Engels trug. Ich wurde in einen Besprechungsraum im Erdgeschoss geführt. Dort wartete ein ranghoher Beamter aus der Presseabteilung. Siegfried H. erklärte in frostigem Ton, ich hätte die Verpflichtung, wahrheitsgetreu, sachbezogen und korrekt zu berichten, missachtet. Deshalb müsse er mir eine nachdrückliche Verwarnung aussprechen. Was mit dem Vorwurf konkret gemeint war, sagte er nicht.

Während er sprach, überlegte ich, wie sich ein Berufsdiplomat in einer solchen Situation verhalten würde. Auf keinen Fall schweigen, dachte ich. Also wies ich, genauso ernst wie der Genosse Abteilungsleiter, seine Anschuldigung mit gesetzten Worten zurück. Dann ging ich zum Gegenangriff über. Die DDR behindere mit der versuchten Einschüchterung die freie Ausübung der journalistischen Tätigkeit, erklärte ich. Das stehe im Widerspruch zu Vereinbarungen zwischen den beiden deutschen Staaten. Nach wenigen Minuten war die Begegnung beendet. Der Beamte gab mir die Hand, dann war ich entlassen.

Der Grund für die Maßregelung war mein Bericht über Zusammenstöße zwischen Bevölkerung und

Volkspolizei am 1. Mai in Wittenberge an der Elbe. Auf dem »Platz der Freiheit« vor dem Rathaus, so schrieb ich, hätten Teilnehmer eines Volksfestes ihrem Ärger über die überhöhten DDR-Mark-Preise in den staatlichen *Delikat-* und *Exquisit-Läden* lautstark Luft gemacht. Als der Bürgermeister versucht habe, die Protestierer zu beruhigen, hätten Leute aus der Menge »Parteibonzen raus aus dem Rathaus« und andere Parolen gerufen. Schließlich seien Polizisten mit Schlagstöcken, Hunden und Wasserwerfern gegen die aufgebrachten Bürger vorgegangen. Mehr als ein Dutzend Personen, überwiegend Jugendliche, seien festgenommen worden.

Ich war am Mai-Feiertag nicht selbst in Wittenberge, sondern habe mir den Zusammenstoß zwischen protestierenden Bürgern und der Staatsmacht von Augenzeugen schildern lassen. Die waren, voller Wut und Ärger darüber, dass die örtlichen Medien den Vorgang totgeschwiegen hatten, einige Tage nach dem Krawall nach Ost-Berlin gefahren. Dort hatten sie außer mir noch einige andere West-Korrespondenten aufgesucht und ihre Erlebnisse erzählt. Durfte ich darüber berichten? Ich beriet mich mit Kollegen. Der Versuch, uns den Tumult amtlich bestätigen zu lassen, wäre aussichtslos gewesen. Darin waren wir uns einig. Andererseits: Was uns die Leute aus Wittenberge erzählten, klang glaubwürdig. Wir entschieden uns, ihren Berichten zu vertrauen. Offenbar zu Recht. Denn kurz darauf fuhr ein *ARD*-Fernsehteam in die Elbestadt, um Einwohner zu befragen. Dabei bestätigten mehrere Bürger, dass die

Polizei Gewalt angewandt habe, um eine Menschenmenge zu zerstreuen.

West-Korrespondenten waren bei ihrer Arbeit stets in Gefahr, bei der SED-Führung anzuecken und dafür gerüffelt zu werden. Noch bevor sie ihre Arbeit aufnahmen, hat die DDR versucht, die lästigen Beobachter durch Auflagen und Sanktionen an die kurze Leine zu nehmen. In einer im Februar 1973 erlassenen Verordnung wurden meine Kollegen und ich unter anderem verpflichtet, »Verleumdungen und Diffamierungen der Deutschen Demokratischen Republik, ihrer staatlichen Organe und ihrer führenden Persönlichkeiten« zu unterlassen sowie »keine böswillige Verfälschung von Tatsachen zuzulassen«. Da kommunistische Potentaten dazu neigten, kritische Wertungen ihrer Tätigkeit als Verunglimpfung und Herabwürdigung aufzufassen, waren mit den verfügten Bestimmungen Konflikte vorgezeichnet.

Der Entschluss der Ost-Berliner Machthaber, den westdeutschen »Klassenfeinden« vor Ort Informationsmöglichkeiten einzuräumen, war innerhalb der SED umstritten. Die Befürworter argumentierten, dieses Zugeständnis sei der Preis für die internationale Anerkennung. Bis zum deutsch-deutschen Grundlagenvertrag im Jahr 1972 war die DDR nur von kommunistischen, sozialistischen und ein paar neutralen Staaten völkerrechtlich anerkannt worden. Nun bot sich die Chance, auch mit westlichen Ländern diplomatische Beziehungen aufzunehmen. Dafür war man bereit, Kröten zu schlucken. Den SED-Oberen war klar: Ohne ein Mindestmaß an Offenheit, ohne die Zulassung bürgerlicher Korrespondenten, war die staatliche Anerkennung durch die Bundesrepublik Deutschland nicht zu haben.

Manche Funktionäre, durchdrungen vom blinden Glauben an die historische Überlegenheit des Sozialismus, meinten sogar, die offiziell zugelassenen Beobachter würden sich mit der Zeit von den »Errungenschaften« im sozialistischen Deutschland beeindrucken lassen und zu einem besseren Image der DDR beitragen. Diese Hoffnung mag sich bei dem einen oder anderen Reise-Korrespondenten aus der Bundesrepublik erfüllt haben. Was ihnen als heile sozialistische Welt vorgespielt wurde, haben nicht alle durchschaut. Die ständig Akkreditierten lernten hingegen schnell, hinter die Potemkin'schen Fassaden zu schauen und propagandistische Trugbilder von der Wirklichkeit zu unterscheiden.

Andere SED-Kader sprachen den Journalisten aus der Bundesrepublik von vornherein jeglichen Willen zu sachlicher Information ab. Vor allem die Hüter über die Staatssicherheit hielten die West-Korrespondenten grundsätzlich für »Agenten des Klassenfeindes«, die den realen Sozialismus verleumden, die Gesellschaft unterwandern und die Bevölkerung gegen die Obrigkeit aufwiegeln wollten. Um uns, die angeblichen »Speerspitzen des Imperialismus«, in Schach zu halten, machte die SED ihren Repressionsapparat mobil. Im Befehl 21/74, einer »geheimen Verschlusssache«, wies Stasi-Minister Erich Mielke seine Mitarbeiter an, die

West-Korrespondenten mit allen Mitteln zu überwachen, zu »bearbeiten« sowie deren »feindliche Aktivitäten« aufzudecken und zu verhindern. Das war die Ermächtigung zur totalen Kontrolle.

In ihrer Furcht vor »politisch-ideologischer Diversion« legten die DDR-Führer den West-Korrespondenten eine Reihe von bürokratischen Fesseln an. So mussten etwa Reisen außerhalb von Ost-Berlin in die DDR 24 Stunden vor Antritt »unter genauer Angabe des Reiseziels und des Reisegrunds« beim Außenministerium gemeldet werden. Meine Kollegen und ich versuchten, diese Bestimmung dadurch zu umgehen, dass wir sie zwar für dienstliche, nicht aber für private Fahrten akzeptierten. Wenn ich am Wochenende an einen Brandenburgischen See zum Baden fuhr oder in Dresden Freunde besuchte, habe ich die Pflicht zur Abmeldung ignoriert. Meine Erfahrungen und Beobachtungen, die ich dabei machte, gingen gleichwohl in die Berichterstattung ein.

Als schärfste Waffe im Kampf gegen die bürgerlichen Medien hatten sich die Ost-Berliner Machthaber eine generelle Genehmigungspflicht für journalistische Vorhaben ausgedacht. Danach musste jeder Besuch bei einer Regierungsstelle, einer staatlichen Einrichtung, einem volkseigenen Betrieb oder einer Genossenschaft beim Außenministerium schriftlich beantragt werden. Das galt auch für Interviews mit führenden Persönlichkeiten, ab 1979 für Befragungen »jeder Art«. Das war besonders für die Kollegen von Hörfunk und Fernsehen eine massive Behinderung und Einschränkung ihrer Tätigkeit. Als schreibender Journalist hatte ich es einfacher. Ich brauchte niemanden vors Mikrofon oder vor die Kamera zu holen. Ich konnte die Äußerungen von DDR-Bürgern auch als anonyme Stimmen in meine Berichte und Stimmungsbilder einfließen lassen.

Auf Anträge habe ich gleichwohl nicht verzichtet. Mit meiner Themenliste ging ich zur Poststelle des Außenministeriums. Die erreichte ich über einen Seiteneingang an der zur Straße Unter den Linden gelegenen schmalen Seite des Bürokolosses. Wenn ich den engen Raum betrat, blickte ich auf eine verspiegelte Scheibe. Ich drückte auf einen Klingelknopf und sagte gegen die undurchsichtige Trennwand: »Guten Tag.« Keine menschliche Stimme antwortete. Aber von der anderen Seite, so nahm ich an, konnte man mich sehen. Eine Szene, wie man sie aus Kriminalfilmen kennt. Dann wurde, ähnlich einem Fahrkartenschalter, ein Schubfach vorgeschoben, in das ich meinen Presseausweis und den Umschlag mit den Anträgen legte. Wie von Geisterhand bewegt, fuhr der offene Behälter nach innen. Nach einiger Zeit bekam ich meinen Ausweis zurück. Ich empfand diese anonyme Praxis als symbolhaft für den SED-Staat. Misstrauen rangierte vor Offenheit. Der Zwang, sich nicht in die Karten schauen zu lassen, war stärker als der Wunsch, sich mit einer freundlichen Visitenkarte zu schmücken.

Die Erfolgsaussichten meiner Anträge blieben meistens ungewiss. Heikle Themen, die etwa das Militär, die Grenze oder das Privatleben der Spitzenfunktionäre betrafen, habe ich von vornherein ausgespart. Da war die Ablehnung sicher. Bei anderen Vorhaben hing die Genehmigung vom politischen Klima ab. Stand es um das deutsch-deutsche Verhältnis mal gerade günstig, konnte man leichter grünes Licht bekommen. Trübten sich die Beziehungen zwischen Bonn und Ost-Berlin wieder ein, häuften sich die Ablehnungen. Zustimmende Bescheide waren am ehesten bei Themen zu erwarten, von denen sich die DDR einen politischen Werbeeffekt erhoffte. Manchmal kam die Freigabe schon nach wenigen Tagen. Die meisten Gesuche liefen über mehrere Wochen. Am Ende stand häufig ein mündlicher Standardsatz: »An diesem Thema haben wir kein Interesse.«

Auf dieses Votum hatten die Mitarbeiter der Außenamts-Abteilung nur einen geringen Einfluss. Sie durften zwar Vorschläge machen, aber die Entscheidung trafen andere. Alle Anträge mussten der Agitations-Abteilung im Zentralkomitee vorgelegt werden. Dort, im »Großen Haus« am Werder'schen Markt, wo heute das Auswärtige Amt residiert, saßen die ideologischen »Betonköpfe«, deren Misstrauen fast schon krankhafte Züge hatte. Sie entschieden im Zweifel restriktiv, selbst bei vermeintlich harmlosen Themenvorschlägen wie der Besuch bei einer Jagdgenossenschaft, das Porträt einer Fernsehansagerin oder ein Informationsgespräch mit Vertretern des staatlichen Lotto- und Totowesens.

Warum die SED-Regenten unsere Arbeit mit wachsendem Argwohn verfolgten, ist leicht zu erklären. Da prallten auf ihrem Territorium zwei völlig unterschiedliche Vorstellungen von der Rolle der Medien aufeinander. Im kommunistischen Osten war der Journalist als Agitator und Propagandist ein Werkzeug der Partei. Ihr diente er, ihr half er beim Indoktrinieren, von ihr bekam er seine Aufträge und Weisungen. Mehr als fachliche Leistung und Wahrheitsliebe zählte die politische Linientreue. Deshalb durfte die SED-Republik auch nicht so beschrieben werden, wie sie war, sondern nur so, wie sie im Propagandabild aussehen sollte.

Man kann sich das Erschrecken der kleinen und großen SED-Regenten vorstellen, als sich in dieser verlogenen Polit-Idylle plötzlich neugierige, bürgerliche Journalisten tummelten, die eine ganz andere Berufsauffassung hatten. Leute, die mit Mikrofon und Kamera von DDR-Bürgern auf der Straße freimütige Meinungsäußerungen einholten, die selbstherrliche Funktionäre mit kritischen Fragen traktierten, sich nicht mit amtlichen Auskünften zufrieden gaben, auf eigene Faust recherchierten und die Diskrepanz zwischen der geschönten Eigendarstellung und kommunistischer Wirklichkeit bloßlegten.

Mehr noch schmerzte die SED-Genossen der schleichende Verlust ihres Informations- und Meinungsmonopols. Zwar konnten sie ihren Bürgern westliche Druckerzeugnisse vorenthalten. Aber der Äther über der Grenze war offen. Was westliche Journalisten in Dörfern und Städten zwischen Werra und Neiße erfuhren, aufspürten und nach Westen berichteten, kam über Hörfunk und Fernsehen in den größten Teil der SED-Republik zurück und prägte das Bewusstsein ihrer Bürger. Bundesdeutsche Korrespondenten berichteten nicht nur für ihre Leser, Hörer und Zuschauer daheim. Sie informierten auch aus der DDR für die DDR, und dies ohne jegliche Sprachbarriere.

Ohnmächtig mussten die regierenden Kommunisten erleben, dass die meisten Bewohner ihres Herrschaftsgebietes die West-Kanäle den Programmen der eigenen Staatssender vorzogen. Auf jeden Fall dann, wenn es um politische Information ging. Die Dominanz der »Tagesschau« und anderer westlicher Nachrichtensendungen und Polit-Magazine gegenüber der »Aktuellen Kamera« aus Berlin-Adlershof drückte sich in dem populären Satz aus: »Abends kommt der Klassenfeind«. Dass dies stimmte, konnte ich aus meiner Wohnung beobachten. Der Abstand zum Nachbarhaus in unserem Neubaugebiet war gering. Ich sah in die zahlreichen erleuchteten Wohnzimmer, verglich mein eigenes TV-Bild mit dem der DDR-Nachbarn und stellte fest, dass sie fast durchweg politisch fremdgingen. Zur Einschüchterung der lästigen West-Journalisten beschlossen die Machthaber einen Strafkatalog. Die Sanktionen reichten von der Verwarnung über den Entzug der Arbeitserlaubnis bis zur Schließung des Korrespondenten-Büros. Schon bald zeigte sich, dass die vorgesehenen Maßregelungen keine leeren Drohungen waren. Nachdem der *Spiegel* über Zwangsadoptionen in der DDR berichtet hatte, wurde dessen Korrespondent Jörg Mettke im Dezember 1975 ausgewiesen. Es half ihm nichts, dass er nachweisen konnte, den beanstandeten Artikel nicht selbst geschrieben zu haben. Aus Sicht der DDR-Führung bestand sein Vergehen darin, dass er – wie im Dekret formuliert – eine »böswillige Verfälschung« von Fakten zugelassen habe. Ein klarer Fall von publizistischer Sippenhaftung.

Ein Jahr später traf es den ARD-Korrespondenten Lothar Loewe. Er wurde mit der Begründung hinausgeworfen, er habe Volk und Regierung der DDR in gröbster Weise diffamiert und sich mit »lügnerischen Behauptungen« in die inneren Angelegenheiten der DDR eingemischt. Die angebliche Verleumdung bestand darin, dass er in einem Fernseh-Kommentar gesagt hatte, die Grenztruppen der DDR hätten »den strikten Befehl, auf Menschen wie auf Hasen zu schießen«. Später verloren mit Peter van Loyen *(ZDF)* und Dieter Bub *(Stern)* zwei weitere Korrespondenten aus der Bundesrepublik ihre Arbeitserlaubnis. Als der *Spiegel* das »Manifest« einer oppositionellen Gruppe ostdeutscher Kommunisten veröffentlichte, reagierten die Machthaber mit der härtesten Sanktion. Im Januar 1978 machten sie das Ost-Berliner Büro des Nachrichtenmagazins für mehrere Jahre dicht. Alle *Spiegel*-Redakteure erhielten ein Einreiseverbot. Erst 1985 wurde die Sperre aufgehoben.

Was wie eine Demonstration von Stärke und Souveränität wirken sollte, war in Wahrheit ein Zeichen von Schwäche. Das Eingeständnis, journalistische Unbotmäßigkeit im eigenen Machtbereich nicht ertragen zu können. Deshalb glaubte die SED-Führung, hin und wieder ein Exempel statuieren zu müssen. Geplagt von der Angst, im ideologischen Wettstreit um die Köpfe der eigenen Bürger den Kürzeren zu ziehen, verschärften die kommunistisch gelenkten Medien ihre Attacken auf die West-Korrespondenten. Als Lügner und Verleumder wurden wir tituliert, als Initiatoren »zügelloser Hetzkampagnen« und als Lohnschreiber im Solde von Geheimdiensten. Mit solchen Vorwürfen, so glaubte man im Zentralkomitee, könnte man uns in der Bevölkerung isolieren und DDR-Bürger davon abhalten, sich mit uns einzulassen.

Dass diese publizistischen Aktionen ihren Zweck weitgehend verfehlten, wusste niemand besser als die Stasi. In den »Sachstandsberichten« zum OV »Starnberg« hat sie als Anlage eine Übersicht meiner DDR-Kontakte dokumentiert. Die Namensliste umfasste mehrere Seiten. Die Personen wurden mit Wohnadresse, Geburtsdatum und Beruf aufgeführt. Dabei unterschied das MfS zwischen persönlichen Verbindungen und solchen »familiären Charakters«. DDR-Bürger mit Ost-Berliner Wohnsitz und Personen, die in einem der Bezirke wohnten, wurden getrennt aufgelistet. Hinter manchen Namen war das Kennzeichen ihres Autos verzeichnet. Bei meinen besten Freunden kam noch der Vermerk »Sicherungsvorgang« hinzu.

In ihrer Analyse vermerkten die Stasi-Offiziere die Zahl meiner Kontakte (366) und deren Häufigkeit. Außerdem erfassten sie die verschiedenen »Zielgruppen« wie Kunst/Kultur, medizinische Intelligenz, technische Intelligenz, Arbeiter/Angestellte sowie Kirche/»unabhängige Friedensbewegung«. Selbst die Altersstruktur der Kontaktpersonen hielten die Auswerter der Stasi fest. Danach waren die meisten Leute, mit denen ich Umgang hatte, zwischen 40 und 65 Jahren alt. Das MfS hat sie gezählt. Es waren exakt 208 Personen. Bei den jungen Leuten unter 30 Jahren kamen sie nur auf 15. Das Zahlenwerk enthielt auch das Eingeständnis, in einzelnen Fällen versagt zu haben. Hinter der Rubrik »nicht identifizierte Kontakte« stand die Zahl 6.

Bei meiner Arbeit hat mir das MfS genau zugehört und auf die Finger geschaut. »Pragal«, so lese ich in meinen Akten, »nimmt in der Regel alle DDR-Bürger, die ihn um ein Gespräch bitten, als Gesprächspartner an und realisiert die gewünschten Gespräche.« Und weiter: »Er hört sich jeweils seine Partner an und schätzt dabei die Effektivität einer Fortsetzung des Kontaktes ein.« Den Lauschern ist aufgefallen, dass ich durch »die Verabreichung von Getränken« eine lockere Atmosphäre schuf, die es mir erleichterte, die Leute »abzuschöpfen«. Auch gehöre es zu meiner Methodik, während der Unterhaltung vorwiegend zuzuhören, um dann das Gespräch »durch gezielte Fragestellungen« in die von mir gewünschte Richtung zu lenken. Und noch etwas hat die Stasi bemerkt: »Beim zufälligen Zusammentreffen von DDR-Kontaktpartnern unterlässt P. eine gegenseitige Vorstellung, was im Widerspruch zu den von ihm sonst an den Tag gelegten Umgangsformen steht.«

Das Bild, das die Offiziere der HA II/13 von meiner Tätigkeit zeichneten, war nicht frei von Widersprüchen. Einerseits wurde mir ein »höfliches, bescheidenes, zielgerichtetes Auftreten« bescheinigt, »das auf gute Regimekenntnisse und gründliche Recherchiertätigkeit zurückzuführen ist.« Auch meinte man bemerkt zu haben, dass ich die DDR mit weniger Vorurteilen betrachtet habe als andere West-Journalisten. Andererseits stufte mich das MfS als unverbesserlichen »Antikommunisten« und »Feind unseres Staates« ein, der die Verhältnisse in der DDR nur aus westlich-bürgerlicher Sicht beurteilte. Zugleich konstatierten die Offiziere eine »ständige Zunahme und Verschärfung DDR-feindlicher Beiträge«. Mein Ton sei mit der Zeit immer rüder geworden, und es häuften sich Ausfälle gegen die Partei- und Staatsführung.

Was immer sich die regierenden Kommunisten einfallen ließen, um die West-Korrespondenten an einer kritischen Berichterstattung zu hindern – genützt hat es ihnen wenig. Anfangs hatten manche Funktionäre noch angenommen, sie könnten Korrespondenten durch Anschwärzen bei vermeintlichen Vorgesetzten in ihre Schranken weisen. So beklagte sich ein wichtiger Mann über mich und einen bestimmten Artikel beim Ständigen Bonner Vertreter. Da müsse er sich an den Autor oder an die Chefredaktion wenden, beschied ihn Günter Gaus. Das verstand der gekränkte Würdenträger nicht. Nach seinem Verständnis war der »Botschafter« eine Art Oberaufseher über seine jeweiligen Landsleute. Dass Gaus keine disziplinarische Gewalt über »seine Journalisten« haben sollte, wollte ihm einfach nicht in den Kopf.

Die »ernsthaften Aussprachen«, bei denen Mitarbeiter des Außenministeriums auf Weisung ihrer Vorgesetzten den West-Korrespondenten angebliche journalistische Verfehlungen und Verstöße gegen Rechtsvorschriften vorhielten, beeindruckte das Gros von ihnen wenig. Auch die Anwendung von Sanktionen machte aus den akkreditierten bundesdeutschen Medienvertretern keine Leisetreter. Manch einer von ihnen empfand eine offizielle Verwarnung eher als eine Art publizistischer Ritterschlag. Und wenn jemand des Landes verwiesen wurde, bekam er in der Regel Nachfolger, an denen die SED-Führung ebenfalls keine Freude hatte. Trotz aller Behinderungen und Einschränkungen, denen sie unter dem SED-Regime ausgesetzt waren, empfanden viele West-Korrespondenten die Jahre in der DDR als außergewöhnlich spannend und ertragreich. Unter den erschwerten Ost-Berliner Bedingungen ein facettenreiches und wirklichkeitsgetreues Bild der Gesellschaft zu zeichnen, nicht in einem Schwarz-Weiß-Raster, sondern mit vielen bunten Tupfern, war weitaus schwieriger als aus Hauptstädten zu berichten, wo man publizistisch aus dem Vollen schöpfen konnte. Gerade darin bestand der Reiz.

Als Zeitungs-Korrespondent war ich besser dran als meine Kollegen vom Fernsehen. Die fielen mit ihrer Kamera und der Tontechnik überall auf. Ich dagegen stand zwar unter der Kontrolle der Stasi. Aber wenn ich eine Straßenbahn bestieg oder mich in eine Kneipe setzte, brauchte ich nur zu beobachten und zuzuhören, um Stoff für meine Geschichten zu bekommen. Es machte mir Spaß, in die Rolle eines DDR-Bürgers zu schlüpfen. Deshalb achtete ich darauf, nicht sofort als Westler erkannt zu werden. Das ging so weit, dass ich in Gesprächen bewusst DDR-Jargon sprach, also Begriffe und Abkürzungen verwendete, die nur dort üblich waren. Wäre mir zum Beispiel das Wort Führerschein über die Lippen gekommen, hätte ich meine Identität als Bundesbürger verraten. Deshalb sagte ich, wie im Osten üblich, Fahrerlaubnis.

In unserem Neubaugebiet gab es eine Schwimmhalle. In dem Gebäude war auch eine Sauna. Einmal in der Woche, an einem bestimmten Tag zu einer festgesetzten Uhrzeit, ging ich mit einem DDR-Freund aus der Nachbarschaft zum Schwitzen. Der Termin musste langfristig angemeldet werden. Diese Regelung führte dazu, dass immer dieselben Leute auf den Holzbänken saßen. Wir kannten uns vom Sehen, wussten aber sonst nichts voneinander. Mit meinem Freund redete ich wenig und achtete darauf, nicht durch unbedachte Äußerungen als Westler aufzufallen. Unsere Mitschwitzer unterhielten sich lebhaft. Und was sie sagten, ließ mich aufhorchen. Es waren neben Alltagsproblemen Interna aus ihrer Arbeit und aus dem Parteileben, die in keiner DDR-Zeitung standen. Ich sah mir die Männer genauer an. Sie hatten fast alle einen einheitlichen Haarschnitt, so wie es unter Angehörigen der »bewaffneten Organe« üblich war. Aus den Sauna-Gesprächen der Genossen bezog ich manche interessante Information. Sie ahnten offenbar nicht, dass der Klassenfeind nackt unter ihnen saß.

Als Räuber- und Gendarmenspiel habe ich die Jahre in Ost-Berlin gleichwohl nicht verstanden. Dafür war die Situation zu ernst. Der Gedanke, ich könnte durch meine Tätigkeit DDR-Bürger in Gefahr bringen, hat mich nie losgelassen. Korrespondenten, die ihre Aufgabe ernst nahmen, haben immer gegen irgendwelche staatlichen Bestimmungen verstoßen. Was die Stasi gegen mich an Beweisen für Straftaten sammelte, habe ich erst nach der Öffnung der Archive erfahren. Die Aufzählung reicht vom Sammeln von »Nachrichten geheimzuhaltenden Charakters« über die unerlaubte Beschaffung geheimer Dokumente und Gegenstände bis zur Erschleichung und Offenbarung von nicht öffentlichen Tatsachen, wodurch Interessen der DDR vorsätzlich gefährdet worden seien. Wenn ich mir den Strafrahmen der genannten Paragrafen anschaue, dann hätten im Ernstfall schon etliche Jahre Freiheitsstrafe zusammenkommen können.

Der Ernstfall ist nie eingetreten. Ost-Berlin hat keinen West-Korrespondenten eingesperrt. Einen Eklat, der die Reputation der DDR weltweit schwer beschädigt hätte, konnte sie sich politisch nicht leisten. Was aber würde passieren, wenn die SED-Herrscher ihre Macht schwinden sahen? Im Herbst 1989 verschärfte sich der Ton gegenüber den Vertretern der West-Medien. Wir spürten, dass die Machthaber unter dem Eindruck der wachsenden Oppositionsbewegung und der Massenflucht ihrer Bürger über Ungarn nervös wurden. Das übertrug sich auch auf das Verhalten der Kontrolleure an der Grenze. Meine Frau und ich bekamen ein ungutes Gefühl. Wir achteten darauf, dass immer einer von uns bei den Kindern in West-Berlin war. Mit gutem Grund, wie wir später erfuhren. Denn die DDR-

Führung hat in Gedanken eine Inhaftierung sehr wohl durchgespielt. »Internierung« steht auf einem Dokument, das zu meinen Stasi-Akten gehört. Auf dem Formblatt sind neben Angaben zu meiner Person die »inoffiziellen Beweise« meiner angeblichen Straftaten verzeichnet. Auf einem anderen Bogen sind die Orte aufgeführt, wo man mich und meine Frau finden konnte. Einschließlich unserer Wohnung in West-Berlin. Bei der Beschreibung des Büros in der Leipziger Straße ist vermerkt, dass es auch einen Hinterausgang gebe. Unsere Befürchtungen aus der Zeit des revolutionären Herbstes waren also nicht ganz aus der Luft gegriffen. Wäre aus den Planspielen der Stasi Wirklichkeit geworden, hätten wir in einem Internierungslager landen können.

Geschichtsbild mit Lücken

Als uns meine Mutter im Herbst1974 zum ersten Mal in Ost-Berlin besuchte, habe ich sie in die Komische Oper in der Behrenstraße eingeladen. Gespielt wurde »Ein Maskenball« von Giuseppe Verdi. Ich war gern in dem Musiktheater, das unter der Leitung seines langjährigen Intendanten Walter Felsenstein einen künstlerischen Ruf von europäischem Rang erworben hatte. In der Pause standen wir im oberen Foyer, und ich erklärte ihr die Geschichte des Hauses, das bis Herbst 1944 Spielstätte des Metropoltheaters gewesen war. Während ich sprach, schaute sie interessiert auf eine

Gruppe junger Offiziere der Nationalen Volksarmee. Ihr Blick kam nicht los von den steingrauen, eng ansitzenden Uniformen der Soldaten. Plötzlich sagte sie mit ihrem schlesischen Tonfall: »Sohndl, das ist ja wie früher in Breslau.«

Ich verstand sofort, was sie meinte. Und ich spürte, was in ihr vorging. Zu Hause in dem südwestfälischen Ort, der meinen Eltern zur neuen Heimat geworden war, stand ein Bilderrahmen mit dem Foto meines Vaters als Wehrmacht-Offizier. Meine Mutter hatte es bei der Vertreibung aus Schlesien im Fluchtgepäck gerettet. Der Anblick der Volksarmee-Offiziere erinnerte sie an ihn, an seine Urlaube von der Front und die Kriegsjahre in Breslau, als Angehörige der Hitler-Armee in ähnlichen »Ehrenkleidern« das öffentliche Bild bestimmten. Ich merkte, wie ihre Gedanken um Jahrzehnte zurückschweiften. »So eine Ähnlichkeit«, sagte sie. »Das hätte ich hier nicht erwartet.«

Auch andere westdeutsche Besucher wunderten sich, wenn sie vor der Schinkel'schen Neuen Wache, die der DDR als »Mahnmal für die Opfer des Faschismus und Militarismus« diente, die Ehrenwache sahen: NVA-Soldaten, die rein äußerlich den Uniformträgern der Wehrmacht und der Reichswehr ähnelten. Stiefel, Farbe und Schnitt der Uniform, Koppel und Achselstücke – alles so wie einst. Nur die flachen Stahlhelme wirkten fremd. Das Erstaunen steigerte sich, wenn jemand Zeuge der »Großen Wachablösung« wurde. Da knallten Stiefel auf den Asphalt, da wurde im Stechschritt marschiert, da ertönten zackige Kommandos, und eine Militärkapelle intonierte deutsche Märsche. Ich rieb mir die Augen: Preußens Gloria im Zentrum einer halbierten Hauptstadt, die eine sozialistische Metropole sein wollte.

Der Rückgriff der roten Machthaber auf Traditionen eines Staatswesens, das die alliierten Sieger 1947 aufgelöst hatten, wirkte auf den ersten Blick widersinnig. Galt den deutschen Kommunisten Preußen nicht als Hort des deutschen Imperialismus, als Wiege des Militarismus? Wurden die preußischen Junker nicht als reaktionäre Bösewichte, als Feinde gesellschaftlichen Fortschritts und Steigbügelhalter der Nazis diffamiert? War es nicht der Sachse und Preußenhasser Walter Ulbricht, der die Sprengung und den Abriss des im Kriege beschädigten Berliner Stadtschlosses der Hohenzollern verfügte? Und doch lag in der Wiederbelebung preußischer Formen und Rituale eine politische Logik. Immerhin war es Lenin, der »die eiserne Disziplin, die Schlichtheit und den stählernen Volkscharakter« der Preußen bewundert hatte. Ohne diese Eigenschaften, ohne preußische Tugenden, das wussten Ulbricht und Genossen, würde kein Staat, auch kein sozialistischer zu machen sein.

An einem Juni-Tag 1975 bin ich nach Fehrbellin gefahren. Ich wollte mir den Ort ansehen, in dessen Nähe Friedrich Wilhelm von Brandenburg, der Große Kurfürst, 300 Jahre zuvor die in die Mark eingedrungenen Schweden geschlagen hatte. In einer Hochschulbibliothek hatte ich zuvor vergeblich nach jüngerer Literatur geforscht. Seit einem Vierteljahrhundert, so wurde mir gesagt, sei in der DDR zu diesem Thema kein einziger Beitrag erschienen. Einem älteren Bibliothekar war das ein bisschen peinlich. »Wenn es nicht die Bauernkriege gegeben hätte, hätten wir überhaupt nichts über diese Zeit.« Er meinte das 16. und 17. Jahrhundert. Vom Dorf führt eine Allee zum Gedenkturm. Seit 1879 steht das 35 Meter hohe Monument. An der Eingangstür hing ein Zettel: »Schlüssel am Kiosk.« Ich ging zu der Imbissbude, erwarb für 20 Pfennige eine Eintrittskarte und stieg die ausgetretenen Stufen hinauf zur Plattform. Ich war fast allein. Mein Blick streifte über Kartoffeläcker und Kornfelder. Hier auf dem Hügel haben die brandenburgischen Kanonen gestanden. Das eigentliche Gefecht, sagen Historiker, habe ein paar Kilometer entfernt, beim Dorf Hakenberg, stattgefunden. Ob der Schlacht im Jubiläumsjahr offiziell gedacht werde, fragte ich die Bedienung am Imbissstand. Nein, sagte sie. »Eine Gedenkfeier findet nicht statt.«

Eine Erklärung dafür, warum die DDR den 300. Jahrestag mit Schweigen überging, habe ich im Potsdamer Armeemuseum entdeckt. Dort, im Marmorpalais am Heiligen See, wo vor allem NVA-Rekruten und Angehörige der Kampfgruppen über deutsche Militärgeschichte aus SED-Sicht belehrt wurden, hing ein Bild des siegreichen Kurfürsten. In dem erläuternden Text wurde Friedrich Wilhelm als Mitbegründer jenes brandenburgisch-preußischen Militarismus ausgewiesen, der immer wieder nach Eroberungen trachtete »und die brutale Unterdrückung des eigenen Volkes in extremer Weise betrieb«.

Von Anfang an hatte die SED Probleme mit dem historischen Erbe. Den deutschen Kommunisten fiel es schwer, Figuren der preußischen Vergangenheit in ihr marxistisch-leninistisches Geschichtsbild einzuordnen. Nach der ersten Phase der Bilderstürmerei, als sie am liebsten alle Relikte der Hohenzollern-Herrschaft ausgelöscht hätte, begann die Partei-Führung, Könige, Adelige, Staatsmänner und Militärs nach guten und schlechten Preußen zu sortieren. Die Monarchen gehörten zur zweiten Kategorie und wurden als den Fortschritt hemmende Despoten abgestempelt. Generäle wie Blücher, Gneisenau, Scharnhorst und York von Wartenburg zählte man als Heerführer der Befreiungskriege zu den Patrioten. Für sie sprach, dass sie im Kampf gegen die Fremdherrschaft Napoleons Verbündete der Russen waren. Die Standbilder der Generäle erhielten einen Platz in der Grünanlage neben der Deutschen Staatsoper. Als höchste militärische Auszeichnung der NVA wurde in den sechziger Jahren der Scharnhorst-Orden gestiftet.

Die selektive Traditionspflege hatte freilich ihre Tücken. Es wimmelte von Ungereimtheiten und Widersprüchen. Dem Reichsfreiherrn vom und zum Stein gewährte die DDR ein ehrendes Gedenken. Das Bronzestandbild des Staatsmannes, der den verkrusteten preußischen Staat reformierte und unter anderem die Selbstverwaltung der Städte einführte, erhob sich zwischen der Schlossbrücke, damals Marx-Engels-Brücke, und der Nordfront des Außenministeriums. In Stein erkannte die SED-Führung einen Wegbereiter der »bürgerlichen Revolution« und einen »Pionier deutsch-russischer Waffenbrüderschaft«. Fürst von Hardenberg hingegen, der als preußischer Staatskanzler die Stein'schen Reformen fortführte, wurde in der Öffentlichkeit nahezu totgeschwiegen. Den seinen Namen tragenden Ort im Oderbruch tauften die Kommunisten demonstrativ in Marxwalde um.

»Geschlagen ziehen wir nach Haus, die Enkel fechten's besser aus.« So hatten einst trotzig die aufständischen Bauern gerufen, die dem Ansturm der fürstlichen Söldnerheere lebend entkommen waren. Als ich im März 1975 als Beobachter auf dem Wilhelm-Pieck-Platz der thüringischen Kreisstadt Mühlhausen stand, las ich den Spruch auf Transparenten. Einige Tausend Thälmann-Pioniere waren vor der Kulisse restaurierter Bürgerhäuser zu einer Kundgebung angetreten. Die jungen Leute sollten sich nach der Order der Staatsführung in der Rolle der historischen Enkel zum »Vermächtnis der revolutionären Kämpfer« bekennen. Über einer mit Ehrenbannern flankierten Tribüne stand in großen Lettern der Satz: »Wir sind die Sieger der Geschichte.«

Die effektvoll inszenierte Propaganda-Schau bildete den Höhepunkt einer Serie von Veranstaltungen, mit der die DDR der »heldenhaften Taten« der Unterdrückten während des deutschen Bauernkrieges gedachte. Es galt, ein für das eigene Selbstverständnis fundamental wichtiges Jubiläum zu zelebrieren. Fast auf den Tag genau, an dem 450 Jahre zuvor in Mühlhausen rebellierende Bauern und Plebejer unter der Führung des radikalen Predigers Thomas Müntzer den amtierenden

Stadtrat entmachtet und den »ewigen Rat«, eine Art Revolutionskomitee, eingesetzt hatten, bemühten sich die SED-Genossen um den Nachweis historischer Kontinuität. Der militante, von Martin Luther als »Mordprophet« geschmähte Kirchenmann, der von einer utopisch-sozialistischen Gesellschaft träumte, wurde zur Kultfigur des Staates der Arbeiter und Bauern stilisiert. »Heute«, so verkündete ZK-Sekretär Kurt Hager beim zentralen Festakt in Mühlhausen, »ist in unserer DDR die Forderung Thomas Müntzers, dass die Macht dem Volke gehören muss, Wirklichkeit.«

Nach seiner Machtübernahme in der SED-Führung verkündete Erich Honecker 1973 vollmundig, die DDR verkörpere »die besten Traditionen der deutschen Geschichte«. Die Epochen und Ereignisse, die sich als historische Meilensteine auf dem Weg zum sozialistischen deutschen Staat von Moskaus Gnaden ausgeben ließen, waren allerdings so zahlreich nicht. Bauernkrieg, der Kampf der bürgerlichen Demokraten von 1848, die Arbeiterbewegung und der antifaschistische Widerstandskampf – viel mehr bot sich zur geschichtlichen Legitimation nicht an. Was sich nicht eignete, um in die revolutionäre Ahnengalerie aufgenommen zu werden, ließ man einfach weg oder schob es dem Erbe der »imperialistischen« Bundesrepublik zu. In der Zeit, als ich in Ost-Berlin meine Arbeit aufnahm, klafften im Geschichtsbild der DDR viele Lücken.

Bevor sich die Volkskammer 1976 im Palast der Republik etablierte, kam das Parlament der DDR in einem Gebäude in der Hermann-Matern-Straße (heute Luisenstraße) nahe der Charité zusammen. Viel zu entscheiden hatten die Abgeordneten bei ihren seltenen Plenumssitzungen nicht. Sie nickten ab, was die SED-Führung zuvor beschlossen hatte. Als ich mich am 27. September 1974 auf den Weg zum ehemaligen Vereinshaus der Deutschen Gesellschaft für Chirurgie machte, ahnte ich noch nicht, dass ich für die nächste Ausgabe der *Süddeutschen Zeitung* den Aufmacher-Artikel auf Seite eins schreiben würde. Erst auf meinem Presseplatz wurde mir klar, dass dieses Datum einmal in den Geschichtsbüchern vermerkt würde. Einmütig billigte das Akklamationsgremium ein Änderungsgesetz, mit dem die seit 1968 gültige DDR-Verfassung fundamental korrigiert wurde. Am folgenden Tag erschien mein Bericht mit der Überschrift: »DDR-Volkskammer tilgt den Begriff der deutschen Nation aus der Verfassung.«

Was die Volkskammer ohne Gegenstimmen absegnete, war die Konsequenz aus der von Honecker betriebenen Abgrenzungspolitik gegenüber der Bundesrepublik. Walter Ulbricht, einer der Gründerväter der DDR, trat noch für die Wiedervereinigung ein, freilich nur auf der Grundlage einer sozialistischen Ordnung. Für seinen aus dem Saarland stammenden Nachfolger, der einen kommunistischen Umsturz in Westdeutschland für unwahrscheinlich hielt, war die nationale Frage nicht mehr offen. Er vertrat die These von zwei sich auseinander entwickelnden Nationen auf deutschem Boden, einer sozialistischen in der DDR, einer kapitalistischen in der Bundesrepublik.

Diese Umdeutung der nationalen Frage provozierte bei der Bevölkerung Unverständnis und Widerspruch. Selbst bei Mitgliedern der SED. Nicht zuletzt deshalb, weil die SED-Spitze auch noch die Begriffe »Deutschland« und »deutsch« aus dem öffentlichen Sprachgebrauch zu drängen versuchte. Aus dem »Deutschlandsender« wurde zum Beispiel die »Stimme der DDR«. Aus dem »Deutschen Fernsehfunk« das »Fernsehen der DDR«. Wo immer möglich, wurde deutsch durch DDR ersetzt. Dumm nur, dass sich aus der Abkürzung des Staatsnamens kein neues Adjektiv ableiten ließ. »Sind wir denn keine Deutschen mehr, sind wir etwa Russen?«, fragten Menschen aus meinem Bekanntenkreis. Honecker sah sich zu einer Klarstellung gezwungen. »Unser sozialistischer Staat heißt Deutsche Demokratische Republik, weil ihre Staatsbürger der Nationalität nach in der übergroßen Mehrheit Deutsche sind.« Und: »Staatsbürgerschaft DDR. Nationalität: deutsch. So liegen die Dinge.«

Wenn ich vor meiner Akkreditierung von München durch den südlichen alliierten Luftkorridor nach Berlin-Tempelhof flog, dachte ich manchmal, dass da unten irgendwo der Kyffhäuser sein müsste. Ich hatte Bilder des Denkmals gesehen, kannte die Sage vom schlafenden Kaiser Barbarossa. Aber mein Wunsch, das Monument aus der Nähe zu sehen, erfüllte sich erst im Sommer 1975. Ich stieg die terrassenartig ansteigende Denkmalsanlage hinauf, blickte auf die gekrönte Kuppel, die den Hohenzollern-Staat verkörpert, und betrat die Ehrenhalle. An der Wand ein Reliefzyklus.

Die Bronzetafeln zeigten geschundene Bauern, Arbeiter, die ihre Fäuste recken, marschierende Soldaten und mordende KZ-Schergen. Auf der größten Bronzeplatte las ich die Verse: »Auferstanden aus Ruinen und der Zukunft zugewandt, lass uns dir zum Guten dienen, Deutschland, einig Vaterland.« Es war die erste Strophe der DDR-Hymne, verfasst vom bayerischen Dichter und späteren DDR-Kulturminister Johannes R. Becher, vertont von Hanns Eisler. Neben mir flüsterte ein Mann seiner Gefährtin zu: »Singen dürfen wir die nicht mehr.« Die DDR-Hymne, deren Verse ein Vierteljahrhundert lang Generationen von Schülern eingetrichtert wurden, passte seit der Verfassungsänderung vom Herbst 1974 nicht mehr in die politische Linie. Der Text war der herrschenden Klasse zum Ärgernis geworden. Gespielt wurde nur noch die Instrumentalversion.

An keinem anderen Ort wurde das Problem der DDR-Führung, aktuelle Politik mit ihrer Geschichtsbetrachtung in Übereinstimmung zu bringen, so deutlich wie hier am Kyffhäuserdenkmal. Wie sollten Kommunisten umgehen mit der Legende vom Staufer-Kaiser Friedrich I., der nicht tot sei, sondern nur schlafe, um eines Tages aufzuwachen und dem zersplitterten Volk Einheit und Frieden zu bringen? Die SED deutete die Mär vom guten Herrscher Barbarossa in ihrem Sinne um. Dies sei »eine der wenigen deutschen Sagen sozialen Inhalts«, in denen sich Sehnsüchte und Hoffnungen des einfachen Volkes auf eine bessere Zukunft, nach einer gerechten sozialen Ordnung widerspiegelten.

Kaiser Rotbart als sozialistischer Ahnherr – eine eigenwillige These, die das Dilemma der SED-Regenten nur noch deutlicher machte. Nirgendwo sonst gab es so viele Symbole nationalstaatlicher Einheit wie an diesem Ende des 19. Jahrhundert errichteten Steinkoloss. Alle Territorien des hohenzollernschen Kaiserreiches, einschließlich Elsaß-Lothringen, waren namentlich in Stein gemeißelt. Kein anderer Platz weckte bei ostdeutschen Besuchern so viele Emotionen und Sentimentalitäten. Selbst junge Leute stimmten beim Anblick des Reiterstandbildes von Wilhelm I. zuweilen in den Refrain ein: »Wir wollen unseren alten Kaiser Wilhelm wiederhaben …«

»Wir sind eben eine unfertige Nation«, erklärte mir ein DDR-Funktionär, mit dem ich häufig über die deutsche Frage diskutierte. Ich schätzte ihn als klugen, differenziert urteilenden Gesprächspartner. Die DDR sei überhaupt keine Nation, hielt ich dagegen. Nicht im Bewusstsein der Mehrheit ihrer Bürger. Und erst recht nicht im Verständnis aller Deutschen. Der Versuch, nationale Identität nur aus der Ideologie abzuleiten, sei zum Scheitern verurteilt. Polen bleibe Polen, sagte ich ihm. Und Ungarn immer Ungarn, mit und ohne Sozialismus. Was von der DDR ohne Sozialismus bliebe, fragte ich ihn. Er überlegte eine Weile. Dann verliere der Staat seine Existenzberechtigung, antwortete er. »Genau das«, sagte ich, wohl wissend, dass ich damit in einer Wunde bohrte. Diesmal verzichtete er auf eine Entgegnung.

Zweifel an ihrem einseitigen, lückenhaften Geschichtsbild bekamen offenbar auch die SED-Genossen im Zentralkomitee. Ende der siebziger Jahre begannen sie, die dogmatische Darstellung der deutschen Historie vorsichtig zu ergänzen und zu korrigieren. Am »Eisernen Kanzler« Otto von Bismarck, zuvor als reaktionärer Junker tituliert, entdeckten DDR-Historiker auch positive Seiten. Widerstand gegen die Nazi-Herrschaft – den hatten nach gängiger Lesart der SED nur Kommunisten geleistet. 1978 erschien ein Buch von Kurt Finker mit dem Titel: »Graf Moltke und der Kreisauer Kreis.« Darin erfuhren die Leser in der DDR, dass es auch bürgerliche und adelige Hitler-Gegner gab, die – ihrem Gewissen folgend – im Kampf gegen die NS-Barbarei ihr Leben einsetzten und verloren. Ein Jahr später erregte die Biografie »Friedrich II. von Preußen«, verfasst von der Historikerin Ingrid Mittenzwei, Aufsehen. Mit ihrer sachlichen Würdigung des Königs, den sie mit seinen Licht- und seinen Schattenseiten porträtierte, gab sie den Anstoß für eine Neubewertung der preußischen Vergangenheit. Sichtbares Zeichen des Sinneswandels in der SED-Spitze war die Rückkehr des »Alten Fritz« ins Berliner Stadtzentrum. Im November 1980 wurde das vom Bildhauer Christian Daniel Rauch geschaffene und über viele Jahre im Park von Sanssouci versteckte Reiterdenkmal Friedrichs des Großen an historischer Stelle, auf dem Mittelstreifen der Straße Unter den Linden, wieder aufgestellt. »Ganz ohne Preußen geht die Chose nicht, ganz ohne Tugend blüht das Große nicht«, witzelte der Kabarettist Rainer Otto nach einem bekannten Operettentext.

»Ganz ohne Redlichkeit und Pflichtgefühl schafft auch die Avantgarde nicht allzu viel.«

Es blieb nicht bei der Preußen-Renaissance. 1983 folgte anlässlich des 500. Geburtstages des Reformators das Lutherjahr. Der früher von Kommunisten als Fürstenknecht und Bauernverräter geschmähte Kirchenmann wurde zur progressiven Persönlichkeit erhoben und als »einer der größten Söhne des deutschen Volkes« (Honecker) vom sozialistischen Staat vereinnahmt. Eisleben, Eisenach und Wittenberg, Orte, an denen Martin Luther wirkte, wurden herausgeputzt und als Touristen-Attraktionen beworben. Die Wartburg, wo Luther das Neue Testament übersetzte, wurde mit staatlichen Mitteln restauriert. Der SED-Generalsekretär, zugleich Vorsitzender des staatlichen Luther-Komitees, ließ es sich nicht nehmen, an der Seite von Kirchenrepräsentanten an der Wiedereröffnung teilzunehmen. Auch mit den wenigen Juden in der DDR wollte sich Honecker gut stellen. Der Staat förderte in den achtziger Jahren jüdische Traditionen, engagierte sich beim Wiederaufbau eines Teils der Neuen Synagoge in der Ost-Berliner Oranienburger Straße und ließ jüdische Gräber, die zuvor vernachlässigt worden waren, durch FDJ-Angehörige pflegen.

Genutzt haben die Korrekturen am Geschichtsbild den SED-Oberen wenig. Das erhoffte eigenständige Nationalbewusstsein blieb eine Fiktion. Je öfter die Träger des Systems vom »sozialistischen Vaterland« redeten und ihren »Sozialismus in den Farben der DDR« als gesellschaftliches Modell anpriesen, desto mehr schaute das Gros der Bürger nach Westen. Dem eigenen Gemeinwesen mit seinen starrsinnigen Politbürokraten an der Spitze gaben immer weniger Ostdeutsche eine Chance zu überleben. Die Zweifel wucherten bis weit hinein in die den Staat tragende Partei. Zyniker und Spötter hatten Konjunktur. Kaum war das Denkmal von Friedrich II. auf seinem alten Platz, machte folgender Reim die Runde: »Alter Fritz, steig du hernieder und regier die Preußen wieder. Lass in diesen schweren Zeiten lieber unseren Erich reiten.«

Das vorzeitige Ende einer Sportler-Karriere

Der Besucher kam ungelegen. Ich war noch nicht mit meiner Tagesarbeit fertig, da stand an einem Julitag 1976 ein großer, schlanker Mann unangemeldet in meinem Einraum-Büro in der Clara-Zetkin-Straße. Er stellte sich als Wolfgang Lötzsch aus Karl-Marx-Stadt vor und erklärte, er habe meine Adresse vom Ost-Berliner Korrespondenten-Büro der ARD bekommen. Dort, »gleich um die Ecke«, sei er gerade gewesen. Man habe ihm gesagt, ich sei für sein Problem der richtige Mann. »Immer schicken sie die Leute zu mir«, stöhnte ich mürrisch und bat ihn, Platz zu nehmen.

Er habe ein paar Unterlagen mitgebracht, sagte der Besucher. Ob ich mir die wenigstens mal anschauen wolle. Er reichte mir einige Papiere, und ich begann zu lesen. Nach wenigen Minuten Lektüre wusste ich, dass ich Material für eine spannende, journalistische Geschichte in meinen Händen hatte. Vor mir saß einer der besten und erfolgreichsten Radrennfahrer der DDR. Ein Spitzensportler, der politisch in Ungnade gefallen und aus dem Kader der staatlich geförderten Elitefahrer »ausdelegiert« worden war. Einer, der in der DDR keine sportliche Zukunft mehr sah und deshalb einen Ausreiseantrag in die Bundesrepublik Deutschland gestellt hatte. »Ich will doch nur eines«, sagte er, »und das ist Radrennfahren.«

Wolfgang Lötzsch, damals 23 Jahre alt, drängte darauf, dass sein Schicksal im Westen bekannt würde. Durch öffentlichen Druck, so hoffte er, würde sich seine Lage bessern. Ob er sich der möglichen Konsequenzen bewusst sei, fragte ich ihn. Angst habe er nicht, erwiderte er. Er habe mit der DDR abgeschlossen. »Es gibt kein Zurück mehr.« Ich kopierte die Unterlagen, erkundigte mich nach Einzelheiten und ließ mir bestätigen, dass er mit einer Veröffentlichung seines Falles einverstanden war. Am 20. Juli 1976 erschien mein Artikel auf Seite drei der *Süddeutschen Zeitung*: »Wenn nichts mehr zu gewinnen ist. Das vorzeitige Ende einer Sportlerkarriere.« Der Beitrag wurde über mehrere bundesdeutsche Rundfunksender im Wortlaut ausgestrahlt und damit auch in seiner Heimatstadt, dem heutigen Chemnitz, und in weiten Teilen der DDR bekannt.

Viele Jahre hatte es so ausgesehen, als sei Lötzsch auf dem Weg zu einer musterhaften Karriere. Unter den Trainern galt er als eines der größten Talente, »die je in der DDR auf einem Rennrad gesessen haben«. Für seinen sozialistischen Staat sollte er internationale

Meisterschaften und olympische Medaillen gewinnen. Seine außergewöhnlichen Anlagen wurden früh entdeckt. Mit zwölf Jahren kam er mit Billigung seiner Eltern auf eine Kinder- und Jugendsportschule. Mit 14 wurde er in den Sportclub Karl-Marx-Stadt aufgenommen. Mit 18 stand er erstmals ganz oben auf dem Siegerpodest. Bei der DDR-Spartakiade gewann er drei Goldmedaillen. Lötzsch, besessen vom Radsport, ließ kaum ein Rennen aus. Er reihte Sieg an Sieg. Aus dem hoffnungsvollen Nachwuchsfahrer wurde ein Kandidat für die Olympischen Spiele 1972 in München.

Um zu Wettkämpfen ins westliche Ausland geschickt zu werden, mussten DDR-Sportler nicht nur in ihrer jeweiligen Disziplin zur Weltspitze zählen. Sie waren auch zur politischen Linientreue verpflichtet. Vertrat Wolfgang Lötzsch einen klaren Klassenstandpunkt? Funktionäre des Sportclubs, die für ihn bürgen sollten, hatten Zweifel. Mehrfach hatten sie ihren Vorzeige-Athleten aufgefordert, in die SED einzutreten. Ohne Erfolg. Bei einem Gespräch, zu dem auch Vater Alfred hinzugezogen wurde, wollten sie dem jungen Lötzsch auf den Zahn fühlen, wollten wissen, wie er zu seinem »sozialistischen Vaterland« stand. Sie sollten Wolfgang mit der Politik in Ruhe lassen, hat der Senior den Funktionären brüsk erklärt. Und der Sohn hat gesagt, er sei mit »einigen Sachen« in der DDR nicht einverstanden. Deshalb wolle er auch nicht Kandidat der SED werden. Er habe nur ein Ziel: Ein großer Fahrer werden und Rennen gewinnen.

Die Staatssicherheit nimmt den jungen Mann unter

die Lupe. Was sie herausfindet, bestärkt die Zweifel der Sport-Funktionäre. In der Familie Lötzsch gebe es »kleinbürgerliche Tendenzen«. Die Eltern duldeten, dass der einzige Sohn negativen Einflüssen durch westliche Medien wie Hörfunk und Fernsehen ausgesetzt sei. Gegenüber den gesellschaftlichen Problemen im Wohnbezirk zeige er sich desinteressiert. Als der Karl-Marx-Städter Eiskunstläufer Günter Zöller von einem Start im Westen nicht zurückkehrt, schrillen im Sportclub die Alarmglocken. Könnte Lötzsch nicht auch zum Republikflüchtling werden, fragen sich die Funktionäre. Immerhin hat es in seiner Verwandtschaft schon mal solch einen Fall gegeben. Sein Vetter Dieter Wiedemann, ebenfalls erfolgreicher Radrennfahrer, ist 1964 nach einem Wettkampf in Westdeutschland geblieben.

Ein solches Risiko mögen die Genossen in der Führung des Sportclubs nicht eingehen. Sie kommen überein, Wolfgang Lötzsch wegen politischer Unzuverlässigkeit auszuschließen. Nur einer ist dagegen, sein Trainer Werner Marschner. Er, ebenfalls Mitglied der SED, kämpft für seinen Schützling. Der Radsport sei Wolfgangs Leben. Wenn man ihm den wegnehme, »dann geht der kaputt«, beschwört er die Funktionäre. Vergebens. Die Clubleitung beantragt beim Deutschen Turn- und Sportbund (DTSB) in Ost-Berlin die »Ausdelegierung« als Leistungssportler. Am 24. März 1972 wird der Rausschmiss gebilligt. Der Vorstand lädt den Verfemten vor. »Sportfreund Lötzsch«, so wird ihm eröffnet, »wir haben kein Vertrauen mehr zu dir.«

Was das bedeutet, wird ihm erst nach und nach klar. Aus der Traum von der Teilnahme an den Olympischen Spielen. Vorbei die Hoffnung auf internationale Starts und auf Medaillengewinne. Ade die Förderung als Leistungssportler. »Wenn du ausdelegiert worden bist«, sagt Wolfgang Lötzsch, »dann warst du ein Nichts, dann war's vorbei.« Ausgestoßene werden von staatlich gelenkten Medien ignoriert. Ihre Namen werden in den Gewinner-Listen nicht genannt. Sein Vater schickt eine Bittschrift an den Vorsitzenden des Staatsrates. »Einen Neunzehnjährigen kann man doch nicht aus der Gesellschaft ausschließen, für die er bisher sein Bestes gab.« Die Eingabe bleibt ohne Antwort.

Doch Wolfgang Lötzsch, den seine Freunde den »Langen« nennen, gibt nicht auf. Er schließt sich der »Betriebssportgemeinschaft Wismut« in seiner Heimatstadt an und strampelt weiter. Jede freie Minute nutzt er zum Training. Durch unermüdlichen Fleiß und eiserne Willenskraft gelingt es ihm, seine Form zu halten. Die Technische Hochschule, an der er ein Grundstudium absolviert, kommt ihm entgegen und stellt ihn für Wettkämpfe frei. Und das Unglaubliche geschieht. Der zum Hobbyfahrer degradierte Einzelkämpfer gewinnt Rennen um Rennen. Getrieben von Trotz und Ehrgeiz, es den Funktionärsbonzen zu zeigen. Kein Mannschaftswagen begleitet ihn. Ersatzteile muss er sich mühsam beschaffen. Die sportmedizinische Betreuung ist gestrichen. Und dennoch schafft er es, die mit Material aus dem Westen technisch hochgerüstete Elite der Clubfahrer zu bezwingen.

Im Juli 1974 werden in Leipzig die DDR-Meisterschaften der Bahnfahrer ausgetragen. Lötzsch tritt im Endkampf gegen den Favoriten Thomas Huschke an. Zum Entsetzen der Sport-Funktionäre gewinnt der Außenseiter. Bei der Siegerehrung solidarisieren sich Zuschauer mit dem Mann, den der Verband nicht in der Nationalmannschaft haben will. »Lötzsch nach Kanada, Lötzsch nach Kanada«, schallt es durch das Stadion. Seine Fans wollen ihn bei der Weltmeisterschaft in Montreal sehen. Doch die Apparatschiks vom Radsportverband denken nicht daran, den hartnäckigen Solo-Kämpfer zu rehabilitieren. Im Gegenteil. Aus Angst, der »Volkssportler« Lötzsch könnte bei DDR-Rennen weiterhin über die Auswahl-Fahrer aus den Sportclubs triumphieren, ändern sie das Reglement und lassen zu den wichtigsten Wettkämpfen nur noch Leistungssportler zu. Seine ehemaligen Kollegen werden aufgefordert, den renitenten Fahrer zu schneiden und nicht mehr mit ihm zu reden.

Seit dem Sieg in Leipzig ist aus dem sportlichen Problemfall Lötzsch eine politische Affäre geworden. Die Stasi eröffnet gegen ihn den Operativen Vorgang »Speiche«. Fortan ist er nicht mehr unbeobachtet. Bei seinen Trainingsfahrten folgen ihm stets Beobachter vom MfS. Inoffizielle Mitarbeiter werden auf ihn angesetzt, darunter auch Menschen, die er für seine Freunde hält. Eines Tages bekommt er einen Brief aus der Bundesrepublik. Als Absender stellt sich ein Frankfurter Geschäftsmann vor, Radsport-Fan und angeblich Bewunderer von Lötzsch. Der denkt, der Kontakt geht auf den westdeutschen Radsport-Star Rudi Altig zurück, den er am Rande eines Rennens in der DDR kennengelernt und von seinen Problemen erzählt hat. In einem zweiten Brief schlägt der Unbekannte ein Treffen in einem Ost-Berliner Hotel vor. Statt seiner werde sich ein Freund aus West-Berlin mit ihm unterhalten. Lötzsch geht gutgläubig darauf ein und fährt in die DDR-Hauptstadt. Bei der Begegnung wird ihm die Möglichkeit eröffnet, mit Hilfe eines gefälschten Passes das ungeliebte Land zu verlassen. Lötzsch behagt der Gedanke an Republikflucht nicht. Unschlüssig, wie es weitergehen soll, fährt er nach Karl-Marx-Stadt zurück. Dort wird er zur Stasi bestellt. Die weiß genau, was in Ost-Berlin passiert ist. Das MfS hat den Brief des angeblichen Westdeutschen selbst geschrieben und das Treffen mit einer fingierten Person inszeniert, um Lötzsch auszuhorchen und zu kriminalisieren. Voller Genugtuung notiert ein Stasi-Offizier, L. habe »die Legende voll abgekauft«.

Als das Jahr 1975 zu Ende geht, hat Wolfgang Lötzsch jegliche Hoffnung auf eine Wiederaufnahme als Leistungssportler verloren. Er stellt einen Antrag auf Entlassung aus der DDR-Staatsbürgerschaft. Als Lötzsch mitgeteilt wird, sein Begehren sei abgelehnt, erneuert er im Frühjahr 1976 seinen Antrag. Diesmal verliert er seinen Studienplatz und die Mitgliedschaft in der »BSG Wismut«. Lötzsch fährt nach Ost-Berlin zur Ständigen Bonner Vertretung, um sich Rat zu holen. Dort zeigt man für seinen Fall Verständnis, aber helfen kann man ihm nicht. Nachdem mein Artikel über ihn erschienen ist, wird er von Freunden und Bekannten darauf angesprochen. Lötzsch kennt den Beitrag nicht. Ich habe ihn mit Bedacht nicht nach Karl-Marx-Stadt geschickt. Ein Belegexemplar wäre von der Stasi abgefangen worden. Lötzsch fährt erneut nach Ost-Berlin, trifft mich aber nicht an. In der Ständigen Vertretung händigt man ihm die Zeitungsseite mit seiner Leidensgeschichte aus. Sein Freund Wolfgang Schoppe, Leiter in einem Leipziger medizintechnischen Betrieb, fertigt heimlich Kopien an, die alsbald im Kreis der Kollegen und Sportfreunde herumgehen.

Am 3. Dezember 1976 schlägt die Staatsmacht zu. Nach einem Polterabend lauern Volkspolizisten Lötzsch auf und verhängen gegen ihn wegen angeblicher Ruhestörung ein Ordnungsgeld. Der fühlt sich provoziert und lässt seinem Frust freien Lauf. »Bürger der DDR haben keine Rechte«, schimpft er. Einmal in Fahrt sagt er, dass Wolf Biermann sein Mann sei, mit dem er sich solidarisiere. Die Polizisten fahren ihn im Streifenwagen zum VP-Präsidium. Nach einem Verhör geht es weiter ins Stasi-Untersuchungsgefängnis. Dort sperrt man ihn in eine Einzelzelle. Am nächsten Tag durchsuchen Fahnder die Wohnung der Eltern und beschlagnahmen Druckschriften, darunter auch meinen Artikel in der *Süddeutschen Zeitung*.

Die MfS-Bezirksverwaltung schickt an Stasi-Minister Erich Mielke einen Bericht, in dem alles aufgelistet wird, was sie gegen Lötzsch in der Hand hat. Vom Ausreiseantrag bis zur Tatsache, dass der Beschuldigte als »Zeichen seiner feindlichen Einstellung zur DDR das

Emblem der BRD an seinem Jackenärmel« angebracht habe. An anderer Stelle heißt es: »Er gab Pragal ein Interview, in welchem die politischen und gesellschaftlichen Verhältnisse in der DDR diskriminiert und lächerlich gemacht werden.« Am 18. März wird Lötzsch zu zehn Monaten Gefängnis verurteilt. Er muss sie im Stasi-Knast absitzen.

Auch hinter Gittern lässt er nicht von seiner Passion. Um körperlich fit zu bleiben, macht er täglich hunderte von Kniebeugen und Liegestützen. Auf seinen Wunsch stellt man ihm ein Tourenrad-Ergometer in die Zelle. »So einen Hass, wie ich jetzt gegen die DDR habe, hatte ich noch nie«, schreibt er seinen Eltern und seiner Verlobten. »Für mich kann es nur noch ein Leben im anderen Teil Deutschlands geben.« Die Stasi raubt ihm diese Illusion. »Sie glauben doch nicht im Ernst, dass wir Sie rüberlassen, damit Sie uns die Medaillen wegschnappen«, erklärt ihm ein Offizier. Nach seiner Entlassung will Lötzsch wieder Rennen fahren. Das wird ihm verwehrt. Der Turn- und Sportbund hat ihn ausgeschlossen. Damit ist jede Startberechtigung dahin. Der »Lange« kann sich nicht mehr mit anderen messen. Es fällt ihm zunehmend schwerer, sich fürs Training zu motivieren. In seiner Verzweiflung entschließt er sich zu einem Bittgang bei der Stasi. Ausgerechnet bei den Offizieren, die ihn drangsaliert haben, findet er Gehör. Wenn er seinen Ausreiseantrag zurückziehe, so sagt man ihm, werde sich eine Lösung finden. Lötzsch geht darauf ein. Bald darauf wird ihm mitgeteilt, er sei ab sofort der »BSG Motor Ascota« Karl-Marx-Stadt eingegliedert.

Mit Beginn der Rennsaison 1979 ist Lötzsch wieder dabei. Und wie früher fährt er auf seinem alten DDR-Rennrad der Konkurrenz davon. Zwar bleiben ihm die Privilegien eines Leistungssportlers weiterhin versperrt. Importmaterial aus dem Westen steht ihm nicht zu, und die Funktionäre des Radsportverbandes legen ihm noch immer Steine in den Weg. Aber das spornt ihn nur an. Als er 1983 bei dem renommierten Rennen »Rund um Berlin« die gesamte Elite der Clubfahrer hinter sich lässt, bestellt DDR-Sportchef Manfred Ewald das Trainer-Kollektiv zum Rapport. Der Sport-Journalist Philipp Köster hat in seinem Buch über den »langen Weg eines Jahrhunderttalents« die Szene beschrieben. »Ihr fahrt nach Mexiko und esst Bananen«, fährt der oberste Sportfunktionär die Betreuer an. »Der Lötzsch sitzt daheim und futtert Butterbrote. Wie kann es da sein, dass er gewinnt?«

1985 ist Lötzsch der SED beigetreten. Heute erscheint ihm das als Dummheit. Damals jedoch, nach elf Jahren Kampf gegen die Obrigkeit und das Sport-Establishment, war er müde geworden und die Konfrontation leid. Er hatte eine neue Arbeitsstelle gefunden, in einem Betrieb für Buchungsmaschinen. Ihm war klar: Wollte er weiter im zeitaufwendigen Rennsport mithalten, musste er ab Mittag trainieren. Das war mit einem Ganztagsjob nicht zu vereinen. Wenn er Genosse würde, so sagte man ihm, lasse sich eine Freistellung regeln. Darauf kam es ihm an. Lötzsch wurde Kandidat der Partei der Arbeiterklasse und saß täglich sechs bis acht Stunden im Sattel.

Zwei Tage nach dem Mauerfall radelte er von Chemnitz nach Hof, um die hundert D-Mark Begrüßungsgeld zu holen. Hin und zurück 240 Kilometer. An der Grenze, an der seine Hoffnungen scheiterten, musste er nicht einmal seinen Ausweis zeigen. Sein Freund Schoppe, dem die Stasi ebenfalls übel mitgespielt hatte, wurde der erste frei gewählte Präsident des DDR-Radsportverbandes. Für Lötzsch wäre der Weg frei ins ostdeutsche Spitzenteam gewesen. Er aber folgte lieber einem Ruf von Rudi Altig und wechselte zum Radsportclub Hannover. Fuhr noch einmal große Rennen im In- und Ausland und wurde mit 40 Jahren Deutscher Meister. Nach dreijährigem Engagement kehrte Lötzsch in seine Heimatstadt zurück. Er schloss sich der neu gegründeten Radsportgemeinschaft an. Im Juni 1995 bestritt er sein Abschiedsrennen, umjubelt und siegreich.

Im Dezember 2007 habe ich Wolfgang Lötzsch in Chemnitz besucht. Sein Schädel ist kahl geworden, aber sein Körper ist immer noch schlank und durchtrainiert. Am Wochenende steigt er aufs Rad und fährt mit seinen Freunden durch die sächsische Landschaft. Nur aus Spaß und Geselligkeit. Pro Tour nicht weniger als hundert Kilometer. Er hat mir seine Werkstatt im Keller gezeigt. An den Wänden hat er seine Siegerkränze aufgehängt. 550 Mal stand er in seiner Laufbahn ganz oben auf dem Treppchen. Schleifen und Urkunden hat er in Kartons verstaut. Was er sonst als Prämien gewann, etwa Porzellan und Vasen aus böhmischem Glas, steht im Wohnzimmer. »Heute geht es nur noch ums Geld«, sagt er. Zu seiner Zeit sei man noch mit einem Radiogerät als materielle Dreingabe zum Sieg zufrieden gewesen.

Lötzsch ist dem Radsport auch nach dem Ende seiner aktiven Laufbahn treu geblieben. Erst hat er als Mechaniker beim Profi-Team Nürnberger gearbeitet. Dann beim Rennstall Gerolsteiner. Seit 2006 betreut er in gleicher Funktion die Nachwuchs-Mannschaft beim Continental-Team Milram. Lötzsch hätte Grund, verbittert zu sein. Der SED-Staat, dem er die Stirn zeigte, hat ihn um den Lohn seines Trainingsschweißes gebracht. Er hätte Weltmeister oder Friedensfahrt-Sieger werden können. Und im Westen reich. Als Ex-Profi würde er sicher keine Räder putzen. Aber der Betrogene sagt, er trauere den verlorenen Jahren und den verpassten Chancen nicht nach. »Das Kapitel ist abgeschlossen.« Er habe sein Auskommen, sagt Lötzsch. Er ist ein bekannter Mann. Seine Biografie steht in vielen Bücherregalen. Er ist ein geschätzter Interview-Partner. Der Bundespräsident hat ihm das Bundesverdienstkreuz verliehen. Und er ist Hauptperson in einem Film (»Sportsfreund Lötzsch«), der beim Filmfest Leipzig 2007 Premiere hatte und in der Dokumentarsparte auf Anhieb den Publikumspreis gewann. In dem Film kommt auch der frühere Karl-Marx-Städter Stasi-Chef zu Wort. Er habe mit der Behandlung von Lötzsch nur Schaden abwenden wollen, sagt er. Selbstgerecht und ohne Unrechtsbewusstsein. Der Ex-Offizier hat in Berlin ein Reisebüro aufgemacht. »Jetzt verkauft er den Leuten, was er ihnen vorher verboten hat«, sagt Lötzsch. Nie würde er bei so einem »Wendehals« einen Urlaub buchen. Die Verachtung, die in seinen Worten mitschwingt, ist nicht zu überhören.

Der Fall Zapff oder: Die Rache der Stasi

Bevor wir nach Ost-Berlin umzogen, haben wir Karten mit unserer neuen Adresse drucken lassen: 112 Berlin/ DDR Weißenseer Weg 2/0406. Die Briefkarte haben wir Freunden und Bekannten in der Bundesrepublik geschickt. Ein Exemplar ging nach Berlin-Köpenick, in den Ostteil der Stadt. Dort wohnte Marianne Zapff, die mit meiner Schwiegermutter im Siegerland zur Schule gegangen war. Die verwitwete Schulfreundin, Mutter von drei erwachsenen Söhnen, war Invaliden-Rentnerin und das eine oder andere Mal in Westdeutschland zu Besuch gewesen. Wir kannten kaum jemanden in Ost-Berlin und hofften, bei ihr und ihrer Familie offene Türen zu finden.

Als meine Frau nach telefonischer Anmeldung bei Marianne Zapff klingelte, wurde sie betont reserviert empfangen. Später wurden wir über eine in West-Berlin lebende Verwandte darüber informiert, dass wir von künftigen Besuchen absehen sollten. Wir waren damals noch etwas blauäugig und ahnten nicht, was wir mit unserer Ortswechsel-Anzeige ausgelöst hatten. Hätten wir schon zu diesem Zeitpunkt gewusst, welchen Schikanen und Drangsalierungen die Zapffs ausgesetzt sein würden, wir hätten den Umschlag mit der Karte niemals nach Ost-Berlin geschickt.

Die Briefkarte war von der Postkontrolle der Staatssicherheit abgefangen worden. Marianne Zapff bekam Besuch von einem MfS-Mann, der sich freilich nicht als Mitarbeiter der »Firma« vorstellte. Er wollte wissen, warum sie die Unterlagen für eine beantragte Reise in die Bundesrepublik nicht abgeholt habe. Marianne Zapff hatte ursprünglich geplant, an einer Abitur-Jubiläumsfeier in Siegen teilzunehmen, später waren ihr jedoch Bedenken gekommen. Sie fürchtete, als DDR-Bürgerin im Kreis von arrivierten Westdeutschen als Außenseiterin betrachtet zu werden. Der Stasi-Mann ermunterte sie, trotzdem zu fahren. Ihren Pass mit dem Visum könne sie innerhalb von 48 Stunden bekommen. Nach der Rückkehr könne sie Kontakt zu Tochter und Schwiegersohn ihrer Schulfreundin aufnehmen. Dann ließ der Stasi-Mann die Katze aus dem Sack: Seine Behörde sei daran interessiert zu erfahren, was der neue Korrespondent Pragal über die DDR denke.

Marianne Zapff lehnte ab. Für solche Tätigkeiten würde sie sich generell nicht eignen. Nach einiger Zeit kam der Mann wieder und erneuerte sein Ansinnen. Als sie wiederum Nein sagte, meinte der MfS-Mann, ihr ältester Sohn Waldemar könne doch eine Verbindung zu den Pragals aufnehmen. So wie sie ihn kenne, werde er dazu nicht bereit sein, erwiderte die Mutter. Sie solle wenigstens mit ihm darüber reden, insistierte der Stasi-Offizier. Die Antwort fiel aus wie erwartet. Auch der Sohn weigerte sich, ein Spitzel zu werden.

Aber das MfS ließ nicht locker. Bald darauf erschien ein in der Nachbarschaft wohnender Mann und schlug vor, sich bei einer arrangierten Begegnung mit mir als Waldemar Zapff auszugeben. Offenbar war er vom MfS geschickt worden. Er blitzte ebenso ab wie vorher der Offizier.

»Dann hat meine Mutter einen Fehler gemacht«, sagt der Sohn heute. Marianne Zapff war Mitglied der SED. Ebenso wie ihr 1962 gestorbener Ehemann. Der gebürtige Chemnitzer, ehemals Wehrmachts-Offizier, hatte es in der DDR zum stellvertretenden Leiter eines Instituts gebracht, das die Regelungstechnik für das Atomkraftwerk in Rheinsberg entwickelte. Die Genossin Zapff, die als gläubige Christin ihre eigenen Vorstellungen von einem menschenwürdigen Sozialismus hatte, beschwerte sich lautstark bei ihrem lokalen Parteisekretär und anderen SED-Mitgliedern über die Unverschämtheit der Stasi, sie für Spitzeldienste missbrauchen zu wollen. Hätte sie über den Anwerbeversuch geschwiegen, wäre ihr und ihrer Familie vermutlich nichts passiert. So wie vielen anderen couragierten DDR-Bürgern, die sich Spitzeldiensten verweigerten. Manche Kirchenmitglieder schützten sich vor Nötigungen der Stasi mit der Bemerkung, sie würden ihrem Pfarrer davon berichten. Die Drohung mit der Weitergabe der Anwerbeversuche reichte oft aus, um künftig in Ruhe gelassen zu werden. Mit ihrer offenen Kritik hatte Marianne Zapff jedoch etwas getan, was die Staatssicherheit als Provokation empfand. Die Reaktion blieb nicht aus. Das MfS, entschlossen, die aufmüpfige Genossin mundtot zu machen, nahm die Familie genauer unter die Lupe und bereitete eine Strafaktion vor. Erschwerend kam hinzu, dass Waldemar Zapff und seine Ehefrau Vera, beide parteilos, im Villenvorort Wendenschloss als politisch unzuverlässige Fremdkörper galten. Dort, in der Nähe von Dahme und Müggelsee, wohnten viele Stasi-Offiziere, unter ihnen einer von Erich Mielkes Stellvertretern. Es gab etliche konspirative Häuser und Wohnungen. Westdeutsche Kommunisten und politische Frontenwechsler wie der Schauspieler Wolfgang Kieling fanden hier eine komfortable Bleibe. Die Genossen waren weitgehend unter sich. Bürgerliche Nachbarn, die sich nicht als linientreu auswiesen, waren nicht erwünscht und wurden misstrauisch beäugt.

Waldemar und Vera Zapff hatten 1967 ein Haus in der Ostendorfstraße in Köpenick-Wendenschloss gekauft. Ein paar Straßen weiter wohnte seine Mutter. Die vermietete Immobilie aus den dreißiger Jahren war im Anzeigenteil der *Berliner Zeitung* von einem Makler angeboten worden. Zapffs finanzierten den Erwerb mit dem Erlös eines anderen Hauses, das der Ehefrau gehörte. Bis sie selber einziehen konnten, mussten sie fünf Jahre warten. Erst dann wurde die obere Etage durch den Auszug eines alten Rentnerehepaares frei. Die Pflichten als neue Besitzer hatten sie freilich schon von Beginn an zu spüren bekommen. Die Heizung musste instand gesetzt werden. Und auch das Dach hatte eine Reparatur dringend nötig.

Mit den Mieten, die in der DDR auf Vorkriegsniveau

eingefroren waren und gerade mal 1,05 Mark pro Quadratmeter betrugen, war das nicht zu bezahlen. Zapffs entschlossen sich, ein goldenes Armband per Anzeige in einer Ost-Berliner Zeitung zu veräußern, das Veras im Westen lebender Vater im DDR-Intershop gekauft und seiner Tochter geschenkt hatte. Vorsichtshalber hatte sich Waldemar Zapff beim DDR-Zoll erkundigt, ob das zulässig sei. Antwort: Was einem gehöre, könne man auch verkaufen. Weil immer neue Reparaturkosten anfielen, verkaufte das Ehepaar in gutem Glauben, korrekt zu handeln, ein paar weitere Schmuckstücke aus Familienbesitz. Damit gaben sie dem staatlichen Repressionsapparat einen Vorwand, gegen sie vorzugehen.

1976 sah sich das Ehepaar mit einer Anklage wegen illegalen Edelmetallhandels konfrontiert. Waldemar Zapff, der als Diplom-Chemiker beim Amt für Standardisierung, Messwesen und Warenprüfung arbeitete, wurde aus dem Betrieb zum Verhör geholt. Auch seine Frau wurde vernommen. Bei einer Durchsuchung der Wohnung beschlagnahmten die Ermittler weiteren Schmuck, darunter einen Goldanhänger, den eine der beiden Töchter Veras zur Kommunion geschenkt bekommen hatte. Die Wertsachen wurden besonders hoch taxiert und später zwangsweise billig verkauft.

Um das Ehepaar strafrechtlich zu belangen, legten Stasi und Staatsanwaltschaft die Schmuckverkäufe ebenso perfide wie spitzfindig aus. Hätten Waldemar und Vera Zapff ihren Schmuck in einer einzigen Aktion verkauft, wäre das legal gewesen. Da sie aber mehrmals veräußerten, hätten sie sich wegen verbotenen Handels und Verstoßes gegen das Zoll- und Devisengesetz strafbar gemacht. Eine Ost-Berliner Rechtsanwaltskanzlei, bei der Zapff vorsprach, erklärte sich nicht für zuständig: »Solche Fälle bearbeiten wir nicht.« Veras Vater wandte sich daraufhin an eine Kanzlei, die auch in West-Berlin zugelassen war. Anwalt Dr. U. wurde als Verteidiger erst tätig, als das Honorar in D-Mark (West) auf seinem Konto eingegangen war. Helfen konnte er nicht. Vor der Gerichtsverhandlung hatte er ein Gespräch mit der Richterin. Als er aus deren Zimmer kam, überraschte er seinen Mandanten nach dessen Erinnerung mit der Botschaft: »Die wollen, dass Sie sitzen.« So geschah es. Waldemar Zapff wurde am 14. Juni 1976 zu 18 Monaten Freiheitsstrafe verurteilt. Seine Ehefrau erhielt wegen Mitwisserschaft zehn Monate auf Bewährung. Außerdem hatte das Ehepaar den Erlös des Schmuckverkaufes zurückzuzahlen. Dafür musste es bei Freunden Schulden machen.

Waldemar Zapff, damals 33 Jahre alt, wurde von seinem Betrieb fristlos entlassen. Bis zum Haftantritt im August arbeitete er als Facharbeiter bei Berlin Chemie. Zuvor hatte er für sich und seine Familie einen Antrag auf Übersiedlung in die Bundesrepublik gestellt. Seine Strafe saß Zapff in Fürstenwalde ab. Tagsüber musste er im dortigen Reifenwerk arbeiten. Im Knast besuchte ihn die Brigadeleitung des Betriebes. »Sie wollten mich dazu bringen, meinen Ausreiseantrag zurückzuziehen.« Ohne Erfolg. Auch die Zusage, ihn wieder einstellen zu wollen, lockte ihn nicht. Zapff hatte genug von der DDR.

Während der Haft sollte Zapff als Inoffizieller Mitarbeiter angeworben werden. Z. sei sehr gebildet und anderen Häftlingen geistig überlegen, heißt es in einer Beurteilung. »Er ist in der Lage mit Menschen zu arbeiten, da er in seiner früheren Tätigkeit Leiter eines Kollektivs war.« Den Anforderungen eines IM werde er voraussichtlich gerecht. Als die Gefängnisleitung mitbekam, dass sich Zapff in einem Brief an seine Frau kritisch zur Ausbürgerung von Wolf Biermann geäußert und auch sonst »negativ-bürgerliche« Gedanken von sich gegeben hatte, wurde der Plan fallengelassen und »das vorhandene Material« ins Archiv gegeben.

Als ihr Ehemann noch im Gefängnis war, wurde Vera Zapff zum Rat des Stadtbezirks Köpenick bestellt. Dort teilte man ihr mit, dass ihr Antrag auf Übersiedlung in die Bundesrepublik abgelehnt worden sei. Es gebe dafür keine gesetzlichen Grundlagen. Dieselbe Auskunft erhielt ihr Ehemann nach seiner Strafverbüßung. Trotzdem hielten Zapffs an ihrem Begehren fest. Seinen Lebensunterhalt verdiente Waldemar als Möbelpacker und Kellner. Über ihr Schicksal hat mich eine Verwandte aus West-Berlin auf dem Laufenden gehalten. Von ihr bekam ich im Februar 1978 einen Brief, an unsere Postfach-Adresse in Berlin-Kreuzberg. In wenigen Tagen, so teilte sie mir mit, werde Waldemar Zapff aus dem Gefängnis entlassen. Ihr liege viel daran, dass wir uns treffen.

Bis dahin waren wir uns noch nicht persönlich begegnet. Das wollte ich nun nachholen. Ich hatte ihn durch meine naive Kontaktaufnahme in Schwierigkeiten gebracht und sah mich in der Pflicht, ihm zu helfen. Als Termin schlug die Verwandte den 27. Februar, 15 Uhr, vor. Treffen sollten wir uns am Grab von Bertolt Brecht auf dem Friedhof der Dorotheenstädtischen Gemeinde an der Chausseestraße in Berlin-Mitte. »Da Sie sich beide ja nicht kennen«, so schrieb sie weiter, schlage sie als Stichwort »Engel« vor. Nach Erich Engel, einem Regisseur, der schräg gegenüber von Brecht bestattet ist. Gewöhnlich habe ich konspiratives Verhalten vermieden. Es passt nicht zu meinem Berufsverständnis von Journalismus. In diesem Fall bin ich auf den Vorschlag eingegangen.

Die Begegnung hat mich nachhaltig berührt. Was Waldemar Zapff widerfahren war, empfand ich eindeutig als einen Racheakt der Stasi. Ich schrieb einen Brief an den damaligen Bundesminister für Innerdeutsche Beziehungen, einen gestandenen Sozialdemokraten. Ich schilderte ihm den Fall und bat ihn, sich für die Ausreise der Familie Zapff in die Bundesrepublik einzusetzen. Ich informierte auch Abgeordnete und Beamte, die mit der DDR zu tun hatten. Meine Frau begleitete Zapff bei einem Besuch in die Ständige Bonner Vertretung in Ost-Berlin. Dort, so erinnert er sich, habe ein Beamter seine Schilderung »wohlwollend zur Kenntnis genommen«.

Dem MfS blieb unser Einsatz nicht verborgen. »Starnberg versuchte wiederholt, die Familie Zapff in die besonderen Bemühungen der Bundesregierung zu lancieren, um ihre Übersiedlung zu forcieren bzw. durchzusetzen«, lese ich in einem Bericht der HA II/13. Doch meine Bitten fanden kein Gehör. Zapff, so wurde mir gesagt, sei nicht wegen eines politischen, sondern wegen eines kriminellen Deliktes verurteilt worden. Deshalb könne man nichts machen. Dass Rechtsbrüche und Repressionen den juristischen Alltag der DDR bestimmten und die Auslegung von Paragrafen politischen Zielen diente, wollte man in Bonn offenbar nicht zur Kenntnis nehmen.

1980 – ich arbeitete inzwischen in Bonn – sah ich eine Möglichkeit, Waldemar Zapff doch noch zu helfen. Der Ost-Berliner Rechtsanwalt Wolfgang Vogel, Bevollmächtigter der DDR für humanitäre Angelegenheiten zwischen den beiden deutschen Staaten, hatte angekündigt, seine Arbeit »im Dienste der Menschlichkeit« zu beenden, falls gegen ihn in der Bundesrepublik erhobene Vorwürfe nicht widerrufen würden. Mit dieser Drohung reagierte er auf Behauptungen der in Frankfurt am Main ansässigen »Gesellschaft für Menschenrechte (GFM)«, er habe bei der Festnahme von Mandanten mitgewirkt und mitgeholfen, die Berichterstattung über die Verletzung der Menschenrechte in der DDR zu verhindern.

Vogel war daran interessiert, seine Sicht auf die Praxis von Häftlingsfreikäufen und Familienzusammenführungen zu erläutern und die »diffamierenden Behauptungen« der GFM zu widerlegen. Er empfing mich in seiner Ost-Berliner Kanzlei zu einem Gespräch. Er versuchte, mir an einer Reihe von Fällen nachzuweisen, dass öffentlicher Druck durch die Bekanntgabe von Namen den Ausreisewilligen nicht helfe. Heute bin ich der Ansicht, dass diese Version in ihrer pauschalen Zuspitzung nicht stimmte. Mediale Kritik an seinen Menschenrechtsverletzungen war dem SED-Regime höchst unangenehm.

Damals allerdings dachte ich wie der Innerdeutsche Bundesminister, der erklärte, es gäbe keinen einzigen Fall, »der durch öffentliches Spektakel gelöst worden wäre«. Mein im Juli 1980 im *Stern* veröffentlichter Bericht trug die Überschrift: »… und dann mussten sie wieder in die Zelle zurück. Wie die Gesellschaft für Menschenrechte die Freilassung politisch Verfolgter aus DDR-Gefängnissen gefährdet.«

Bevor ich Vogel verließ, trug ich ihm den Fall Zapff vor. Er schien beeindruckt zu sein und sagte, er wolle sich um das Ehepaar kümmern. Tatsächlich bekamen die Zapffs für den 1. Juli 1980 einen Termin in der Kanzlei. Vogel erklärte, dass die Ausreise an die vom Staat erlassene Bedingung geknüpft sei, sich von Immobilienbesitz zu trennen. Zapffs besaßen zwei Grundstücke. Das Haus in Köpenick und eine auf der Insel Rügen gelegene Ferienhütte, die Helene Weigel, Brechts langjährige Ehefrau, einst Vera Zapffs Mutter geschenkt hatte. Rein rechtlich wäre es möglich gewesen, die Immobilien zu verschenken, zu verkaufen oder verwalten zu lassen. Im Prinzip an und von Personen der eigenen Wahl. Vogel machte Zapff bei einem zweiten Kanzleibesuch Mitte Juli jedoch klar, dass er sein Berliner Haus an sogenannte Berechtigte veräußern müsse.

Bald darauf stellte sich dem Ehepaar Zapff ein Mann vor, der sich Lenz nannte und erklärte, er habe von Vogel erfahren, dass das Haus zu kaufen sei. Es hatte laut eines von Zapff bestellten Gutachtens einen Taxwert von 73200 Ost-Mark. Lenz bot als Kaufsumme aber nur 50000 Mark an. Als der Besitzer dies nicht akzeptierte, erklärte der potenzielle Käufer, damit habe sich die Ausreise wohl erledigt. In Wahrheit hieß der Mann nicht Lenz – das war der Name seiner Schwiegereltern – sondern Manfred F. Er war Oberst des MfS und als Abteilungsleiter der Zentralen Koordinierungsgruppe (ZKG) zuständig für die Bearbeitung von Ausreiselisten. Das Haus wollte er für seine Schwiegereltern kaufen. Um seine Ausreise nicht zu gefährden, unterschrieb Zapff trotz des weit unter Taxpreis festgelegten Erlöses den Kaufvertrag und bekam von Manfred F. in Anwesenheit von dessen Schwiegereltern, den neuen Besitzern, 50000 DDR-Mark in bar. Wie sich später herausstellte, wurde die Grunderwerbssteuer von der Staatssicherheit bezahlt.

Das Ferienhäuschen auf Rügen erwarb Vogels Ehefrau. Über die Anbahnung dieses Deals gehen die Aussagen der Beteiligten auseinander. Nach Angaben des Anwalts habe ihm Zapff das Grundstück in Putgarten, für das er keinen Käufer gefunden habe, mit den Worten »Schauen Sie es sich wenigstens an« geradezu angetragen. Zapff hat dieser Version entschieden widersprochen. Vogel habe ihm gesagt, er möchte das Ferienhäuschen für die Mitarbeiter seiner Kanzlei nutzen. Als Vera Zapff Anfang August Vogel sagte, sie wolle die Immobilie lieber einer Freundin schenken, habe der geschwiegen und nur »süß-sauer gelächelt«. Waldemar Zapff: »Wir haben daraus gefolgert: Das ist der Stein des Anstoßes.« In ihrer Zwangslage stimmten Zapffs dem Verkauf zu. Ihren Trabant kaufte eine Sekretärin Vogels.

Dann ging alles schnell. Weil das Ost-Berliner Kontingent von Ausreisen angeblich erschöpft war, mussten sich die Zapffs nach Strausberg ummelden. Am 17. September 1980 bekamen sie die Urkunde über ihre Entlassung aus der DDR-Staatsbürgerschaft. Und am 7. Oktober, dem Staatsfeiertag der DDR, durften sie das Land in Richtung Westen verlassen. 1982 starb Waldemars Mutter. Vogel setzte sich dafür ein, dass er trotz des üblichen Einreiseverbots für Ausgebürgerte zur Beerdigung nach Ost-Berlin kommen durfte.

In Essen fand Waldemar Zapff Arbeit und eine Wohnung. Von dort aus hat er, begleitet von Frau und den beiden Töchtern, uns in unserem damaligen Wohnort Sankt Augustin bei Bonn besucht. Ich war nicht zu Hause. Meine Frau hat sie empfangen. Als sie beiläufig bemerkte, man müsse dem Anwalt Vogel dankbar sein, verfinsterte sich der Gesichtsausdruck bei allen vier Zapffs. Auf Nachfrage erklärten sie, sie hätten Vogels Verhalten als Nötigung empfunden. Diesen Eindruck teilte Waldemar Zapff im Januar 1982 in einem Schreiben auch dem Gesamtdeutschen Institut in Bonn mit. Im Sommer 1992, als Vogel auch von anderen ehemaligen Mandanten angegriffen wurde, hat er mir bei einem Empfang erklärt, er bedaure auf meine Bitte eingegangen zu sein und den Fall Zapff als Anwalt übernommen zu haben. Wäre das nicht gewesen, hätte er sich eine Menge Ärger erspart. Er wirkte wie ein verbitterter Mann, der nicht verstand, dass man seine humanitären Bemühungen mit Undank beantwortete. Ich entgegnete, dass ich ihn nicht in eigener Sache, sondern zugunsten eines Bürgers seines Staates, dem Unrecht geschehen sei, um Hilfe gebeten habe.

Waldemar Zapff hat einen Restitutionsantrag gestellt und nach einem längeren Rechtsstreit sein Haus in Köpenick zurückbekommen. Das Grundstück auf Rügen blieb im Eigentum von Frau Vogel. Der ehemalige Stasi-Offizier Manfred F. wurde wegen Erpressung zu 18 Monaten Haft auf Bewährung verurteilt. Auch Vogel erhielt in erster Instanz eine Bewährungsstrafe. 1998 sprach ihn der Bundesgerichtshof vom Vorwurf der Erpressung ausreisewilliger DDR-Bürger frei.

Waldemar und Vera Zapff, die uns nicht bespitzeln wollten, sind in der DDR wegen eines Deliktes verurteilt worden, das nach den Kriterien eines demokratischen Rechtsstaates weder strafbar noch moralisch verwerflich war. Als politische Opfer der SED-Diktatur gelten sie gleichwohl nicht. Ihr Antrag auf Kassation des DDR-Urteils wurde abgelehnt. Eine DDR-Opferrente, die sie in erster Linie als symbolische Anerkennung ihrer aufrechten Haltung werten würden, steht ihnen deshalb nicht zu.

Abschied und unerwartete Rückkehr

Bevor wir im Februar 1979 in der Ho-Chi-Minh-Straße unsere Koffer packten, besuchte uns ein Fernsehteam. Fast fünf Jahre waren wir in Ost-Berlin, nun stand der Umzug nach Bonn bevor. Joachim Jauer, Korrespondenten-Kollege vom ZDF, wollte wissen, mit welchen Gefühlen und welchen Erfahrungen wir die DDR verließen. Die ganze Familie war in den Beitrag für das Magazin »Kennzeichen D« einbezogen. Er filmte mit seinen Leuten unsere Tochter Katharina im Kindergarten. Er begleitete unseren Sohn auf dem Schulweg und ließ ihn aus dem Pionierkalender vorlesen. »Am 7. Oktober feiert unsere Republik ihren Geburtstag. Viele schmückten ihre Häuser mit der Arbeiterfahne und der Fahne der Republik. Früh fand eine Parade unserer Nationalen Volksarmee statt«, trug Markus vor. Unser Sohn werde in der Bundesrepublik wohl nie Beamter werden können, spöttelte Günter Gaus nach der Ausstrahlung des Beitrages während eines Abendessens bei Freunden. »Dem geht der Begriff Nationale Volksarmee zu glatt über die Lippen.« Das war eine, wenn auch nicht ganz ernst gemeinte Fehlprognose. Heute ist unser Sohn Markus Jurist und Ministerialbeamter.

Meine Frau und ich waren während der TV-Aufnahmen in einer gedrückten Stimmung. In ein paar Wochen würden wir nicht mehr hier sein. Wir würden Freunde zurücklassen. Menschen, die wir mochten und mit denen wir uns gut verstanden. Mit Kindern so alt wie unsere. Die Grenze würde es schwer machen, den vertrauten Umgang zu pflegen. Gewiss, wir könnten sie besuchen. Zwei-, dreimal im Jahr, vielleicht. Aber würde das reichen, eine langsame Entfremdung aufzuhalten? Der alltägliche Umgang würde uns fehlen. Das alles ging uns durch den Kopf, als wir vor der Kamera saßen. So intensiv wie in Ost-Berlin werde sie künftig wohl nie mehr leben, sagte meine Frau. Die Menschen, die wir hier kennengelernt haben, gingen ernsthafter und ehrlicher miteinander um, als ich es von München gekannt habe, sagte ich. »Die Bindungen gehen tiefer, und daher kommt auch dieses etwas wehmütige Gefühl, das ich zurzeit habe.«

Am 6. Februar, reichlich drei Wochen vor meinem beruflichen Neustart für den *Stern* in Bonn, erschien mein letzter Artikel in der *Süddeutschen Zeitung*. »Die Luft riecht jetzt vertrauter«, lautete die Überschrift, eine Bilanz meiner fünfjährigen Tätigkeit. Ich verwies auf die notorische Geheimniskrämerei der Funktionäre und verglich die Wirkung der gelenkten Ost-Medien mit der Resonanz auf die Berichterstattung der West-Korrespondenten. »Während sich parteikonforme Publizisten unablässig befleißigen, den SED-Staat wirklichkeitsfremd zu verschönen, zeichnen auswärtige Beobachter mehr und mehr ein Bild der Gesellschaft, in dem sich die Bürger zumeist auch wiederfinden.« Die Menschen, über die ich schrieb, sollten sich verstanden wissen. Darauf kam es mir an. Die Bewertung meiner Beobachtungen und Ansichten durch ostdeutsche Freunde und Bekannte war mir mindestens so wichtig wie das Echo meiner Leser in der Bundesrepublik. »Die Bereitschaft, den sozialistischen Staat aus seiner eigenständigen Entwicklung zu erklären«, so bekannte ich in meinem Abschiedsartikel, »gehört zu den wichtigsten Veränderungen, die ich im Laufe von fünf Jahren an mir selbst erfahren habe.« Mit der Schärfe des Blicks für die Unzulänglichkeiten der DDR sei das Verständnis für die Menschen gewachsen, die sich in der politischen Ordnung arrangieren müssten. Anzeichen für einen baldigen Zusammenbruch der SED-Herrschaft habe ich damals nicht wahrgenommen. Zwar gebe es, so resümierte ich, in der Bevölkerung viel Unmut über sozialistische Bürokratie, Misswirtschaft, Willkür und Bonzentum, aber zugleich auch eine ausgeprägte Neigung, sich anzupassen und den jeweils bequemsten Weg zu gehen. Gleichgültigkeit gepaart mit politischer Resignation. »Es geht seinen sozialistischen Gang«, sagte der Volksmund. Anfang der siebziger Jahre habe es noch die verbreitete Hoffnung gegeben, dass sich der DDR-Sozialismus trotz seiner restaurativen Züge einmal zu einer humanen Gesellschaftsordnung wandeln könne. »Inzwischen ist der Glaube an die verändernde Kraft der Idee zur Rarität geworden.« Als ich dies schrieb, dauerte es bis zum Ende des SED-Staates noch gut zehn Jahre.

Am 10. Februar 1979, einem Sonnabend, gab ich meinen Ausstand. In unserer Wohnung drängten sich ab 11 Uhr rund hundert Leute. Freunde, Nachbarn, Kollegen, Diplomaten. Die Lehrerin unseres Sohnes war da, die Leiterin des Kindergartens, der Pfarrer der Kirchengemeinde. Auch Günter Gaus, der Chef der Ständigen Vertretung, und seine Frau. Eine Ost-West-Gesellschaft, wie sie im Laufe der Jahre zur Normalität geworden ist. Diesmal nur etwas zahlreicher. »Schade, dass ihr weggeht.« Diesen Satz haben wir an diesem Tag am häufigsten gehört. »Wir kommen bald nach«, schrieb ein Mitarbeiter der Ständigen Vertretung ins Gästebuch. »Bis in 30 Jahren in Bonn«, setzte ein DDR-Bürger mit Galgenhumor darunter. Dann wäre er Rentner und könnte reisen.

Zwei Tage später kamen die Möbelpacker. Bald darauf auch der DDR-Zoll. Die Beamten in ihren blauen Uniformen verglichen die fünf Jahre alten Einfuhrlisten mit dem Hausrat und den Möbeln, die wir wieder mitnehmen wollten. Ihnen fiel auf, dass einige Sammelmappen mit *Spiegel*-Heften fehlten. Mit der Auskunft, die seien im Laufe der Zeit entsorgt worden, gaben sie sich zufrieden. Sonst hatten sie nichts zu beanstanden. Ich sah mich in der geräumten Wohnung um, die mein Nachfolger Helmut Lölhöffel übernehmen würde. Der Abschied von der »Platte« fiel nicht schwer. In Sankt Augustin bei Bonn, unserem neuen Wohnort, würden wir es komfortabler haben. Dann blickte ich zu den Nachbarhäusern. Als wir ankamen, wurden sie gerade errichtet. In kurzer Zeit war ein ganz neues Viertel entstanden. Heimat für Menschen, von denen wir etliche kennengelernt hatten. Die wären alle gern in den Westen gefahren. Als Besucher. Aber sie haben auch gesagt, sie würden zurückkommen. Manche Westdeutsche machten den Fehler, die emotionale Bindung von DDR-Bürgern an ihre Stadt, ihren Kiez, ihre Arbeitsstelle und ihren Freundeskreis als

Zustimmung für das politische System zu werten. Damit lagen sie genauso falsch wie die kommunistischen Machthaber, die jegliche Regung von Heimatbewusstsein als Sympathiebeweis für ihre Herrschaftspraxis ausgaben. Sie waren der Realität entrückt oder wollten sich selbst betrügen.

Am 14. Februar brachte ich meine Frau zum West-Berliner Flughafen Tegel. Unsere Kinder waren bei den Großeltern. Ich blieb noch einen Tag und übernachtete bei Freunden in Pankow. In der Nacht erlebten Stadt und Land einen heftigen Wintereinbruch. Es wurde sehr kalt. Das passte zu meiner Stimmung. Mit meinem vollgepackten Auto fuhr in über die Autobahn Richtung Grenze. Kurz vor Magdeburg fiel mir ein, ich könnte mir noch einmal die Stadt ansehen. Eine Gelegenheit dazu würde ich so bald nicht wieder bekommen. Ich war nicht im Transit, sondern mit gültigem Visum unterwegs. Ich konnte mir also den Abstecher erlauben. Ich parkte in der Nähe des Marktes, ging durch die verschneiten Straßen zum Domplatz und besichtigte die gotische Kathedrale. Was ging in mir vor? Warum zögerte ich meine Abreise aus diesem Land hinaus? Ich war nicht Bürger dieses Staates, sondern nur Bewohner auf Zeit. Und dennoch kam ich nicht so leicht von diesem Teil Deutschlands los.

Daran änderte sich auch fortan nichts. Neben der üblichen Parlaments-Berichterstattung konzentrierte ich mich auf deutsch-deutsche Themen. Wenn ein Bonner Politiker wie etwa der damalige Bundesforschungsminister Volker Hauff in die DDR reiste, fuhr ich mit. Als

SED-Chef Erich Honecker und Bundeskanzler Helmut Schmidt bei der Begräbnisfeier des jugoslawischen Staatschefs Tito in Belgrad zusammenkamen, war ich unter den Beobachtern. Und als der sozialdemokratische Bonner Regierungschef im Dezember 1981 den Generalsekretär der SED in der Schorfheide traf und beim anschließenden Besuch in Güstrow ein gespenstisches Spektakel über sich ergehen lassen musste, bei dem Stasi-Komparsen auf dem Weihnachtsmarkt das Volk mimten, schaute ich zu. Bei der Verabschiedung auf dem Bahnhof der mecklenburgischen Kreisstadt reichte der mit einer Pelzmütze bekleidete Honecker seinem Gast ein Bonbon durchs geöffnete Fenster. Bei dieser berühmt gewordenen Szene, die Kritiker der sozial-liberalen Entspannungspolitik als Beleg für eine unziemliche Kumpanei mit den SED-Kommunisten werteten, haben Begleiter des Kanzlers noch höflich gelächelt. Hinterher, bei der Rückfahrt im Sonderzug, haben sie aus ihrem Ärger keinen Hehl gemacht und erklärt, wie kleinkariert, dilettantisch und plump sie die Inszenierung dieses letzten, von der Ausrufung des Kriegsrechtes in Polen überschatteten Besuchstages in der DDR empfunden haben.

Sooft es ging, fuhr ich dienstlich von Bonn nach Berlin. Meistens verband ich dies mit einem Abstecher in den Ostteil der Stadt. Auch privat reisten meine Frau und ich in die DDR. Manchmal nahmen wir auch unsere Kinder mit. Freunde in der Ständigen Bonner Vertretung besorgten uns ein Visum. Offiziell waren wir bei ihnen zu Gast. Tatsächlich verbrachten wir die meiste Zeit mit alten DDR-Freunden. Unser Sohn traf sich mit ehemaligen Mitschülern. Unsere Befürchtung, die Verbindung könnte sich lockern, erwies sich als unbegründet. Wir verstanden uns genauso gut wie früher, als wären wir gar nicht weggezogen. Als ich ihnen einmal erzählte, ich verhandele mit der Zeitung, für die ich früher gearbeitet habe, über eine Korrespondenten-Tätigkeit in Moskau, waren sie begeistert. »Da können wir euch in der Sowjetunion besuchen«, sagte unsere Freundin Rena. Und auch die Kinder mitbringen. Dann würden sie vor Ort erproben, was ihnen ihr obligatorischer Russisch-Unterricht im Moskauer Alltag nützt. »Es lebe die ewige unverbrüchliche Freundschaft zwischen den Völkern der UdSSR und der DDR«, posaunten die Sprücheklopfer und Phrasendrescher aus dem Propaganda-Apparat der SED. Dabei war es für gewöhnliche DDR-Bürger gar nicht einfach, privat ins überschwänglich gepriesene »Bruderland« zu reisen. Um ein Visum zu bekommen, brauchte man eine Einladung. Die konnten wir ihnen leider nicht besorgen. Der Plan, aus der Sowjetunion zu berichten, hatte sich zerschlagen.

Im Herbst 1979 und auch im Jahr darauf gastierte das Ost-Berliner Maxim-Gorki-Theater in der Bundesrepublik. Unter anderem in Leverkusen und Bad Godesberg. Mit einigen der Ensemble-Mitglieder, die gemeinsam mit einem Bus anreisten, waren wir befreundet. Wir luden sie zu uns nach Hause ein, machten sie mit Menschen aus unserer neuen Nachbarschaft bekannt. Unter ihnen war der Direktor einer Bonner Gesamtschule. Er führte unsere DDR-Freunde durch das helle Gebäude aus Glas und Beton. »Wir waren total beeindruckt«, erinnert sich eine Schauspielerin. Von der Ausstattung ebenso wie von der pädagogischen Konzeption. Eine Schule ohne Drill und Indoktrination, anders als sie es von zu Hause kannten. Wir haben den Freunden an ihren spielfreien Tagen unser Auto geliehen, damit sie selbst in der Bonner Umgebung herumfahren und sich ein Bild von der westdeutschen Realität machen konnten. »Bei euch«, sagt die Schauspielerin, »haben wir etwas vom wirklichen Leben in der Bundesrepublik mitbekommen.«

Die Stasi hielt auch im Westen ihre Bürger unter Kontrolle. Sie wusste, wer vom Ensemble bei uns zu Gast war. »Das war uns aber egal«, sagt eine unserer Freundinnen. »Wir haben auch unter uns ganz offen geredet.« Nach den Vorstellungen haben die Theaterleute häufig noch ein bisschen im Hotel gefeiert. Nicht im Restaurant. Das war ihnen, die nur wenig West-Geld bekamen, zu teuer. Sie haben sich im Supermarkt etwas zu essen und zu trinken gekauft und sich dann in einem der Hotelzimmer versammelt. Als eine von ihnen den Raum verließ, erwischte sie den Busfahrer, wie er an der Tür lauschte. Als der nicht mehr ganz neue Ost-Bus an einem der nächsten Tage eine technische Panne hatte und der Chauffeur am Motor herumwerkelte, machte sich einer der Schauspieler laut über die »Firma« lustig. »Wenn sie schon ihre Leute mitbringen, dann bitteschön auch ihre Busse.« Die wären sicher weniger reparaturanfällig gewesen.

Die Stimmung, so erzählen Teilnehmer der damaligen Tournee, sei locker und übermütig wie bei einem Schulausflug gewesen. Wenn der Reiseleiter nach Pausen an Raststätten darauf drängte, schnell wieder den Bus zu besteigen, überhörten einige die Aufforderung und ließen sich demonstrativ Zeit. Die verantwortlichen Genossen, unter ihnen auch der Parteisekretär des Theaters, steckten in der Klemme. Sie hatten ständig Angst, jemand aus der Schauspielertruppe könnte einfach da bleiben. Das kam vor. Einer, der sich bei einer West-Reise so entschied, war der Schauspieler Eberhard Prüter. Sein Fall animierte seine Kollegen vom Maxim-Gorki-Theater zur Persiflage eines der am meisten bekannten Arbeiterlieder. Während einer Busfahrt stimmten sie das Lied an: »Prüter, zur Sonne, zu Freiheit.« Die Lust zur Provokation endete erst kurz vor der Grenze. »Wenn wir wieder in die DDR fuhren«, sagt eine Schauspielerin, »wurde es plötzlich ganz still.«

Im Frühjahr 1983 bekam der *Stern* einen neuen Chefredakteur. Peter Scholl-Latour sollte das nach der peinlichen Affäre um die gefälschten Hitler-Tagebücher schwer angeschlagene Image des Hamburger Magazins aufpolieren. Der renommierte Publizist und Buch-Autor, der Mitte der fünfziger Jahre Regierungssprecher im Saarland gewesen war, bemühte sich um ein Interview mit Erich Honecker. Mit Erfolg. Bei einem Vorgespräch bot die DDR an, den seit der Ausweisung von Dieter Bub im Januar 1983 vakanten Korrespondenten-Posten in Ost-Berlin wieder zu besetzen. Bei der hausinternen Suche nach einem Kandidaten richteten sich die Blicke auf mich. Nach anfänglichem Sträuben sagte ich zu, und die Chefredaktion beantragte meine Akkreditierung.

Nachdem sich abzeichnete, dass ich nach Ost-Berlin als ständiger Korrespondent zurückkommen würde, schickte die Hauptverwaltung Aufklärung des MfS einen Bericht an die Genossen von der Spionageabwehr. Mit Informationen über meinen Ruf und meine Tätigkeit in der Bundeshauptstadt. Die gingen vermutlich auf Gespräche zurück, die ich mit Bediensteten der Ständigen Vertretung der DDR in Bonn geführt habe. »Pragal zeigte sich in Kontaktgesprächen umgänglich«, lese ich. »Auf Informationsfragen zu politischen Ereignissen gab er in der Regel sachliche Auskünfte.« In dem Bericht ist vermerkt, welche Bonner Politiker ich auf Auslandsreisen begleitete und welche Personen aus meinem Umgangskreis »aus politisch-operativen Überlegungen« beachtet werden müssten. Selbst meine kulinarischen Neigungen hielten die Verfasser für erwähnenswert: »P. zeigte ein gewisses Interesse am Besuch verschiedener Spezialitätenrestaurants (Chinesisch, Griechisch usw.).«

Am 14. November 1983 bekam ich im Außenministerium meinen neuen Journalisten-Ausweis ausgehändigt. Und als Gedächtnisstütze für die geltenden Regeln ein Exemplar der Journalisten-Verordnung. Die Zeremonie verlief ohne steife Förmlichkeit. Verständlich, wir kannten uns. »Toi, toi, toi«, sagte eine Mitarbeiterin der Presseabteilung. Der Umgangston mit den Bediensteten des Amtes war lockerer geworden. »Den

Verbrecher zieht es immer wieder an den Ort seiner Taten zurück«, scherzte kurz darauf ein Presse-Funktionär beim Empfang eines Kollegen im Internationalen Pressezentrum über meine Rückkehr. Das Wort Untaten hat er sich verkniffen.

Nach dem Termin im Außenministerium fuhr ich in die bisherige Wohn- und Arbeitsstätte der *Stern*-Korrespondenten in der Leipziger Straße. Drei Zimmer in der elften Etage. Mit freiem Blick über die geteilte Stadt. Im Westen sah ich am Horizont Flugzeuge, die nach Tegel einschwebten. Ich trat auf den Balkon, blickte hinab auf den pulsierenden Verkehr und schnupperte die vertraute Luft – dieses eigentümliche Gemisch aus Braunkohlenstaub und Zweitakter-Auspuffgasen. Die Mauer war nur etwa 300 Meter entfernt. Man konnte auf der Kreuzberger Kochstraße die Doppelstock-Busse der West-Berliner BVG fahren sehen. Das erinnerte mich an eine Begebenheit, die mir Jahre zuvor ein Mitarbeiter der Ständigen Vertretung erzählt hatte. Auch der wohnte in einem Neubaublock der Leipziger Straße. Einer seiner Söhne hatte Besuch von gleichaltrigen Ost-Berliner Jungen. Die blickten vom Balkon neugierig auf die Mauer und die Gebäude dahinter. »Ist das der antifaschistische Schutzwall«, fragte einer. Da stieß ihn der andere Ost-Junge an. »Kannst ruhig Mauer sagen. Du bist ja hier bei Westlern.«

Ich schrieb auf, was mir an Veränderungen auffiel. Zum Beispiel der Umgang mit der Geschichte. In den siebziger Jahren war es schon mutig, wenn ein Museumsführer in Potsdam salopp vom »alten Fritzen«

sprach. Der Preußen-König hieß offiziell »Friedrich II.« und war nach kommunistischer Lesart »ein reaktionärer Despot«. Nun stand sein Reiterstandbild wieder an seinem historischen Platz »Unter den Linden«. Und SED-Genossen sprachen wie selbstverständlich von »Friedrich dem Großen«. Sind die Machthaber toleranter geworden? Die Frage ging mir nach meiner Rückkehr durch den Kopf. Auf den ersten Blick sah es so aus. Jugendliche konnten sich kleiden, wie sie wollten. Rockkonzerte gab es fast in jeder Kleinstadt. Und selbst Punks und Stadtindianer wurden – sofern sie nicht gegen andere Ordnungs-Vorschriften des sozialistischen Staates verstießen – von der Obrigkeit in Ruhe gelassen. Doch ich hatte gelernt, genauer hinzuschauen und hinzuhören. Und so kam ich schnell zu der Einsicht, »dass der Polizeistaat DDR unverändert funktioniert«.

Dieser Satz in meiner ersten *Stern*-Reportage hat die Aufpasser in der Parteizentrale geärgert. Beim nächsten Gespräch fragte die für mich zuständige Mitarbeiterin der Presseabteilung vorwurfsvoll, warum ich die DDR einen Polizeistaat nenne. »Weil er einer ist«, antwortete ich spontan. Ich führte auch einige Beispiele an. In einem »Vermerk« über die Unterredung liest sich das anders. »Pragal reagierte verlegen und versuchte sich zu entschuldigen.« Die Frau, die einen Auftrag zu erfüllen hatte, war mir durchaus wohlgesinnt. Sie stellte, wie ich heute glaube, das Gespräch ganz bewusst so dar, um mich gegenüber den Funktionären der Agitationsabteilung im SED-Zentralkomitee nicht als »Hardliner« anschwärzen zu müssen.

Für den 30. Oktober 1984 bat der Chefredakteur des *Stern* zu einem Empfang im Ost-Berliner Interhotel »Metropol« am Bahnhof Friedrichstraße. Anlass des Treffens war die offizielle Vorstellung von meinem Fotografen-Kollegen Jürgen Müller-Schneck und mir. Mehr als 200 Gäste aus Ost und West folgten der Einladung. SED-Funktionäre und Diplomaten, Schriftsteller und Pop-Stars, Kirchenvertreter und Medienleute. Die Stasi organisierte einen Großeinsatz mit mehreren Inoffiziellen Mitarbeitern und Offizieren verschiedener Abteilungen. »Die Begrüßungsansprache des Chefredakteurs war kurz und ohne politische Wertungen«, heißt es in einem Bericht des MfS. Und in ihrem schiefen Deutsch fahren sie fort: »Die Gastgeber orientierten auf individuell gestaltete Gespräche im kleinen Kreis.« Insgesamt sei es dem *Stern* darum gegangen, Menschen mit unterschiedlichen Auffassungen ins Gespräch über deutsch-deutsche Probleme zu bringen. Auf mehreren Schreibmaschinenseiten wurde festgehalten, wer mit wem gesprochen und wer von den Gästen was zu welchem Thema gesagt hat. Auch über mich fand ich einen Satz: »Der Empfang bestätigte bisher gewonnene Erkenntnisse, dass Pragal die Verbindungen zu seinen Kontaktpartnern aus der Zeit seiner Akkreditierung für die *Süddeutsche Zeitung* (1974–1979) nahezu vollständig aktiviert hat.« Die Stasi-Offiziere wussten also, dass ich da weitermachen würde, wo ich aufgehört hatte. Sie würden erneut viel Arbeit bekommen.

Bittsteller und Aufpasser

Die junge Frau war verzweifelt und dachte an Selbstmord. »Ich bin einfach mit den Nerven fertig«, teilte sie mir mit. »So kann es nicht weitergehen. Sonst gehe ich hier noch zugrunde.« Den Brief hat sie mit der Hand geschrieben und am 18. Januar 1984 auf einem Leipziger Postamt per Einschreiben aufgegeben. Aber bei mir, dem Adressaten, kam die Sendung nie an. Die Stasi hat das Schreiben abgefangen und – wie sie in einem Vermerk festhielt – »sichergestellt«. Was die Frau bedrückte und was sie von mir wollte, habe ich erst viele Jahre später in meiner Stasi-Akte entdeckt.

Der Brief war ein Hilferuf, einer von vielen, die an mich gerichtet wurden. Petra K., eine damals 19-jährige Facharbeiterin, wollte zu ihrem Verlobten in die Bundesrepublik. Der war während seiner Dienstzeit als Soldat der Nationalen Volksarmee in der Nacht vom 20. zum 21. September 1981 gemeinsam mit einem Kameraden über die Grenze in den Westen geflüchtet. Um ihn zu heiraten, hatte sie 1983 einen Antrag auf Übersiedlung gestellt. Doch ihr Gesuch, das die Behörden als rechtswidrig einstuften, wurde abgelehnt. »Ich liebe meinen Verlobten«, hat sie in dem an mich gerichteten Brief geschrieben. »Lieber will ich sterben, als ohne ihn weiterzuleben.«

Weil Petra K. keine Antwort bekam, rief sie mich an und wollte wissen, ob ihr Brief bei mir eingegangen sei. Als ich verneinte, schlug sie vor, nach Ost-Berlin zu kommen und mir ihr Anliegen persönlich vorzutragen.

Ich hatte nichts dagegen. Am 7. Februar teilte sie mir aus einer Telefonzelle in Leipzig mit, dass sie den Zug um 8.20 Uhr nehmen wolle und gegen 11 Uhr bei mir im Büro sein werde. Doch gekommen ist sie nicht. Denn auch diese Information wurde »gesichert und dokumentiert«. Die Stasi legte den Inhalt ihres Briefes und die angekündigte Fahrt zu mir als Versuch einer »feindlichen Verbindungsaufnahme« aus. Wie es dann weiterging, liest sich in der von Generalmajor Günter K. unterzeichneten Verfügung so: »Es wird vorgeschlagen, folgende Maßnahmen durchzuführen: Konspirative Festnahme in Berlin auf dem Weg zum Treff mit dem Korrespondenten ›Starnberg‹ und damit Unterbindung der Übergabe von Personen und Material. Im Anschluss an die Festnahme offizielle Wohnungsdurchsuchung zur Sicherung von Beweisen. Vernehmung mit dem Ziel der Einleitung eines Ermittlungsverfahrens.« So geschah es.

Doch der Stasi ging es nicht nur um Petra K. Sie wollte mit der Aktion auch mich treffen. Mit dem Verfahren gegen sie – so lese ich in der Anweisung – »sollen Voraussetzungen zu offensiven Maßnahmen in der Vorgangsarbeit gegen Pragal, Peter geschaffen werden«. Zum einen, um mich in meinen »subversiven Aktivitäten« zurückzudrängen. Zum anderen, um mich »zu verunsichern und zu verunglimpfen«. Aus dem Vernehmungsprotokoll war zu entnehmen, dass Petra K. meine Adresse und Rufnummer bei einem Ferngespräch mit ihrem Verlobten erfahren hatte. Der hatte ihr auch geraten, sich an die West-Presse zu wenden.

Wo und wie ich zu erreichen war, wäre auch einfacher zu ermitteln gewesen. Die in Ost-Berlin akkreditierten Journalisten waren schon in den siebziger Jahren ganz offiziell im amtlichen Fernsprechbuch eingetragen. Am Eingang des Bürohauses in der Clara-Zetkin-Straße war ein Schild mit dem Namen meiner damaligen Zeitung angebracht. Das *ZDF* und die Nachrichtenagentur *dpa* machten in gleicher Weise auf sich aufmerksam. Das hatte zur Folge, dass unsere Büros von Bittstellern aller Art geradezu überlaufen wurden. Da ich keine Sekretärin hatte, die mich hätte abschirmen können, waren Besucher manchmal lästig. Zumal dann, wenn ich wegen des Redaktionsschlusses unter Zeitdruck stand. Die Anliegen der Besucher waren vielfältig. Mal erschien der Sohn einer früheren Fabrikbesitzerin, der vor DDR-Gerichten um die Rückgabe des 1972 enteigneten Familienbetriebes bei Zwickau kämpfte. Ein anderes Mal erzählte mir ein Ost-Berliner Diplom-Ökonom, er sei aus der SED ausgeschlossen worden, weil er seine monatliche Solidaritätsspende nicht, wie üblich, im Kollektiv an den DDR-Gewerkschaftsbund zur Unterstützung des »Befreiungskampfes unterdrückter Völker« abführte, sondern an das Kinderhilfswerk der Vereinten Nationen.

Die meisten DDR-Bürger, die mir ihre Probleme vortrugen und sich durch Publizität eine Verbesserung ihrer Lage erhofften, litten unter der eingeschränkten Freizügigkeit. Dem einen hatten die Behörden verwehrt, zur Beerdigung seines in Westdeutschland gestorbenen Vaters zu reisen. Einen anderen ließen sie wegen politischer Unzuverlässigkeit nicht einmal ins sozialistische Ausland fahren. Und wieder andere, die der DDR legal den Rücken kehren wollten, wurden mit der Enttäuschung nicht fertig, dass der sozialistische Staat sie wie Leibeigene behandelte. Etliche hatten ihren Job verloren und waren gesellschaftlich ausgegrenzt worden. Die Stasi hörte immer mit. Mein Büro, so heißt es in einem Vermerk, entwickle sich immer mehr zur Anlaufstelle von DDR-Bürgern, »die Pragal tendenziöse Berichte und Informationen zutragen«.

Bei ihrem Bemühen, aufsässige Menschen von solchen Besuchen abzuhalten, entwickelte die Mielke-Truppe eine flexible Praxis. In vielen Fällen, besonders wenn die Leute aus der DDR-Provinz kamen, wurden sie während der Anreise oder nach ihrer Rückkehr festgenommen und verhört. Manchmal begnügte man sich damit, durch gezielte »Fahndungskontrollen« ihre Personalien festzustellen. Bürger mit Wohnsitz in Ost-Berlin kamen vielfach ungeschoren davon. Sie wurden lediglich »operativ erfasst«. Manchmal griff ich Einzelschicksale auf und stellte – stets mit Einwilligung der Betroffenen – ihre Leidensgeschichte dar. Das ging nicht immer gut. Die Leute bekamen es mit dem MfS und der Justiz zu tun. Nicht alles, was bei mir und meinen Kollegen an Problemen abgeladen wurde, eignete sich für die Berichterstattung. Manche Fälle, so wusste ich, waren besser bei den Profis des humanitären Geschäftes und der stillen Diplomatie aufgehoben. Doch auch die Vermittlung solcher Kontakte missfiel meinen Aufpassern. Indem ich versuchte, bedrängten DDR-

Bürgern geräuschlos zu helfen, habe ich mich – laut Stasi-Akte – der »massiven Einmischung in die inneren Angelegenheiten der DDR« schuldig gemacht.

An einem Septembertag des Jahres 1977 bin ich nach Bad Kösen im heutigen Bundesland Sachsen-Anhalt gefahren und habe dort das »Volkseigene Gut Weinbau« besucht. Dass an den warmen Kalksteinhängen von Saale und Unstrut Reben reifen, war selbst vielen DDR-Bewohnern nicht bekannt. Und in der Bundesrepublik wussten nur Insider über Deutschlands nördlichstes Anbaugebiet und seine jahrhundertealte Tradition Bescheid. »Im Vergleich zu anderen Weinländern sind wir nur ein Weingärtchen«, sagte mir der Direktor. Aber Kenner trockener Weine wüssten die Vorzüge der heimischen Erzeugnisse sehr wohl zu schätzen.

Gegen eine Reportage über den Weinanbau hatte das Außenministerium nichts einzuwenden. Irgendwelche politische Brisanz war bei dem Thema nicht zu erkennen. Umso mehr war ich überrascht, als ich nach Öffnung der MfS-Akten erfuhr, dass die Stasi auch bei diesem Besuch Regie führte. »Entsprechend des festgelegten Protokolls«, so notierte der Leiter der MfS-Kreisdienststelle Naumburg, »erfolgte die Gesprächsführung mit dem P. durch den Direktor, Genossen L., und Genossen F.« Dann zählte er auf, was in dem Informationsgespräch behandelt wurde. »Der P. stellte sachliche Fragen und provozierte in keiner Weise«, stellte der Stasi-Major E. fest. Dann fügte er in seinem Bericht noch hinzu: »Während der gesamten Aufenthaltsdauer war P. in Begleitung der Genossen L. und F. Unkontrollierte Kontakte konnte er im Verantwortungsbereich nicht aufnehmen. Er unternahm auch keinen Versuch.«

Wo immer ich war, was immer ich mit offizieller Genehmigung recherchierte, die Stasi war stets mit von der Partie. Sie redete bei der Auswahl der Gesprächspartner mit, kontrollierte Fragen und Antworten, wachte darüber, dass nichts aus dem Ruder lief und passte auf, dass Informationen, die der DDR schaden konnten, nicht preisgegeben wurden. Diese Ausweitung ihrer Tätigkeit hat nicht allen Hauptamtlichen von der Spionageabwehr II/13 gefallen. »Das entsprach nicht den Aufgaben, weshalb das Ministerium mal gegründet wurde«, hat mir ein ehemaliger Offizier erklärt. Er war zur Abteilung gekommen, um vor allem Agenten zu entlarven und »Klassenfeinde« an »ideologischer Diversion« zu hindern. Aber dafür blieb ihm immer weniger Zeit. An der Praxis haben solche Bedenken nichts geändert. Vor einem Besuch in Klingenthal, wo ich mich gemeinsam mit einem Korrespondenten-Kollegen über die Musikinstrumenten-Industrie informieren wollte, verfasste die MfS-Kreisdienststelle einen speziellen »Sicherungsplan«. Die westdeutschen Journalisten seien »ständig unter Kontrolle gehalten« worden, berichtete Oberstleutnant K. seinen Vorgesetzten in Karl-Marx-Stadt. Bei der Besichtigung eines Betriebes wollte ich wissen, wie viele Akkordeons exportiert würden. Mit der Reaktion des Leiters war die Stasi zufrieden: »Diese Frage wurde allgemein beantwortet. Genaue Ziffern wurden nicht genannt.« In der Regel wurde mir bei Recherche-Terminen ein Betreuer zur

Seite gegeben. In Seiffen im Erzgebirge, einem Zentrum der handwerklichen Produktion von Spielzeug und Weihnachtsschmuck, war es ein DDR-Journalist. Für ihn stellte die Stasi einen zweiseitigen »Fragenspiegel« zusammen, durch den sich das Misstrauen mir gegenüber wie ein roter Faden zog. So wollte die MfS-Bezirksverwaltung unter anderem wissen, ob ich Fangfragen oder Fragen provozierenden Charakters gestellt habe. »Wenn ja, welche und wie wurde darauf reagiert?« Auch interessierte das MfS, ob ich versucht habe, »über den Rahmen des genehmigten Vorhabens hinausgehende Kontakte zu schließen«, oder mich der Betreuung zu entziehen.

Nicht einmal ranghohe Funktionäre, die ich mit amtlicher Erlaubnis interviewen durfte, waren vor Kontrolle und Argwohn der »Firma« sicher. Im März 1985 wurde ich im Flughafen Schönefeld vom stellvertretenden Verkehrsminister und Generaldirektor der Interflug, Klaus H., empfangen. Er führte mich, begleitet von leitenden Mitarbeitern, nach einem mit dem MfS abgesprochenen Programm durch das Gebäude, zeigte mir die VIP-Abfertigung, erläuterte mir die Arbeit in der Buchungsleitzentrale und machte mich mit einem Piloten sowie dem medizinischen Personal bekannt, das die Flugzeug-Besatzungen vor dem Start kontrollierte. Beim Gespräch in seinem Dienstzimmer muss die Stasi gut zugehört haben. In einem Protokoll fasste die für Verkehr zuständige Hauptabteilung XIX die Antworten zusammen. Der Generaldirektor, SED-Mitglied und Generalmajor der Nationalen Volksarmee, war auf der Hut. Ich wollte von ihm wissen, ob Interflug die Preise erhöht habe. »Die Frage wurde durch den Genossen zusammenfassend so beantwortet, dass unsere Partei alles tut, die Flugpreise stabil zu halten und dass dafür erhebliche finanzielle Aufwendungen nötig sind«, heißt es im Stasi-Protokoll. Und weiter: »Er erklärte, dass bisher nur ein einziges Mal die Flugpreise für DDR-Bürger und Bürger der sozialistischen Länder um circa 10 Prozent erhöht wurden.« Auch beim Mittagessen im Raum 202 des Flughafen-Hotels lauschte die Stasi weiter mit. Für die Unterhaltung in gelockerter Atmosphäre hatte ich mir eine heikle Frage aufgespart. Ich bat ihn, mir etwas über die sogenannte Regierungsstaffel und die Salonmaschinen der Interflug zu erzählen, mit denen die Partei- und Staatsführung reiste. Da musste der Generaldirektor passen. Im Stasi-Bericht liest sich das so: »Genosse H. schlug vor, diese Frage zurückzuziehen, weil er sie nicht beantworten werde.«

Am 4. Juli 1988 vermeldete die HA II/13 des MfS »streng geheim« eine brisante Information. Ihr sei zuverlässig bekannt geworden, dass feindliche Kräfte beabsichtigen, die mehrfache Olympia-Siegerin und Weltmeisterin im Eiskunstlaufen, Katarina Witt, aus der DDR abzuwerben. »Ziel dieser Aktivitäten ist es, die W. durch Eingehen von Verträgen im Show-Geschäft, durch hohe materielle Zuwendungen dem Einfluss der DDR zu entziehen, um sie allmählich durch weitere gezielte Beeinflussung zum ständigen Verlassen der DDR zu bewegen.« Drahtzieher seien Personen aus einflussreichen westdeutschen Zeitschriftenverlagen, darunter auch der Verlag, in dem der *Stern* erscheint. Bald darauf wurde bekannt, dass Katarina Witt in enger Absprache mit dem Deutschen Turn- und Sportbund (DTSB) der DDR einen Vertrag mit der Eisrevue »Holiday on Ice« unterschrieben hatte. Ein halbes Jahr später durfte »das schönste Gesicht des Sozialismus«, wie West-Gazetten schwärmten, als Profi-Star im Westen gastieren. Dafür kassierten die Sportfunktionäre für ihren Staat satte Devisen. Bevor Katarina Witt zu ihrer Tournee aufbrach, wollte der *Stern* mit ihr reden und beantragte ein Interview. Dem Gesuch wurde stattgegeben. Von der Popularität der Eisprinzessin, so meinte man, könne die DDR nur profitieren. Für das Exklusiv-Gespräch zahlte der *Stern* ein stattliches Honorar in D-Mark (West).

Zwei Jahre zuvor habe ich zum ersten Mal über die First Lady des Eiskunstlaufs geschrieben. Da hatte sie gerade ihre erste eigene Wohnung, ein Eineinhalb-Zimmer-Appartement, in Karl-Marx-Stadt bezogen, das sie meinem Fotografen-Kollegen und mir stolz zeigte. Ich beobachtete sie beim Training, sprach mit ihrer Trainerin Jutta Müller und fragte die damals 20-jährige Katarina Witt nach ihrem Tagesablauf und ihrem Privatleben. Auch zu dieser Zeit haben westliche Revuen ihr großzügige Angebote gemacht. Ob sie manchmal davon träume, ihr Können in der Glitzerwelt des Showbusiness zu vergolden, wollte ich von ihr wissen. Aber mehr als die Worte, sie könne sich das vielleicht irgendwann ein bisschen vorstellen, brachte ich nicht aus ihr heraus.

Der Foto- und Interviewtermin war für den 28. Juli 1988 festgesetzt. Als Ort wurde die Berliner Gaststätte »Seeterrassen« am Fennpfuhl im Stadtbezirk Lichtenberg ausgewählt. Aus Hamburg reisten ein *Stern*-Sportreporter und eine Kollegin aus dem Unterhaltungsressort an. Vom DTSB kam ein offizieller Aufpasser. Katarina Witt brachte ihren Anwalt mit. Aber das genügte der Stasi nicht. Sie setzte einen Oberservierungstrupp in Marsch. Sein Auftrag: »Feststellen von Verhaltensweisen beim Treff von ›Starnberg‹ mit Katarina Witt.« Die Späher hielten minutiös fest, was sie beobachteten. Mit welchem Auto Katarina Witt kam (VW Golf GL rot), wie sie auf der Terrasse in einer Hollywood-Schaukel Platz nahm und wie mein Fotografen-Kollege, vom MfS als »OV Brasil« geführt, mit ihr in einem Boot auf den See hinausruderte, um dort »vor verschiedenen Hintergründen wie Kirche, Fontäne« Bilder von ihr zu machen. Nach drei Stunden konnten die Stasi-Beobachter wieder abziehen. Außer der Schilderung des Ablaufs hatten sie wenig zu vermelden. »Es gab keine Vorkommnisse. Die journalistischen Aktivitäten hatten geringe Publikumswirkung. Es traten nur einzelne Autogrammsammler in Erscheinung.«

Über den Inhalt des Gesprächs und seine Bewertung habe ich in den Stasi-Akten nichts gefunden. Auch nichts zum Verdacht einer versuchten Abwerbung. Die gab es nicht. Jedenfalls nicht durch mich und meine Kollegen. Eine Woche später war das Interview nachzulesen. Katarina Witt hat sich ziemlich clever aus der Affäre gezogen. Die Vorhaltung, die DDR-Sportpresse habe bis vor kurzem den Auftritt von Sportlern in Revuen verdammt, konterte sie mit dem Satz: »Mit den Zeiten ändern sich auch die Meinungen. Überall ist irgendetwas irgendwann das erste Mal, jetzt eben auch für uns.« Und auch die Frage, ob durch die Vermarktung ihr Image in der DDR leide, brachte sie nicht aus der Fassung: »Ich halte mich in keiner Hinsicht für vermarktet. Ich mache jetzt weiter das, was ich kann: nämlich Eislaufen in künstlerischer Form. So dass es mir und den Menschen Freude macht, überall.«

Der 16. Januar 1987 war für die Strafvollzugseinrichtung Brandenburg und seinen Leiter, Oberst Harry P., eine Premiere. Noch nie zuvor hatten »Klassenfeinde« als angemeldete Gäste eine DDR-Haftanstalt besichtigen dürfen. Doch an diesem Tag sah sich der Genosse Zuchthauschef genötigt, mich, einen *Stern*-Fotografen sowie zwei Vertreter der Illustrierten *Bunte* zu empfangen. Und dies auch noch auf Weisung höchster Parteistellen. Harry P. war sich der Brisanz seiner Aufgabe bewusst. Zwar hatten das MfS und sein oberster Dienstherr, der DDR-Innenminister, bis ins Detail festgelegt, wie der Besuch ablaufen solle, wer mit uns reden dürfe und welche Zellen wir zu Gesicht bekommen sollten. Aber ganz sicher, ob wir uns an die Vorgaben halten würden, war er nicht. Für Harry P. war es ein harter Tag. Er hatte die Aufgabe, den West-Journalisten nachzuweisen, dass es in seinem berüchtigten Knast, in dem während der Nazi-Herrschaft auch Erich Honecker gesessen hatte, korrekt und human zuging. Jedenfalls sah man dem Oberst die Anspannung an, als er – wie ihm später in einem Stasi-Protokoll bescheinigt wurde – die »bestätigte Gesprächskonzeption in freier Rede« vortrug. Mit so aufschlussreichen Sätzen wie: »Es ist das erstrangige Anliegen einer Strafvollzugs-Einrichtung, dass die Insassen die Einrichtung nicht ohne Erlaubnis verlassen.« Oder: »Im Mittelpunkt des Vollzugs der Strafen steht die Erziehung zu gesellschaftlich nützlicher Arbeit.«

Als ich beim Außenministerium den Antrag stellte, hatte ich dem Vorhaben wenige Chancen gegeben. Als Aufhänger diente mir eine Äußerung von Bundeskanzler Helmut Kohl, der DDR-Gefängnisse mit Konzentrationslagern verglichen hatte. Diese Begründung muss jemanden in der obersten SED-Etage auf die Idee gebracht haben, West-Journalisten für eine propagandistische Aktion einzuspannen. Mir war bei der Sache nicht ganz wohl. Natürlich habe ich mitbekommen, dass uns in Brandenburg etwas vorgespielt wurde. Dass uns die bedrückenden Verhältnisse, die das Zuchthaus in Verruf gebracht hatten, verheimlicht wurden. »Die Straf-Arrestzellen, die von ehemaligen Häftlingen als Tigerkäfige beschrieben werden, dürfen wir nicht sehen«, schrieb ich in meiner Reportage. Und vergaß auch nicht zu erwähnen, dass mir der Oberst auf die Frage, wie viele Aufseher eingesetzt seien, lapidar antwortete: »Genügend.«

Das ganze Ausmaß der Inszenierung ist mir erst Jahre später bekannt geworden. Während über hundert Häftlinge eines Arbeitskommandos im Speisesaal eingeschlossen wurden, hat man ausgewählte Gefangene in neue Kleidung gesteckt und vor den Journalisten wie Komparsen agieren lassen. Ein Brigadier, der wegen Untreue verurteilte frühere Leiter des Intershops im Ost-Berliner Palast-Hotel, war für würdig befunden worden, Fragen der Besucher zu beantworten. Brav und linientreu gab er Auskunft. »Ich empfinde diese Äußerung gelinde gesagt als eine Beleidigung der DDR«, erklärte er zur Kritik des Bundeskanzlers. »Wir haben darüber diskutiert, auch meine Mitgefangenen beziehen die gleiche Position.« Das klang wie einstudiert. Doch dann wurde er unvorsichtig und meinte, das Warenangebot in der gefängnisinternen Verkaufsstelle könnte besser sein. Zum Beispiel fehle es an Äpfeln. »Die hat es seit Dezember nicht mehr gegeben.« Das hätte er besser nicht sagen sollen. Wie ein Mithäftling später berichtete, wurde der Mann nach Erscheinen meines Berichts seiner Funktionen enthoben und in Einzelhaft verlegt.

Ein geplatzter Termin – der Fall »Revisor«

Der Mann, der mich am Morgen des 29. Dezember 1983 in meiner Dienstwohnung in der Leipziger Straße Nr. 65 besuchte, war mit seinem Wortschwall schwer zu bremsen. Er schimpfte auf das SED-Regime, »wo es keine Menschenrechte gibt«. Die kommunistischen Machthaber, sagte er, seien schlimmer als die Nazis. Die Werktätigen nannte er »Arbeitssklaven, die geschunden werden«. Überall, wo sich Funktionäre äußerten, werde gelogen und betrogen. Und wenn man im Betrieb den Mund aufmache und die Zustände kritisiere, dann bekomme man eins »auf die Nase«.

Ich nahm an, dass auch meine neue Dienstwohnung »verwanzt« war. Um DDR-Bürger davor zu schützen, sich um Kopf und Kragen zu reden, versuchte ich, sie durch stumme Gesten zu warnen. Ich berührte, während ich weitersprach, mit beiden Händen meine Ohren und drehte meinen Kopf hin und her. Die Geste sollte signalisieren: Hier haben die Wände Ohren. Die Warnung galt vor allem Menschen, die zum ersten Mal kamen und mir unbekannt waren. Die meisten verstanden, was ich meinte, und hielten sich mit unbedachten Äußerungen zurück. Aber Heinz N., der mir an diesem Morgen gegenübersaß, wollte unbedingt loswerden, was ihn bedrückte. Einen Tag zuvor hatte er sich bei mir telefonisch gemeldet und um einen Termin gebeten. Die Nummer hatte er von einem Kollegen bekommen. Als Journalist war ich stets daran interessiert, neue Leute kennenzulernen. Zwar kamen mitunter auch Stasi-Spitzel. Aber ich vertraute auf meine Menschenkenntnis. In meinen ersten Jahren als Korrespondent hatte ich ein Gespür dafür entwickelt, ob jemand ein Bittsteller war oder ein Provokateur, ein Mensch in Bedrängnis oder jemand, den »die Firma« beordert hat. Mein Bauchgefühl hat selten getrogen. Wenn mir jemand verdächtig erschien, habe ich ihn wieder weggeschickt. Ich bestellte den Anrufer für acht Uhr in der Früh.

Heinz N. – das wurde mir bald klar – war kein Provokateur, sondern eher ein Sonderling. Der in Stettin geborene Diplomwirtschaftler, Jahrgang 1921, fühlte sich verfolgt und diskriminiert. Nach dem Zweiten Weltkrieg, den er als Obermaat bei der Marine erlebte, war er der SED beigetreten, aber 1960 aus der Partei ausgeschlossen worden. Wegen einer Studie über Missstände in seiner damaligen Arbeitsstelle, wie er sagte. In seiner Freizeit verfasste er Fachbücher mit Analysen betrieblicher Abläufe und Verbesserungsvorschlägen für die volkseigene Industrie. Daneben schrieb er Gedichte und Prosatexte, in denen er sich kritisch mit der sozialistischen Gesellschaftsordnung und der führenden Rolle der Arbeiterklasse auseinandersetzte. DDR-Verlage, denen er seine Manuskripte anbot, lehnten eine Veröffentlichung ab. 1972 verlor N. seinen Job. Sein Betrieb kündigte den Arbeitsvertrag. Acht Jahre lang, hat er mir erzählt, habe er sich erfolglos um eine neue Stelle bemüht. »Ich musste von meinen Ersparnissen leben.«

Je länger er mir seine Geschichte erzählte, desto spannender fand ich den Fall. Seit 1980 hatte er wieder Arbeit, als Tarifbearbeiter beim Kombinat Auto-Trans Berlin. Nach Dienstschluss ging der allein lebende Mann sofort nach Hause in seine Zweiraumwohnung und schrieb auf, was ihn im SED-Staat quälte. Vieles in Lyrik-Form, amateurhaft und holprig. »Grausige Verbrechen heute Kommunisten begehen. Feig schweigen die meisten Leute – sie haben es nicht gesehen. Aus Angst, sie würden Beute.« N. – ein Einzelgänger und Vielschreiber. Jede freie Minute saß er an seiner

Schreibmaschine Optima, Typ »Elite« und schrieb Kurzgeschichten, Pamphlete und Romane. Heinz N. war klar, dass seine schriftstellerischen Arbeiten in der DDR nicht veröffentlicht würden. Aber vielleicht in der Bundesreplik. So glaubte er. Er ging zur Ständigen Vertretung der Bundesrepublik. Dort wollte er wissen, ob es einen westdeutschen Korrespondenten gebe, dessen Verlag Bücher herausgibt. Auch beim Ost-Berliner Büro der ARD und bei einem Zeitungskollegen sprach er vor. Irgendjemand muss ihm gesagt haben, er solle sich an den *Stern* wenden. Deshalb saß er bei mir. Voller Hoffnung, ich sei der Mann, der ihm helfen könnte, seine regimekritischen Schriften, speziell einen umfangreichen utopischen Roman, im Westen zu veröffentlichen.

Ob er wisse, dass man als DDR-Bürger eine staatliche Genehmigung benötige, um im Westen zu publizieren, fragte ich ihn. Er kannte diese Bestimmung, war auch beim DDR-Büro für Urheberrechte gewesen, glaubte aber, diese Hürde umgehen zu können. »Ich will kein Honorar«, sagte er. Um Geld gehe es ihm nicht. Ich erklärte ihm, dass der Verlag Gruner + Jahr zwar *Stern*-Bücher herausgebe. Dabei handele es sich aber in der Regel um die Verwertung von Artikeln und Serien, die zuvor in dem Magazin erschienen seien. Sachbücher, aber keine Belletristik. Er verstand und blickte mich mit trauriger Miene an. Ich wollte ihn nicht völlig enttäuschen. Ob er bereit wäre, mir einige seiner Gedichte und Geschichten zu zeigen, fragte ich ihn. Damit ich mir ein Urteil über Inhalt und Stil bilden könne. Er war sofort einverstanden. Wir vereinbarten einen Termin: Sonnabend, den 7. Januar 1984, 9.30 Uhr.

Heinz N. kam nicht. Kein Klingelzeichen, kein Telefonanruf. Es wird ihm wohl etwas dazwischen gekommen sein, dachte ich. Oder er hat den Zettel mit meiner Adresse und meiner Telefonnummer verlegt. Ich ahnte nicht, was sich kurz zuvor vor dem Haus abspielte. Das erfuhr ich erst viel später. Nach der Lektüre der Stasi-Akten. Tatsächlich war der Besucher pünktlich. Um 9.20 Uhr stand er vor dem Haus Nr. 65. In der Hand eine Aktentasche mit Texten, die er mir zur Lektüre bringen wollte. Dort wurde er von der Staatssicherheit erwartet. Im Vorraum zum Eingang des 14-geschossigen Plattenbaues machten sich zwei Männer zu schaffen. Stasi-Mitarbeiter, die sich als Monteure verkleidet hatten. Die Tür sei defekt und müsse repariert werden, sagten sie. Sie führten Heinz N. um das Gebäude herum zum Hintereingang. Dort wartete ein Lada. Er wurde aufgefordert einzusteigen. Dann wurde er zur Untersuchungshaftanstalt des Ministeriums für Staatssicherheit gefahren.

Mit seinem Besuch in meiner Dienstwohnung war N. ins Visier der Stasi geraten. Am 4. Januar schlug die für Spionageabwehr zuständige Hauptabteilung II/13 vor, ihn wegen des Verdachts versuchter ungesetzlicher Verbindungsaufnahme »in einem Operativen Vorgang zu bearbeiten«. Die Aktion nannte die Stasi »OV Revisor«. Zwei Tage später empfahl der Leiter der HA II, Generalmajor, Günter K., die »konspirative Festnahme«. Begründung: Es lägen Informationen vor, wonach N. »Schriften und Manuskripte in Prosa- und Gedichtform mit feindlichem Inhalt gegen die sozialistische Staats- und Gesellschaftsordnung mindestens seit 1966 herstellte und mit der Absicht der Übergabe zur Veröffentlichung in der BRD dem ständig akkreditierten Korrespondenten des *Stern* anbot«. Das Schreiben mit dem Vermerk »streng geheim« ging an MfS-Minister Erich Mielke. Der zeichnete es mit seinem Nachnamen ab.

Um an »Revisor« ein Exempel zu statuieren, scheute der staatliche Repressionsapparat keinen Aufwand. MfS-Mitarbeiter durchsuchten »konspirativ« seine Wohnung. Damit andere Hausbewohner keinen Verdacht schöpfen konnten, wurden Stasi-Leute als Feuerwehrmänner verkleidet, die eine Brandschutz-Überprüfung vortäuschten. Andere Spitzel standen Schmiere. MfS-Offiziere drangen kurz nach neun Uhr mit einem Nachschlüssel in die Wohnung ein, fotografierten die Einrichtung, fertigten Skizzen und »dokumentierten« mit einer sowjetischen Spezialkamera belastende Schriftstücke, darunter auch einen Zettel, auf dem N. meine Adresse und den Zeitpunkt des geplanten Treffens vermerkt hatte. Mit bürokratischer Akribie listete die Stasi auf, was sie an literarischen Aufzeichnungen des »Revisors« vorfanden: Eine Mappe mit rund 200 Seiten, beschrieben mit Gedichten unter dem Titel »Allerlei Gereimtes«. Fünf weitere Gedichtbände. Einen Roman »Die Sommerferien« mit 292 Seiten. Einen Band mit Kurzgeschichten. Sowie einen utopischen Roman »Hokulano« mit 370 Seiten. »Während der Durchsuchung wurden keine Zahlungsmittel kapitalistischer sowie sozialistischer Währungen vorgefunden«, protokollierten die Schnüffler. Auch habe man keine Hinweise auf nachrichtendienstliche Hilfsmittel entdecken können. Gegen Ende des ausführlichen Berichtes heißt es: »Nachdem alle Räume, Schränke und Behältnisse einer gründlichen Kontrolle unterzogen werden konnten, wurde die Wohnung von Revisor nach gründlicher Prüfung, ob keine Spuren hinterlassen wurden, unter Absicherung der Sicherungskräfte gegen 12.40 Uhr durch die Einsatztruppe wieder konspirativ verlassen.«

Vom 3. Januar an wurde »Revisor« vom MfS beschattet. Sobald er das Haus verließ, hefteten sich Mitarbeiter an seine Fersen. Besonders intensiv am Tage der Festnahme. Auf dem Weg von seiner Mansardenwohnung in der Wotanstraße im Stadtbezirk Lichtenberg zu mir im Bezirk Mitte ließ ihn die Stasi nicht aus den Augen. Eine Kamera war immer dabei. Die MfS-Häscher sorgten sich, die Festnahme könnte von unbeteiligten Passanten bemerkt werden. Erleichtert stellten sie fest, dass das im Nachbarhaus befindliche Café und eine Modeboutique geschlossen hatten und in den an der Leipziger Straße geparkten Autos keine Menschen saßen. Den Fahrstuhl im Haus Nummer 65 hatten sie stillgelegt.

Für das Staatssicherheits-Ministerium war die Aktion »Revisor« so wichtig, dass man beschloss, darüber einen Film zur internen Schulung zu drehen. Beispielhaft sollte an diesem Fall demonstriert werden, wie durch die Wachsamkeit der Stasi die geplante Übergabe von brisanten Materialien an den »Feind« verhindert werden konnte. Manche der beteiligten Offiziere begrüßten das Vorhaben, weil sie sich Lob und Anerkennung vom obersten Chef erhofften. Andere äußerten Bedenken gegen das Projekt. Eine zweite Hausdurchsuchung zum Zwecke von Filmaufnahmen verstoße gegen die Regeln der Konspiration, wandte ein Major ein. Der Film wurde dennoch produziert. Die Verhaftungsszene stellte das MfS mit einem Double des »Revisors« nach.

Um den Beginn der Bespitzelung schlüssiger erscheinen zu lassen, erfanden die Stasi-Filmer einen IMB »Klaus«, einen Inoffiziellen Mitarbeiter mit Feindverbindung. Dieser »erprobte und zuverlässige IM« kam nur als Stimme vor. Laut Drehbuch habe ich ihn – während ich in einem anderen Zimmer arbeitete – unbeaufsichtigt West-Zeitungen lesen lassen. Diese Gelegenheit nutzte er angeblich zum Schnüffeln. »Zufällig fand ich einige handschriftliche Notizen, die Pragal angefertigt hatte«, berichtete er im Film. Aufzeichnungen über ein Gespräch mit Heinz N. Der IM notierte sich den Namen und den verabredeten Zeitpunkt des Treffens und gab sein Wissen an das MfS weiter. So die Version des Films. Nachforschungen bei der Stasi-Unterlagen-Behörde ergaben, dass es einen IM, auf den diese Rolle passt, nicht gab. Wahrscheinlich wollte das MfS den Eindruck vermeiden, dass ihre Erkenntnisse über »Revisor« und seine Absichten allein auf einen Lauschangriff zurückgingen. Nach ausführlichen Vernehmungen kamen den MfS-Offizieren Zweifel, ob ihnen mit Heinz N. tatsächlich ein gefährlicher Staatsfeind ins Netz gegangen war. Sie ließen »Revisor« von einem Psychiater begutachten. Das Ergebnis der Untersuchung bestätigte ihren vagen Verdacht. Sie hatten es mit einem kranken Menschen zu tun. Am 9. Februar schlug die als Untersuchungsorgan zuständige Hauptabteilung IX des MfS vor, das Ermittlungsverfahren gegen N. einzustellen und den Haftbefehl aufzuheben. Die in der Wohnung sichergestellten Texte sowie die für mich bestimmten Leseproben, die das MfS in der Aktentasche des N. fand, wurden amtlich eingezogen. Mit der Begründung, dass Inhalt und Zweckbestimmung »eine erhebliche Gefahr für die öffentliche Ordnung und Sicherheit bilden«. Der medizinische Befund habe ergeben, dass dem Beschuldigten eine »Schuldunzurechnungsfähigkeit« zuerkannt werden müsse. Fünf Tage später entsprach das Stadtbezirksgericht Mitte der auch vom Minister bestätigten Empfehlung. Heinz N. kam frei, wurde aber »zur vorbeugenden Verhinderung« ähnlicher Handlungen weiter beobachtet. Das MfS sorgte dafür, dass ihn der Betrieb Auto-Trans bis zum Eintritt ins Rentenalter 1986 weiterbeschäftigte.

Von alledem wusste ich bis zum Beginn der neunziger Jahre nichts. Nachdem Heinz N. nicht zum vereinbarten Termin erschienen war, hatte ich mich mit dem Gedanken getröstet, irgendwann würde er sich schon melden. Seine Adresse hatte er mir nicht gegeben. Erst als die Stasi-Archive geöffnet wurden, erfuhr ich, was geschehen war. Und das eher durch Zufall. Am 4. März 1993 rief mich ein Kollege an und machte mich auf eine öffentliche Veranstaltung der Stasi-Unterlagen-Behörde aufmerksam. Da werde ein Schulungsfilm des MfS gezeigt, in dem ich vorkomme. Gemeinsam mit meiner Frau habe ich mir den Dokumentationsstreifen »Revisor« angeschaut. Die Konfrontation mit dem längst vergessenen Fall wühlte mich auf und provozierte Fragen. Lebt »Revisor« noch? Und wo kann ich ihn erreichen? Ein Mitarbeiter der Gauck-Behörde, die seine Wohnadresse kannte, blockte meine Bitte kaltschnäuzig ab. Keine Auskunft. Aus Gründen des Datenschutzes.

Die Abfuhr weckte meinen Ehrgeiz. Aus einer Kiste im Keller suchte ich meinen Terminkalender von 1984 heraus. Für den 7. Januar hatte ich einen Namen eingetragen. N. stand da. 9.30 Uhr. Sonst nichts. Im Stasi-Film waren alle auf Personen bezogenen Angaben unkenntlich gemacht. Auch vor meinem Gesicht, das in der bearbeiteten Dokumentation gezeigt wurde, war ein schwarzer Balken. Aber einige Straßen, die der »Revisor« auf dem Weg zu mir passierte, wurden genannt. Etwa die Siegfriedstraße. Die liegt im Stadtbezirk Berlin-Lichtenberg. Dort in der Nähe, so folgerte ich, musste er wohnen. Ich fuhr in das Viertel und begann zu suchen. Straße um Straße. Gut zwei Stunden lang. Ich hatte nur den vollständigen Namen und das im Film gezeigte Bild des Hauses im Kopf, aus dem N. am Tage seiner Verhaftung herausgetreten war. Ich wollte schon aufgeben, da stand ich in der Wotanstraße vor einem frisch verputzten Mietshaus. Genauso sah das Gebäude im Film aus. Die gleiche Fassade, dieselben Erker und Balkons. Auch den Eingang erkannte ich wieder. Neben einem der Klingelknöpfe stand, was ich suchte. Über die neu installierte Haussprechanlage nannte ich meinen Namen. Er erinnerte sich sofort und öffnete die Tür. »Kommen Sie herauf.«

Ich traf einen alten, gesundheitlich geschwächten Mann, der nicht nur seelisch krank war. Er erzählte mir, wie es ihm ergangen war. Sein Schicksal als Stasi-Opfer berührte mich. Seine einzige Tochter hatte ihre Arbeitsstelle in einer Bibliothek verloren. Verbittert hatte sie einen Ausreiseantrag gestellt, dem auch stattgegeben wurde. Zurück blieb ein einsamer, kranker Rentner, dem die Lust auf Kontakte zu West-Korrespondenten vergangen war. Den Film »Revisor« kannte er nicht. Ich besorgte mir eine Video-Kassette, packte einen Rekorder ins Auto und fuhr zu ihm. Fasziniert beobachtete er die Geheimdienst-Gestalten auf dem Bildschirm, die im Januar 1984 durch seine Wohnung schlichen und jeden Winkel untersuchten. Als eine Aktentasche ins Bild kam, rief er: »Die hatte ich damals mit, als ich zu Ihnen kommen wollte. Mit den Unterlagen.«

Als ich von seinem Tod erfuhr, war er schon bestattet. Über »Revisor«, der schuldlos in das Räderwerk des Geheimdienstes geraten ist, hat das MfS Unterlagen mit mehr als tausend Blatt angelegt. Teile davon habe ich in meiner eigenen Akte gefunden. Manchmal habe ich darüber nachgedacht, was geschehen wäre, hätte ich auf Heinz N. nicht in der Wohnung, sondern vor der Haustür gewartet. Wäre er auch dann in den Wagen gezerrt worden? Vor meinen Augen. Wohl kaum. In den Akten steht der Satz: »Im Beisein des Pragal, Peter keine Festnahme.«

Einer der an der Aktion beteiligten MfS-Offiziere hat mir später gesagt, dass der Fall »Revisor« seinerzeit intern unterschiedlich beurteilt wurde. Er gehörte zu denen, die gegen eine Festnahme waren. Stattdessen wollte er beobachten, was mit den übergebenen Schriften passiert. Würde ich sie weiterleiten oder über Heinz N. und seine literarische Arbeit im *Stern* eine Geschichte veröffentlichen? »Ich konnte mich nicht durchsetzen«, sagte er.

Das war gut für mich. Dieser hauptamtliche Stasi-Mitarbeiter hatte von Anfang an den Verdacht, dass »Revisor« kein ernstzunehmender Dissident war, sondern ein Mensch, der in fachärztliche Obhut gehörte. Hätte ich seinen Fall tatsächlich publiziert, wäre ich angreifbar gewesen. »BRD-Korrespondent missbraucht psychisch kranken DDR-Bürger zur Verleumdung des Sozialismus.« So oder ähnlich sollte der Vorwurf lauten, den man nach dem Plan des Offiziers über die DDR-Medien gegen mich erheben wollte.

Daraus wurde nichts. OV »Revisor« war kein Fall, mit dem sich die Stasi schmücken konnte. Deshalb beschloss man, meine Rolle dem DDR-Außenministerium vorzuenthalten. Während die Stasi sonst jeden Verstoß eines Korrespondenten gegen DDR-Bestimmungen der Journalisten-Abteilung des Außenamtes meldete, behielt das MfS diesmal sein Wissen für sich.

»Aufgrund übergeordneter politischer Interessen«, so heißt es im Abschlussbericht zum OV »Revisor«, »erfolgte bisher keine Informierung des MfAA zu den Aktivitäten des *Stern*-Korrespondenten Pragal.«

Böswillige und gutartige Spitzel

Die beiden Inoffiziellen Mitarbeiter kamen mit schlechtem Gewissen zum Treff mit ihrem Führungsoffizier. »Wir haben wieder fast gar nichts zu berichten«, sagten IM »Katarina« und IM »Martin« kleinlaut, als sie an einem Oktoberabend des Jahres 1985 in der konspirativen Wohnung »Südost« dem Oberleutnant Manfred M. des Staatssicherheitsministeriums gegenübersaßen. Der Offizier machte dem Ehepaar klar, dass die gelieferten Informationen zu dürftig seien. »Im Ergebnis ist einzuschätzen«, so schrieb er in gestanztem Stasi-Deutsch in seiner Treffauswertung, »dass die IM in ihrer Arbeit zur Festigung der bereits bestehenden Kontakte zu Personen aus dem Kreis um Pragal nicht entscheidend weitergekommen sind.« Weder seien die Kontakte inhaltlich vertieft worden noch habe man operativ wertvolle Informationen erarbeiten können. Für »Katarina« und »Martin«, ein verheiratetes Paar, war die Rüge peinlich. Sie waren nicht direkt auf mich angesetzt, sondern sollten nur einige meiner Freunde aushorchen, um auf diesem indirekten Weg einiges über mich zu erfahren. Eine lösbare Aufgabe, meinte der Führungsoffizier. Die Frau, ehemals leitende Jugendärztin, kannte unsere Freunde aus ihrer Jugendzeit. Sie war am Wochenende und im Urlaub häufig auf einer Insel im Teupitz-See, auf der die Eltern unserer Freunde ein Ferienhaus hatten. Dort waren wir etliche Male zu Gast.

Über uns haben die Zuträger des MfS nichts Brauchbares erfahren. Unsere Freunde, die anzuwerben die Stasi offenkundig für aussichtslos hielt, ließen sich keine konkreten Informationen entlocken. Und der Plan, die Spitzel an »Starnberg anzuschleusen«, ging auch nicht auf. Alle Mahnungen, ihre Aktivitäten zu steigern, nutzten nichts. Aus seinem Unmut machte der Führungsoffizier keinen Hehl: »Dem IM wurde dargelegt, dass die bisherigen Arbeitsergebnisse gemessen an den objektiven Möglichkeiten nicht ausreichen und nicht befriedigen.«

IM »Martin« und »Katarina« waren nicht die einzigen Versager unter den rund zwei Dutzend Inoffizieller Mitarbeitern, die das MfS auf uns angesetzt hatte. Da gab es zum Beispiel einen diplomierten Formgestalter mit dem Decknamen »Kante«. Den hatte das MfS schon in den sechziger Jahren zur Mitarbeit gewonnen. Nachdem er versucht hatte, sich seinen Auftraggebern zu entziehen, brach die Stasi den Kontakt zu ihm ab. 1983 trat sie erneut an »Kante« heran und zeigte ihm die »subversive Rolle bürgerlicher Korrespondenten« auf. Das wirkte. Erneut ließ sich »Kante« überreden, der Staatssicherheit dienstbar zu sein. Er erschlich sich das Vertrauen des einen oder anderen Korrespondenten-Kollegen. Ich hielt ihn auf Distanz. »Versuche, diesen Kontakt auszubauen, führten bisher zu keinem sichtbaren Erfolg«, notierte sein Führungsoffizier. Zwar drückte ich ihm Woche für Woche im Flur meiner Dienstwohnung den neuesten *Stern* in die Hand, aber auf Gespräche ließ ich mich selten ein. Das MfS entwarf eine »Konzeption zur weiteren Qualifizierung des IM«. »Kante« sollte befähigt werden, »Angriffsrichtungen richtig zu werten und seine Verhaltensweisen entsprechend auszurichten«. Aber das nützte auch nichts. Ich traute »Kante« nicht. Und deshalb hatte er bei mir keine Chance. So erging es etlichen anderen, die uns die Stasi unter irgendwelchen »operativen Legenden« ins Haus schickte. Die IM lagen uns als Menschen nicht. Ihr Verhalten wirkte irgendwie einstudiert. Auch ein bisschen devot. Meine Frau und ich spürten, dass ihre Kontaktversuche nicht freiwillig waren. Manchmal vermuteten wir, dass wir in eine Falle gelockt oder sonst wie hereingelegt werden sollten. Kurzum, die lange Liste der zu meiner »Bearbeitung« eingesetzten Inoffiziellen Mitarbeiter war für das MfS keine durchgängige Erfolgsgeschichte.

»Persönliche Beziehungen mit teilweise vertraulichem Charakter« haben laut Stasi-Akten nur die IM »Roge« und »Franz« zu uns unterhalten. »Mit Abstrichen auch die IM Wolfgang Ähre und Karsten.« Zwei weitere – »Heinrich« und »Frieder« – sind »über einen halboffiziellen Status« der Arbeitskontakte hinaus nicht in mein Vertrauen eingedrungen. Die übrigen, zu denen ich sporadisch Kontakt unterhielt, haben es nicht einmal so weit gebracht. Nach Öffnung der Stasi-

Akten habe ich Major M. gefragt, warum er Leute auf uns angesetzt habe, die uns als Personen nicht interessierten. Als Kenner unserer Charaktere und unserer Interessen hätte er doch andere Typen von IM schicken müssen. Seine entwaffnende Antwort: »Ich hatte keine besseren.«

Was DDR-Bürger, die Opfer der Stasi wurden, als tief verletzenden Vertrauensbruch mit lang anhaltenden Spätfolgen empfanden, hat bei mir in erster Linie Neugier auf die Beweggründe der IM geweckt. Warum haben sie sich in den Dienst des MfS gestellt? Wurden sie unter Druck gesetzt? Hatten sie Angst, sich zu verweigern? Wollten sie sich durch Prämien und Zuwendungen ein Zubrot verdienen? Erhofften sie sich, ins westliche Ausland fahren zu dürfen? Oder haben sie sich aus politischer Überzeugung zur Mitarbeit bereit erklärt? Bei den IM, mit denen ich es zu tun hatte, war es meistens eine Mischung aus verschiedenen Motiven. In der Regel gab die Loyalität zu ihrem sozialistischen Staat den Ausschlag. »Man hat mir gesagt, du seiest Oberst beim westdeutschen Geheimdienst«, rechtfertigte sich ein Reiseschriftsteller, als ich ihn mit seinen Spitzelberichten konfrontierte. Das meiste, was er geschrieben oder auf Band gesprochen habe, sei doch wertloses Zeug gewesen, verteidigte sich IM »Ebert«. Das war nicht einmal falsch. Die Berichte der IM über mich sind voll von Banalitäten und Belanglosigkeiten. »P. war normal, ordentlich gekleidet (Anzug, Krawatte)«, hat einer von ihnen aufgeschrieben.

Ein Filmemacher fand sich in den Protokollen der

Stasi-Treffs mit seinen Ansichten und Anliegen nicht korrekt wiedergegeben. »Wir haben doch auch über ganz andere Dinge geredet«, sagte er. Über die Zukunft des Sozialismus. Und was man in der DDR ändern müsste. Dass es zur Arbeitsmethode der MfS-Offiziere gehörte, sich geduldig und vermeintlich verständnisvoll Kritik an den Verhältnissen in der DDR anzuhören, um dann gezielt andere Informationen aus den IM herauszulocken, will er nicht geahnt haben.

Mitunter habe ich bei der Lektüre von IM-Berichten sogar ein wenig Mitgefühl gegenüber den Informanten empfunden. Etwa mit dem IM »Heinrich«, Professor der Medizin, SED-Mitglied und Direktor an der Berliner Charité. Ein freundlicher, gebildeter Mann, den ich beim Empfang eines Kollegen kennengelernt hatte. Seit 1981 arbeitete er als IM für das MfS, laut Verpflichtungserklärung freiwillig und aus politischer Überzeugung. In seiner Familie gab es ein Problem. Seine Tochter unterhielt eine Beziehung mit einem Bundesbürger. Den Vater beunruhigte der Gedanke, sie könnte einen Ausreiseantrag stellen. Und er befürchtete, er könnte seinen Einfluss auf sie verlieren. Eine Situation, die – wie sein Führungsoffizier erkannte – »den IM emotional berührte«. Vielleicht war das die schwache Stelle, die ihn zum Werkzeug des MfS werden ließ.

Die Stasi hat »Heinrich« detailliert instruiert, wie er sich verhalten sollte. Sie hat sich einen Vorwand für ihn ausgedacht, mit mir ins Gespräch zu kommen. Sie hat ihn angewiesen, mich um einen medizinischen Fachartikel zu bitten, der in einem westdeutschen Magazin erschienen und ihm nicht zugänglich war. Ich habe ihm den Artikel besorgt. Bei jeder neuen Verabredung, ja sogar bei einer Weihnachtskarte, die er mir schrieb, führte sein Führungsoffizier Regie. Den Text mit den guten Wünschen zum Fest und zum Jahreswechsel hat der IM sich notiert und der Stasi übermittelt. »Heinrich« hing fest am Gängelband des Geheimdienstes.

Für mich waren die Gespräche, die wir sowohl in meiner Dienstwohnung als auch in Gaststätten führten, gleichwohl interessant und journalistisch ergiebig. Ich habe von ihm viele Hintergrundinformationen zum staatlichen Gesundheitswesen bekommen. Angaben über die Gehälter von Ärzten und Schwestern, über neuartige Bandscheiben-Operationen, über Tierversuche an DDR-Instituten, die in der Bundesrepublik nicht zulässig waren. Wenn er aus seinem Berufsleben mehr erzählte als er in seinen Berichten angab, etwa zum Thema Aids in der DDR, hat ihm das die Stasi, die unser Gespräch abgehört und mitgeschnitten hatte, beim nächsten Treff vorgehalten. Umgekehrt habe ich ihm dargelegt, was in der DDR und in anderen Ostblock-Ländern aus meiner Sicht schiefgelaufen ist. Widersprochen hat er mir selten. Insgeheim, so glaubte ich wahrzunehmen, stimmte er mir bei mancher Kritik zu. Er schätzte offenbar meine offene Art. Ihm fiel auf, dass ich mich nicht »irgendwie absicherte«. »Heinrich« hat unsere Gespräche korrekt wiedergegeben. »Insgesamt schätze ich ein«, berichtete er einmal seinem Führungsoffizier, »dass Pragal letztendlich auch nicht andeutungsweise Positionen für uns und unsere Gesellschaft vertritt.« So war es. Eigentlich, so denke ich heute, war er ein armer Kerl. Ein von Zweifeln geplagter Mensch, der wie so viele andere versuchte, sich in der SED-Diktatur durchzulavieren.

Wirklich hinters Licht geführt hat mich nur ein einziger IM. »Roge« – so sein Deckname – hatte mein Vertrauen erworben. Und das meiner Frau. Wir haben nicht gemerkt, dass er ein doppeltes Spiel getrieben hat. Wir waren Gäste bei seiner Hochzeit. Und bei meinem 50. Geburtstag gehörte er zum engeren Kreis von Familienmitgliedern und Freunden, die ich zu einem Fest eingeladen hatte. Uns gegenüber gab er sich als Unangepasster, als Mann mit leicht anarchischen Zügen. Fleißig hat er über uns berichtet. Und dabei auch geflunkert. Vielleicht, weil er sich bei seinem Führungsoffizier wichtig machen wollte. Oder auch, weil er sich – ohne Kenntnisse der Zusammenhänge – aus unseren Gesprächen einiges zusammengereimt hat. Er war freischaffender Formgestalter mit eigenem Atelier, mehrfach verheiratet und Vater von sechs Kindern. Wovon er lebte, war mir nicht klar. Den Lebensunterhalt der Familie verdienten wohl seine jeweiligen Ehefrauen.

Vom MfS hat er für »operative Aufträge« regelmäßig Geld bekommen. Keine großen Beträge. Mal 50, mal 100, mal 200 Mark. Tankquittungen vom VEB Kombinat Minol hat er ebenso abgerechnet wie Kneipenrechnungen und andere Auslagen bei der »Kontaktarbeit zu Starnberg«. Die handschriftlichen Belege habe ich in meinen Akten gefunden. Ende November 1989 – die

Grenze war offen und das MfS war inzwischen in Amt für Nationale Sicherheit umbenannt worden – hat er sich für seine Spitzeltätigkeit in West-Berlin 200 Westmark auszahlen lassen. »Roge«, der sich als Freund eines Kollegen in unser Leben geschlichen hatte, war ein Überzeugter. Einer, der auch nach dem Zusammenbruch des SED-Regimes seine Kinder kommunistisch indoktrinierte. »Spar Dir den Weg zu mir«, hat er mir im September 1993 geschrieben. Da war sein IM-Name gerade entschlüsselt worden. Ich wollte ihn zur Rede stellen. Wollte wissen, was ihn zu seiner Doppelrolle veranlasst hat. »Meine Biografie ist kein Boulevardblatt, sie gehört allein mir«, bekam ich zur Antwort. Wenn ich Erklärungen zu gewissen Schriftstücken haben wolle, solle ich mich an den diensthabenden Verfasser wenden. Dann folgte ein kryptischer Hinweis auf sein Motiv: »Ein Mann für 30 Silberlinge – ist das nicht etwas zu kurz gedacht? Diese Jacke ist mir einige Nummern zu klein und zu schäbig.« Bei seiner Beerdigung war ich unter den Trauergästen.

Der IM »Jan« hatte mehr Charakter. Er war der Erste und Einzige, der nach dem Ende der DDR zu uns gekommen ist und seine Funktion als Zuträger des MfS offenbart hat. Da waren die Stasi-Akten noch nicht geöffnet. Ein paar Monate später hat er mir einen Brief geschickt. Emotional, selbstkritisch und ehrlich. »Wie schade, dass unsere Bekanntschaft unter einem solchen Schatten stand«, schrieb er. Dies umso mehr, als er mich als toleranten, liberalen Journalisten und Menschen kennengelernt habe. Mit sich selbst ging er hart ins Gericht. Ihm sei inzwischen bewusst geworden, dass alle Versuche, sich selbst etwas vorzumachen, nicht weiterführten. Ausreden nach der Art, man sei vom Sozialismus überzeugt gewesen. Oder man habe die DDR schützen wollen. »Jans« bittere Erkenntnis: »Wer Opportunismus, Anpassung, mangelnde Zivilcourage und schlicht und ergreifend Feigheit zu Hauptworten seines Lebens machte, muss sich nicht wundern, wenn er heute vor einer ziemlich vertanen Vita steht.« Ihm gehe es, so schrieb er weiter, nicht um Rechtfertigungen à la carte, sondern um die Erläuterungen von Verhaltensmustern, Zerstörung von Persönlichkeitsstrukturen, Deformationen von Charakteren. »Jan« stammt aus einer bürgerlichen Familie. Vater und Großvater waren Besitzer einer mittelständischen Textilfabrik in Sachsen, die unter Walter Ulbricht verstaatlicht wurde. Der Sohn, der schon als Schüler einer Erweiterten Oberschule für die lokale Zeitung schrieb, wollte Journalist werden. Er studierte Journalistik an der Karl-Marx-Universität Leipzig. Vor dem Abschluss im »Roten Kloster«, in dem – wie eine frühere Studentin in ihrem gleichnamigen Buch schrieb – die künftigen Agitatoren und Propagandisten »zur Heuchelei« erzogen wurden, zitierte ihn die Kaderleitung zu sich. Ihm wurde eröffnet, dass für ihn keine journalistische Laufbahn, sondern ein leitender Posten im Bereich der Blockparteien vorgesehen sei. So nannte man die organisatorisch selbstständigen, in Wahrheit von der SED gesteuerten Zusammenschlüsse von Christdemokraten, Liberalen und sogenannten Nationaldemokraten, die als Bündnispartner an Aufbau und Ausgestaltung des Sozialismus mitwirken sollten.

»Jan« bekam den ihm zugedachten Posten. Der Arbeitsalltag in der Ost-Berliner Zentrale einer dieser pseudobürgerlichen Blockparteien setzte ihm zu. Zwar fand er Zugang zu den Parteioberen, schrieb Reden und kam mit dem Vorsitzenden ins Gespräch. Aber der »vorauseilende Gehorsam«, den er tagtäglich erlebte, stieß ihn ab. Auch bekam er die Missgunst seiner Kollegen zu spüren. »Ich habe mich damals sehr unwohl gefühlt«, sagte er viele Jahre später. Durch Zufall bekam er mit, wie Parteibedienstete über seine Ehefrau redeten. Als Mitarbeiterin einer Außenhandelsgesellschaft hatte sie bei der Leipziger Messe einen westdeutschen Manager getroffen. Der ihr damals nicht erlaubte West-Kontakt fiel bei einer Autokontrolle auf. Von ihrem Betrieb wurde sie fristlos entlassen. Funktionäre gaben »Jan« zu verstehen, er solle sich scheiden lassen. »Das kommt nicht infrage«, sagte er. In dieser Zeit wurde er von MfS-Mitarbeitern angesprochen. Sie gaben sich als Bedienstete des Ministerrates aus. Aber »Jan« wurde bald klar, dass sie von der »Firma« waren. Den Offizier, mit dem »Jan« redete – zunächst nur bei Spaziergängen, später auch in Wohnungen – betrachtete er als »eine Art Kummerkasten«. »Jan« schilderte seinen Frust bei der Parteiarbeit, schimpfte auf das von Misstrauen geprägte Betriebsklima und erzählte ihm auch vom Schicksal seiner arbeitslosen Frau. Die Botschaft kam an. Einige Wochen später wurde sie aufgefordert, sich bei einer staatlichen Einrichtung vorzustellen. Sie bekam einen neuen Job. Später ging die Ehe auseinander.

Als leitender Partei-Mitarbeiter, der viel im sozialistischen Ausland herumkam, durfte »Jan« die *Süddeutsche Zeitung* lesen. Er kannte meine Artikel. Seit 1974 suchte er im Auftrag des MfS Kontakt zu diplomatischen und journalistischen Kreisen aus der Bundesrepublik. Ich lernte ihn 1976 über einen SPD-Politiker kennen. Wir trafen uns in unregelmäßigen Abständen und haben uns über die aktuelle Politik ausgetauscht. Mal in meiner Wohnung, mal in irgendeiner Gaststätte. Dass er dies in seiner Funktion nicht ohne Absicherung tun durfte, war mir klar. Er kannte viele Interna und hat mich dosiert an diesem Wissen teilhaben lassen. Meine Motive hat die Stasi richtig erkannt. »Pragal ging es vorwiegend um die Bestätigung bereits aus anderen Quellen vorliegender Informationen«, heißt es in einem Vermerk. »Insofern dürfte der IM Jan für P. interessanter gewesen sein als der größte Teil seiner anderen DDR-Kontakte.«

In der politischen und journalistischen Praxis nennt man eine derartige Beziehung einen »Kanal«. In der Zeit des Kalten Krieges dienten »Kanäle« dazu, Situationen und Prozesse auf der anderen Seite des »Eisernen Vorhangs« besser beurteilen zu können. »Ich hatte Gefallen daran gefunden«, begründete »Jan« später seine Tätigkeit als IM. Und ich fühlte mich als Journalist gut informiert. Bei Reden, die Erich Honecker etwa vor den Kreissekretären der SED hielt, gab es in der Regel einige Passagen, die von den DDR-Medien nicht veröffentlicht wurden. »Jan« hat mich über diese im *Neuen Deutschland* ausgelassenen Ausführungen unterrichtet. Es zeige sich immer wieder, notierte das MfS, »dass P. auch diese Teile der Rede des SED-Generalsekretärs kennt«.

An andere Stelle der Akten lese ich: »P. verfügt vermutlich über eine Quelle, die ihn mit sehr aktuellen Informationen aus der SED beliefert.« Das werde aus einer Meldung deutlich, die nur in der *Süddeutschen Zeitung* vom 26. Januar 1978 erschienen sei. Die Meldung lautete: »Die SED-Führung hat dem von der Bundesregierung angebotenen deutsch-deutschen Meinungsaustausch zugestimmt. Wie aus zuverlässiger Quelle aus Ost-Berlin verlautete, hat das Politbüro am Dienstag einen entsprechenden Beschluss gefasst.« Pragal, so folgerte das MfS, müsse innerhalb von 24 Stunden in Kenntnis des betreffenden Beschlusses gekommen sein. Das beunruhigte die notorischen Geheimniskrämer des SED-Apparates. Warum man den Informanten nicht feststellte, ist nur damit zu erklären, dass beim MfS zuweilen die rechte Hand nicht wusste, was die linke tat.

Zu meiner Abschiedsparty vor dem Umzug nach Bonn im Februar 1979 lud ich »Jan« ein. Nach Rücksprache mit dem MfS lehnte er ab. Ich wollte den Kontakt aufrechterhalten. Deutsch-deutsche Themen würden auch in der neuen Funktion als Parlaments-Korrespondent am Rhein zu meinen Aufgaben gehören. »Jan« schien ebenfalls an der Fortsetzung des »Kanals« interessiert. Wenn ich fortan dienstlich in Berlin zu tun hatte, habe ich ihn angerufen und bin mit Tagesvisum nach Ost-Berlin gefahren. Wir haben uns während meiner Bonner Zeit auch in Prag und Budapest getroffen. Unter den Augen von MfS-Offizieren, wie ich später erfuhr. Worum es mir dabei ging, hat das MfS klar erkannt: »P. war bemüht, den IM als wertvolle Abschöpfungsquelle zu erhalten.«

Bei diesen Begegnungen kam mir »Jan« verändert vor. Er wirkte fahrig und nervös. Als habe er vor irgendetwas Angst. Er beschwor mich, mit Informationen zum Stand der deutsch-deutschen Beziehungen, die ich von ihm hatte, publizistisch vorsichtig umzugehen. Man könne ihm sonst auf die Schliche kommen. Eines Tages teilte er mir mit, er überlege die DDR zu verlassen. Er würde sein Wissen gern dem Bundesnachrichtendienst zur Verfügung stellen. Ob ich ihm dabei behilflich sein könne. Wie er sich das vorstelle, wollte ich wissen. Ein Mann mit seiner Funktion könne wohl kaum einen Ausreiseantrag stellen. Im Übrigen überschätze er meine Verbindungen. »Nach Pullach habe ich keinen Draht.«

Ich fiel aus allen Wolken, als ich nach der Öffnung der Stasi-Akten die Berichte und ihre Auswertung über unsere Treffen las. »Im November 1982 erklärte sich Pragal bereit, eine legendierte Verbindungsaufnahme der Quelle zum BND durch flankierende Hilfe zu unterstützen.« Und weiter: »Im Februar 1983 bestätigte Pragal, dass er sich im Sinne des letzten Treffens verwandt und dabei seine Möglichkeiten genutzt habe.« Was ich sonst noch las, erschien mir wie eine Erzählung aus Tausendundeiner Nacht. Über ein Treffen in Budapest fertigte »Jan« einen langen Bericht. Darin heißt es über mich: »Schließlich zog er verdeckt einen Schweizer Pass aus der Tasche und blätterte die beiden ersten Aufschlagseiten auf. Auszumachen war ein Bild von mir, offenkundig aus den letzten Jahren.« Das war ebenso frei erfunden wie die übrigen Angaben.

»Jan« war nicht bei der für die West-Korrespondenten zuständigen Abteilung II/13 angebunden, sondern bei der II/2. Die beschäftigte sich mit westlichen Nachrichtendiensten in der Bundesrepublik Deutschland. Sein dortiger Führungsoffizier, ein Major, hatte viel mit »Jan« vor. Er wollte aus seinem Schützling einen Doppelagenten machen. Der Offizier versuchte, »Jan« über mich an den Bundesnachrichtendienst »anzuschleusen«. Der IM spielte zum Schein mit, hatte aber eigene Interessen: die Flucht aus der DDR. Was er sich über mich und meine Verbindung nach Pullach und zur dortigen »Nummer eins« ausdachte, bestärkte den Major der Abteilung II/2 in der Annahme, der BND sei tatsächlich an »Jan« interessiert.

An einem Novembertag 2007 habe ich »Jan« in seiner Wohnung besucht. Er ist jetzt Rentner. An diesem Tag hat er mir berichtet, warum er seinem Führungsoffizier Märchen aufgetischt hat. »Es war die schiere Ausweglosigkeit«, sagte er. »Ich war am Ende.« Die Arbeit als Parteiapparatschik und die Tätigkeit für das MfS hatten ihn in eine seelische Krise gestürzt. Er verfiel dem Alkohol und bekam Angstzustände und Depressionen. »Jan« kam zur psychiatrischen Behandlung in eine Klinik. Ein Arzt erkannte seine seelische Not. »Haben Sie etwas mit der Staatssicherheit?«, fragte er. »Jan« bejahte. Der verständnisvolle Mediziner sorgte dafür, dass »Jan« für einige Zeit in einem Provinz-Krankenhaus abgeschottet wurde. Aber aus den Fängen der Stasi war er damit noch nicht. Schon gar nicht, als ich mich ahnungslos wieder bei »Jan« meldete. »Ich habe darum gekämpft, dass der Kontakt erhalten bleibt«, berichtete er. Er klammerte sich an die Hoffnung, ich könnte ihm irgendwie helfen. »Jan« machte als IM weiter. Einst waren seine Protokolle präzise und gut formulierte Wiedergaben unserer politischen Gespräche. Was er fortan seinem Offizier und dessen Mitarbeitern mitteilte, waren zum großen Teil Produkte blühender Fantasie. »Die haben mich benutzt«, sagte er. »Und ich habe sie an der Nase herumgeführt.« Die Abteilung II/2 gab »Jan« die Schuld dafür, dass der BND nicht anbiss. »Bedingt durch die unangebrachte Zurückhaltung des IM ist nicht genügend belegt, ob der BND weiterhin zu einer Werbung bereit ist oder Jan für eine Feindkampagne missbraucht werden soll.« Es sehe so aus, als ob der BND noch Zweifel habe und »durch eine Ausschleusung des IM die Entscheidung über dessen Verwendungsmöglichkeit offenhalten will«. Mitarbeiter der Abteilung II/13 hatten den klareren Blick. Sie waren über die Aktion »Jan« informiert, wenn auch nicht in allen Einzelheiten. »Da wurde nicht ganz offen gearbeitet«, sagte mir der Ex-Major M. Er hielt damals »Jan« für undurchsichtig und hat seinen Berichten misstraut. Nach seiner Ansicht hatten sich seine Stasi-

Kollegen, die zugleich auch Konkurrenten waren, verrannt. »Ich hatte immer den Eindruck, dass man mit ihm mehr wollte, als er konnte. Dass die Zielstellung höher war als die Realität der Umsetzung.«

1981 verlor »Jan« seinen Posten bei der Blockpartei. »Es werden gesundheitliche Motive vorgeschoben«, notierte sein Nachfolger. Eine Amtsübergabe fand nicht statt. »Jan« bekam durch Vermittlung seines Arztes eine Beschäftigung als Hilfskraft für wissenschaftliche Organisation an einer Uni-Klinik. Ende 1984 wurde die psychiatrische Behandlung abgeschlossen. Das MfS ließ von ihm ab. »Ich war raus.« Der Kontakt zu mir schlief ein. Erst nach dem Ende der DDR trafen wir uns wieder. Seine freiwillige Offenbarung der IM-Tätigkeit, sein selbstkritischer Umgang mit Schuld, Verstrickung und Versagen nötigte mir Respekt ab. Er hat mich wissentlich in eine Lage gebracht, die meine Ausweisung aus der DDR zur Folge hätte haben können. Ich habe ihm keine Vorwürfe gemacht und empfinde gegen ihn keinen Groll. In ihm, dem einstigen Täter, sehe ich ein Opfer der Diktatur.

Ein Dissident bekennt sich

Im August 1997, ein Vierteljahr vor seinem Tod, habe ich ihn im Berliner St.-Hedwig-Krankenhaus besucht. Als ich Rudolf Bahro in seinem Bett sah, bin ich erschrocken. Ich hatte ihn als vitalen, kraftvollen Mann in Erinnerung. Nun sah ich einen sterbenskranken Menschen. Sein Schädel war kahl. Tief lagen die Augen in dem blassen, ausgezehrten Gesicht. Seine Arme waren abgemagert, sie bestanden nur aus Haut und Knochen. Nur mühsam konnte er seinen vom Krebs geschwächten Körper aufrichten. Doch sein Verstand war hellwach.

»Natürlich hatte ich damals Angst«, sagte er. »Ich fürchtete, ich könnte nicht fertig werden, zu früh entdeckt werden, ohne die Öffentlichkeit zu erreichen.« Wir sprachen über unsere erste Begegnung. Sie lag am Tage meines Krankenbesuchs fast 20 Jahre zurück. Am 23. August 1977, einem Dienstag, hatte ich an der Tür seiner Einzimmerwohnung im Ost-Berliner Stadtbezirk Weißensee geläutet. Zögernd, als erwarte er jemanden mit bösen Absichten, hatte Rudolf Bahro die Tür geöffnet. Als ich mich als westdeutscher Journalist vorstellte, löste sich die Spannung in seinem Gesicht. »Dann«, sagte er erleichtert, »sind Sie herzlich willkommen.« Einen Tag zuvor war der damals 42-jährige Abteilungsleiter für wissenschaftliche Arbeitsorganisation im VEB Gummikombinat Berlin schlagartig ins Blickfeld der Öffentlichkeit geraten. Sein Buch »Die Alternative«, aus dem das Hamburger Nachrichtenmagazin *Der Spiegel* an diesem Tag Auszüge veröffentlichte, machte ihn über Nacht neben Robert Havemann zum prominentesten Kritiker des SED-Regimes und des realen Sozialismus sowjetischer Prägung. Bahros Thesen waren eine Kampfansage an die Parteidiktatur, der – wie er sagte – die Ideen von Marx und Engels nur noch als Etikett dienten. Hier rechnete ein Insider mit einer

Herrschaft von reformunfähigen Politbürokraten ab, die durch ihren Machtmissbrauch zu Totengräbern aller alten sozialistischen Hoffnungen geworden seien.

Was mich bei der damaligen Begegnung besonders beeindruckte, war die Selbstsicherheit und Unbeirrbarkeit, mit der er seine Argumente vortrug. »Ich habe ein Buch geschrieben, gegen das die politische Polizei machtlos sein wird«, verkündete er. Da sprach ein Überzeugungstäter, ein politischer Ketzer, dessen Bekennermut missionarische, ja fast religiöse Züge trug. Ganz bewusst zog der vom Glauben abgefallene Kommunist, der an die parteioffiziellen Lehren einstmals geglaubt hatte »wie Martin Luther an das Evangelium«, einen Vergleich zur Kirchengeschichte. »Die Partei steht da wie die Papstkirche vor Luthers Reformation«, sagte er, »ungläubig bis tief in die eigenen Reihen hinein.« Er wisse, dass er mit seinen Ansichten in der SED nicht allein stehe, meinte Bahro, als ich mich verabschiedete. Es müsse nur einer den Mut haben, »das Visier zu öffnen«. Dann würden auch andere seinem Beispiel folgen. Am selben Tag, wenige Stunden nach mir, kamen die Häscher der Staatssicherheit und nahmen Rudolf Bahro fest. Er rechnete damit, dass sie ihn holen würden. »Ich bin auf jede denkbare Reaktion gefasst«, hat er in einem Selbstinterview erklärt, das er neben einer prägnant formulierten Kurzfassung seiner Streitschrift zur Arbeitserleichterung der von Freunden informierten West-Journalisten vorbereitete. Auch die Möglichkeit »aus dem Verkehr gezogen zu werden«, war in seinem Kopf. Aber der Gedanke schreckte ihn nicht. »Ich werde ja nicht das Opfer sein«, erklärte er vor der Verhaftung. »Ich bin es, der angreift.« Es freute ihn, dass er die Stunde, in der er aus der Anonymität hervortrat, hat allein bestimmen können.

Seine spektakuläre Attacke auf die verkrustete Parteispitze hat Bahro umsichtig und akribisch vorbereitet. Das Manuskript der »Alternative«, das ein befreundeter, politisch in Ungnade gefallener DDR-Journalist als Lektor bearbeitete, war längst im Westen. Ein in der DDR wirkender Schweizer Musikwissenschaftler hatte es über die Grenze geschmuggelt. Ein anderer Freund stellte den Kontakt zur Europäischen Verlagsanstalt in Köln her, die Bahros Werk mit großem Erfolg auf den Markt brachte. 70 in einem Keller der Humboldt-Universität heimlich hergestellte Kopien des Manuskriptes verteilte der Autor noch vor der Buchveröffentlichung im Westen an ausgewählte Intellektuelle in der DDR. Und am Tage der Verhaftung sendeten *ARD* und *ZDF* Interviews, die wenige Stunden zuvor aufgenommen worden waren.

Bahro, dieser bis dahin eigenbrötlerisch wirkende Wissenschaftler, war stolz auf seine konspirativ vorbereitete Publikation. Was er nicht wusste: Die Stasi war während der gesamten Zeit der Vorbereitung auf dem Laufenden. Sie kannte das Manuskript und ließ es von Experten begutachten. Sie wusste von den Verhandlungen mit dem gewerkschaftseigenen Kölner Verlag, war über die eingeweihten Personen informiert. Eine Freundin Bahros, der er voll vertraute, arbeitete für die Staatssicherheit. Und wann die West-Journalisten in

Bahros Wohnung kamen, hatte das MfS selbstverständlich auch mitbekommen. Trotzdem griffen die Machthaber bis zum Tage seiner Selbstenthüllung nicht ein. Sie haben ihn fertig schreiben lassen. »Mir ist bis heute nicht klar«, hat mir Bahro auf dem Krankenbett gesagt, »warum sie einen so dicken Fisch wie mich so lange haben gewähren lassen. Und so viele kleine drangsaliert.«

»Mein Kampfplatz ist hier«, hat Bahro vor seiner Verhaftung erklärt. »Ich habe von hier aus gedacht.« Tatsächlich war er in seiner gesamten Entwicklung von der DDR geprägt. Schon als 16-Jähriger wurde der in Schlesien geborene Flüchtlingsjunge Kandidat der SED, zwei Jahre später Mitglied der Partei. Nach seinem Philosophie-Studium an der Ost-Berliner Humboldt-Universität arbeitete er als Agitator auf dem Lande. Später redigierte er in Greifswald die Universitätszeitung. Dann holte ihn die Partei nach Berlin. Bahro wurde Funktionär der Gewerkschaft Wissenschaft. 1965 wechselte er als stellvertretender Chefredakteur zur Studentenzeitung *Forum*. Zwei Jahre später wurde er seines Postens enthoben und in die Industrie abgeschoben. Die SED nahm ihm den Abdruck eines kritischen Textes des Schriftstellers Volker Braun übel. Nach dieser Maßregelung lockerte sich seine enge Bindung an die Partei. Bahro begeisterte sich für den von Tito in Jugoslawien propagierten Selbstverwaltungs-Sozialismus, fand jedoch bei seinen SED-Genossen damit kein Gehör. Als sowjetische Panzer, begleitet vom Beifall der DDR-Machthaber, den »Prager Frühling« niederwalzten, war es mit Bahros gläubigem Vertrauen in den Staatssozialismus vorbei. Das gewaltsame Ende des Reformsozialismus in der Tschechoslowakei raubte ihm nicht nur seine idealistischen Illusionen. Es gab ihm auch die Gewissheit, dass es an der Zeit sei, gegen die »spätstalinistische Apparateherrschaft« geistig anzugehen.

Während er offiziell nebenberuflich an seiner Dissertation arbeitete, bereitete er im Stillen seine »Alternative« vor. Fast zehn Jahre hat er gebraucht, um das östliche Gesellschaftssystem zu analysieren und die Vision einer neuen Ordnung zu entwerfen. Frei von Ausbeutung und Apparateherrschaft. Bahro verstand sich freilich nicht nur als Systemkritiker, der an den Fundamenten der SED-Herrschaft rüttelte und zu einer organisierten Opposition aufrief. Vor allem in dieser Rolle wurde er im Westen gefeiert. Noch wichtiger war es ihm, die theoretische Plattform für eine politische Gegenbewegung zu schaffen, für einen kulturrevolutionären, auf der Entfaltung des Individuums gegründeten Kommunismus jenseits von Wachstumswahn und »Industrialisierungs-Despotismus«. Bei diesen, stellenweise utopisch anmutenden Gedankengängen seiner »Alternative« konnten oder wollten ihm viele seiner Bewunderer nicht folgen.

Am 30. Juni 1978 verurteilte das Ost-Berliner Stadtgericht Bahro wegen landesverräterischer Sammlung von Nachrichten und Geheimnisverrats zu acht Jahren Freiheitsentzug. Der Richterspruch löste eine Welle von Protesten aus, besonders in der Bundesrepublik. Politiker aller demokratischen Parteien, Schriftsteller,

Intellektuelle und andere Persönlichkeiten solidarisierten sich mit dem marxistischen Querdenker und forderten seine Freilassung. Der Versuch der Ost-Berliner Machthaber, den unbequemen Kritiker als käuflichen Agenten des Westens zu verunglimpfen, empörte die westliche Öffentlichkeit. Im Oktober 1979, kurz nach dem 30. Jahrestag der DDR-Gründung, gab die SED-Führung dem Druck nach und entließ Bahro im Rahmen einer Amnestie aus dem berüchtigten Zuchthaus Bautzen. Wenige Tage später, am 17. Oktober, wurde er auf eigenen Wunsch, gemeinsam mit Ehefrau, Freundin und zwei seiner drei Kinder, in die Bundesrepublik abgeschoben. Auf seiner Fahrt mit dem Ost-West-Express »D 246« von Ost-Berlin nach Köln erlebte Bahro, was es heißt, sich in einer Medien-Gesellschaft zu bewegen. Kaum hatte der Zug den Grenzbahnhof Helmstedt verlassen, sah er sich in seinem Abteil von Reportern belagert. In Hannover stiegen weitere Medienleute zu. Der Vertreter eines Boulevardblatts versuchte, im Auftrag seines Verlegers einen Blumenstrauß zu überreichen. Bahro lehnte ab. Mit dem Konzern, für den die DDR damals nur in Anführungszeichen existierte, wollte er nichts zu tun haben.

Ich arbeitete damals in Bonn. Durch eine Agentur-Meldung erfuhr ich von Bahros Ausreise. Ich habe mich mit dem Auto nach Hagen fahren lassen und bin dort zugestiegen. Inzwischen hatte Bahro vor der Zudringlichkeit der Journalisten-Meute kapituliert und sich, nachsichtig lächelnd, den Fragen gestellt. Ob er sich auch ein anderes westliches Land als Wohnsitz vorstellen könne, wollte jemand wissen. Bahro verneinte. »Als deutscher Sozialist sehe ich meinen Platz in Deutschland, jetzt eben in Westdeutschland.« Am Hauptbahnhof in Köln, wo Fernsehteams und viele Neugierige warteten, wäre der Medienrummel weitergegangen. Aber Bahro stieg in Solingen-Ohligs aus. Dort stand sein Verleger Thomas Kosta und holte ihn mit dem Auto ab.

»Ich scheide ohne Feindschaft von dem Staat, dem ich meine gesamte persönliche und politische Entwicklung verdanke«, hat Bahro nach seiner Ankunft erklärt. Das hat manchen Bundesbürger irritiert. Kaum der Unfreiheit entronnen, bekam der eigenwillige Denker das Klischeedenken bei Medien und Teilen der politischen Klasse in der Bundesrepublik zu spüren. Er erfuhr, dass manche Unionschristen zwischen guten und schlechten Kritikern des realen Sozialismus unterschieden. Zu den guten gehörte der ebenfalls aus DDR-Haft in den Westen entlassene Ost-Berliner Wehrdienstverweigerer Nico Hübner.

Bahro hingegen war nach wie vor Marxist, ein Mann, dem – wie eine Zeitung schrieb – die DDR nicht sozialistisch genug war. Solange er als Opfer des SED-Staates hinter Schloss und Riegel saß, hat man ihn bedauert. Aber nun war er im Westen und immer noch Kommunist. Und so einer, fragte ein Abgeordneter der CSU, sollte nun einen Lehrauftrag an einer westdeutschen Hochschule bekommen und mit »Steuergeldern kommunistische Kulturrevolution unterstützen«. Das passte nicht ins erzkonservative Weltbild.

Bahro blieb ein Unangepasster, ließ sich nicht vereinnahmen und machte es auch seinen Freunden schwer. Erst schloss er sich den Grünen an. Aber die Alternativen waren ihm zu sehr auf Machtübernahme fixiert. 1985 trennte er sich von den Alternativen. Er besuchte den Bhagwan in den USA, betrieb Öko-Bildungsarbeit in einer »Lernwerkstatt« und schrieb als Prophet einer öko-spirituellen Wende ein neues Buch, »Logik der Rettung«. Es blieb, nach eigenem Urteil »abstoßend kompliziert«, ohne nennenswerte Resonanz.

Im November 1989, unmittelbar nach dem Zusammenbruch der SED-Herrschaft, ging Bahro nach Ost-Berlin zurück. Getrieben vom Drang, »irgendwie die DDR noch zu retten«. Nach zehn Jahren im Westen, die ihn nicht wirklich heimisch werden ließen, wurde er wieder DDR-Bürger, zog in eine ihm zugewiesene »Übergangswohnung« und versuchte, sich in den politischen Aufbruch einzuklinken. Am 16. Dezember war er Gast auf dem letzten SED-Parteitag in der Ost-Berliner Dynamo-Halle. Von den Delegierten wurde er reserviert empfangen. Er bat ums Wort. Mit knapper Mehrheit billigte man es ihm zu.

Ich beobachtete seinen halbstündigen Auftritt. Solange er vor der Gefahr warnte, dass »unsere Gesellschaft Gebiet um Gebiet ihre Souveränität aus der Hand gibt«, und die DDR drauf und dran sei, vom Westen aufgekauft zu werden, hörten ihm die Genossen zu. Aber als er die Vision einer entindustrialisierten Gesellschaft ausmalte und von der »ökologisch-ökonomischen Wiedergeburt der DDR« schwärmte, gab es Pfiffe und Buhrufe. Der Saal leerte sich. Der Mann, der mit seiner »Alternative« einst die Hoffnung auf einen neuen, menschlichen Sozialismus genährt hatte, enttäuschte sein Publikum. Und er fühlte sich unverstanden. »Der Parteitag war für mich die endgültige Zäsur«, hat Bahro Jahre später dem *Spiegel* gesagt. »Da habe ich begriffen, da ist keine Reformfähigkeit mehr drin.«

Rudolf Bahro wurde gerichtlich rehabilitiert und erhielt an der alten Uni Unter den Linden ein eigenes »Institut für Sozialökologie«. Anfangs waren seine Vorlesungen überfüllt. Doch mehr und mehr verlor der Weltverbesserer mit einem Hang zum Buddhismus an intellektueller Ausstrahlung und Anziehungskraft. Freunde entdeckten bei ihm Züge von Autismus und Selbstüberschätzung. Er erkrankte an Krebs. Eine Folge seelischer Belastungen im Privatleben, wie er meinte. 1993 hatte er seine zweite Ehefrau Beatrice durch Selbstmord verloren. Nach einer Chemotherapie fühlte er sich besser, gewann neue Kraft und arbeitete an Vorlesungen. Aber der Krebs war nicht besiegt.

Auch im Krankenhaus trieb ihn die Frage um, wie die Menschheit davor bewahrt werden könne, sich selbst auszurotten. Und wie ein Staat beschaffen sein müsse, bei dem die Wiederholung historischer Ungeheuerlichkeiten ausgeschlossen ist. Er wollte dazu noch etwas schreiben. Vielleicht ein neues Buch. Die intellektuellen Bausteine, sagte er mir, habe er bereits zusammen. »Ich müsste nur noch gucken, wo passen sie und wo passen sie nicht.« Neben dem Bett stand sein kleiner Computer. An manchen Tagen hat er ihn geöffnet. Aber er schaffte nur ein paar Gedichtzeilen. Bis ihm auch diese Anstrengung zu viel wurde. Ein Vierteljahr nach diesem Gespräch, am 5. Dezember 1997, ist Rudolf Bahro gestorben.

Unter Spionageverdacht

Bei der Lektüre von Kopien meiner Stasi-Akten stieß ich auf einen Vermerk, den ich unbedingt meiner Frau vorlesen wollte. »Hör mal, was hier steht«, sagte ich und freute mich schon auf ihre Reaktion. »Im Dezember 1984 verfügte eine Unterabteilung der US-Armee in Westberlin über Fotografien sowjetischer Militärobjekte und Eisenbahn mit Kampftechnik, die auf dem Territorium der DDR (vermutlich) im Bezirk Magdeburg von Pragal aufgenommen worden sein sollen.« Meine Frau lachte laut auf. »Was sollst du gemacht haben?«, fragte sie feixend. »Du und fotografieren.« Die Vorstellung erheiterte uns beide. Es gab kaum einen Menschen, der für eine solche Aufgabe weniger geeignet gewesen wäre als ich. Einen Fotoapparat hatte ich, solange wir uns kennen, höchst selten in die Hand genommen. Und wenn ich es doch tat, ist aus den Bildern nichts geworden. Mal fehlten bei Personen, die ich aufgenommen hatte, die Köpfe, ein anderes Mal die Beine. Selbst unsere Kinder machten sich über meine »Foto-Künste« lustig und sagten: »Papa, lass es lieber.«

Laut Vermerk stammte die Information vom »sowjetischen Bruderorgan«. Wen immer die KGB-Genossen bei der vermeintlichen Militärspionage gesehen haben wollen – ich war es nicht. Auch die MfS-Offiziere hatten offenbar Zweifel. »Erkenntnisse, die die Urheberschaft des Pragal nachweisen, liegen bisher nicht vor«, schrieben sie Monate später in ihren Sachstandsbericht. Gleichwohl trauten sie mir durchaus zu, ich könnte im Auftrag eines westlichen Geheimdienstes Informationen über die sowjetischen Streitkräfte in der DDR sammeln. Wenn ich mit dem Auto unterwegs war, vermerkten meine Stasi-Verfolger, dass dieses oder jenes militärische Objekt an meiner Route gelegen habe. Hier ein Flugplatz, dort ein Eisenbahnknotenpunkt für Militärtransporte. Meistens habe ich davon nichts gewusst. Aber allein die Tatsache, dass ich dort herumgefahren bin, machte mich in den Augen der Spionageabwehr-Offiziere zu einem potenziellen Spion.

Westliche Korrespondenten standen in der DDR grundsätzlich unter dem Verdacht, einer geheimdienstlichen Tätigkeit nachzugehen. Die SED und die Staatssicherheit gingen davon aus, dass wir von Institutionen entsandt worden sind, »die der DDR gegenüber feindlich-negativ eingestellt waren«. Das mussten nicht unbedingt Nachrichtendienste gewesen sein. Zu den feindlichen Einrichtungen zählte das Regime auch wissenschaftliche Institute, politische Stiftungen und andere Organisationen in der Bundesrepublik Deutschland, die sich mit der kommunistischen Welt befassten. Meinen Kollegen und mir wurde unterstellt, dass wir vor unserem Einsatz geschult und unterwiesen worden sind. »Es wurde keiner geschickt, der ein Anfänger war«, hat mir ein früherer Stasi-Offizier gesagt. Das ist richtig. Das bundesdeutsche Korrespondenten-Korps bestand fast durchweg aus gestandenen Journalisten, etliche unter ihnen mit Auslandserfahrung. Aber wie ich mich in der DDR verhalten soll, hat mir niemand gesagt. Nicht einmal die eigene Chefredaktion.

Schon vor meiner Akkreditierung war ich dem MfS als Journalist »mit Verbindungen« zu einem Geheimdienst aufgefallen. Durch einen Artikel in der *Süddeutschen Zeitung*. Die sozial-liberale Regierung unter Kanzler Willy Brandt war noch nicht ein Jahr im Amt, da lud der Bundesnachrichtendienst einige Redaktionen zu einem Pressegespräch in die Zentrale nach Pullach ein. Horst Ehmke, der als sozialdemokratischer Kanzleramtschef Dienstherr des BND war, hatte zuvor die Führungsspitze neu geordnet und einige Reformen des Apparates eingeleitet. Nun wollte er der Öffentlichkeit eine neue Art von Offenheit demonstrieren. Warum die Chefredaktion gerade mich zu diesem Termin schickte, weiß ich nicht mehr. Ich war damals Ende zwanzig. Als politischer Reporter kannte ich mich zwar in der Parteien-Landschaft aus, aber von Nachrichtendiensten hatte ich keine Ahnung. Ich musste die Nummer meines Autos nach Pullach melden und fuhr in die BND-Zentrale, die damals noch als »Behördenhaus« getarnt war. Ehmke trat forsch und schnoddrig auf und meinte, man müsse ein bisschen frische Luft in den Dienst hineinlassen. BND-Präsident Gerhard Wessel sah bei dieser Bemerkung nicht eben glücklich aus.

Am 26. Juni 1970 erschien auf Seite drei der *Süddeutschen Zeitung* meine Reportage unter dem Titel: »James Bond ist in Pullach nicht gefragt.« Das MfS in Ost-Berlin registrierte die Berichterstattung und nahm die Autoren unter die Lupe. Über mich fand ich folgenden Vermerk: »1970 gehörte Pragal einem ausgewählten Kreis von BRD-Journalisten an, die speziell in die BND-Zentrale eingeladen wurden, um entsprechend der damaligen politischen Linie über den BND zu berichten.« Kaum war ich in Ost-Berlin, sammelte das MfS weitere Belege für meine vermeintliche Agententätigkeit. Einem in der Nachbarschaft wohnenden Spitzel, den mir Mielkes Offiziere ins Haus schickten, fiel der Band »Pullach intern« in meiner Bücherwand auf. Die von zwei *Spiegel*-Redakteuren verfasste Geschichte des Bundesnachrichtendienstes hatte ich wie alle anderen Bücher auf den für den Zoll bestimmten Einfuhrlisten vermerkt. Der Inoffizielle Mitarbeiter, der uns ab und zu besuchte, war auf das Buch fixiert.

Eines Tages stellte er fest, dass der Band nicht mehr da stand, wo er ihn ursprünglich gesehen hatte. Das, so folgerte er, müsse eine besondere Bewandtnis haben, irgendein Trick aus der geheimdienstlichen Praxis. »Das Buch befindet sich öfters an einer anderen Stelle in den Bücherregalen, während sich die anderen noch an der gleichen Stelle befinden«, teilte er seinem Führungsoffizier mit. Überdies fertigte er eine Skizze an und markierte die Stelle mit Rot und die andere mit Blau. Eifrig sammelte der Spitzel »Anzeichen für geheimdienstliche Tätigkeit des Pragal«. P. zitiere wörtlich Aussprüche von DDR-Prominenten, habe »eine beinahe komplette Liste aller Politbüro- und Ministerratsmitglieder, ihrer Spezialkenntnisse und Funktionen« im Kopf und kenne sich aus in der politischen Ökonomie des Sozialismus. Es könnte Tarnung sein, so gab der Spitzel zu Protokoll, dass ich mit fast allen Hausbewohnern, unter ihnen auch Sowjetbürger, verkehre, »so dass durch die Menge der Besucher bei P. eine Kontrolle erschwert bzw. unmöglich wird«.

Das MfS zog daraus den Schluss, dass meine Aktivitäten »über die normale Tätigkeit eines Journalisten« hinausgingen. »Der IM vermutet, dass P. mehr als nur ein einfacher Mitarbeiter des Geheimdienstes ist, dass er seine Jahre in der DDR nutzt, unser Gesamtsystem gründlich analysiert, alle Zusammenhänge, Verzahnungen kennenlernt, um daraus im größeren Maßstab Schlussfolgerungen zu ziehen.« Um herauszufinden, ob und wem ich außer meiner Redaktion Informationen zukommen ließ, veranstalteten die Spionageabwehr-Offiziere mit mir einige Tests. Sie spielten mir – ohne dass ich den Hintergrund ahnte – vertrauliche Informationen zu und warteten ab, was damit passiert. Zu ihrer Enttäuschung gelangten die Nachrichten nicht dorthin, wo man es vermutete. Jedenfalls kam von den Zuträgern, die das MfS in bundesdeutschen Diensten hatte, keine Bestätigung. »Es gab drei Möglichkeiten«, sagt Ex-Major M., der an den damaligen Aktionen beteiligt war. »Entweder haben Sie die Informationen nicht weitergegeben. Oder der Nachrichtendienst hat sie nicht für bedeutsam erachtet.« Er machte eine Pause und sah mich an. »Oder es gab keinen Kontakt.« Das traf – wie er später erkannte – zu.

Der Major, der mich als feindlichen Agenten entlarven wollte, hat bald gemerkt, dass er »ein Phantom jagt«. Aber er traute sich nicht, diese Erkenntnis in die Akten zu schreiben. »Es konnten keine Beweise für eine nachrichtendienstliche Tätigkeit des Pragal erarbeitet werden«, stellte er in einem Sachstandsbericht fest. Der generelle Verdacht gegen mich blieb jedoch bestehen. Der Major arbeitete weiter an seinem Auftrag. Besonders in der Zeit, als ich für den *Stern* akkreditiert war. Damals argwöhnte das MfS, ich könnte für den Geheimdienst eines »imperialistischen Hauptlandes« die Augen offenhalten. Als Indiz diente der Stasi meine journalistische Arbeitsweise. Pragals Informationsinteressen wiesen »eindeutige Analogien« zu denen des US-Geheimdienstes CIA auf, lese ich in einem Vermerk. Wie dieser wolle ich zum Beispiel wissen, wie sich die Beziehungen zwischen der DDR und der UdSSR entwickelten. Und ob Thesen westlicher Politiker bestätigt werden könnten, »denen zufolge die Basis in der SED sich zunehmend entmündigt fühle und eine ideologische Unsicherheit zeige«.

Gespräche mit Angehörigen der bundesdeutschen Mission in Ost-Berlin erregten ebenfalls beim MfS Misstrauen. »Dieses methodische Vorgehen – BRD-Korrespondent schöpft Mitarbeiter der Ständigen Vertretung der BRD ab – bekräftigt die Version einer möglichen Informationsbeschaffung für einen US-Geheimdienst.« Dass ich allein journalistischer Wissbegier folgte, kam den Genossen der »Firma« nicht in den Sinn. Ihre ideologischen Scheuklappen, ihr Freund-Feind-Denken und ihre Vorgaben als »Schild und Schwert« der kommunistischen Partei machten die Genossen von der »Firma« blind für die Realität.

Meine Reisen in andere Länder des Warschauer Paktes deutete das MfS ebenfalls als Erkundungen im Auftrag eines »imperialistischen Geheimdienstes« oder anderer »Zentren der politisch-ideologischen Diversion«. Von ihren tschechoslowakischen Kollegen hatten Mielkes Leute eine dubiose Information bekommen. Danach habe sich der damalige Kanzleramtsminister Waldemar Schreckenberger 1983 beim Bundespresseamt und bei der Chefredaktion des Magazins *Stern* dafür verwandt, mich als Korrespondent zur Akkreditierung in Ost-Berlin vorzuschlagen. Mein erneuter Einsatz auf dem vertrauten Posten liege »im Staatsinteresse der BRD«.

Aus diesem Hirngespinst Prager »Schlapphüte« folgerte das MfS, ich sei nur deshalb zurückgekommen, »um von der DDR aus in sozialistischen Staaten Informationen im Auftrag eines Geheimdienstes zu sammeln«. Die DDR diene mir dabei als »Stützpunkt« für meine Recherche-Fahrten in die Bruderländer. Die Wahrheit sah anders aus. Mit meiner Chefredaktion war abgesprochen, dass ich als Balkan-Korrespondent nach Wien gehen sollte. Als sich für den *Stern* die Chance ergab, den seit der Ausweisung meines Vorgängers vakanten Posten in Ost-Berlin wieder zu besetzen, drängten mich meine Chefs, diese Aufgabe zu übernehmen. Ich willigte unter der Bedingung ein, mich auch in Prag, Budapest, Bukarest und Sofia akkreditieren lassen zu dürfen. Von da an stand ich nicht nur unter strenger Beobachtung der Stasi, sondern auch ihrer »Bruderorgane«. Die holten erst einmal bei ihren Ost-Berliner Kollegen Informationen über mich ein. Die Stasi reagierte prompt. »Die Auskunftserteilung erfolgte entsprechend der festgelegten Aufgabeverfahrensweise«, protokollierte jeweils die Zentrale Auswertungs- und Informationsgruppe (ZAIG). Wann immer ich eine Reise in eines der Ostblock-Länder plante, warnte das MfS den befreundeten Geheimdienst vor mir. Ost-Berlin teilte mit, an welchem Tag ich mit welcher Fluglinie ankommen würde, in welchem Hotel ich absteigen und was ich vor Ort recherchieren wollte. Erkenntnisse, die in der Regel aus abgehörten Telefongesprächen stammten.

Die Grenzen überschreitende Bespitzelung funktionierte wie am Schnürchen. Ob ich mich für den Bau neuer Kernkraftwerke in der ČSSR, für Drogenschmuggel in Bulgarien oder für Nationalitätenkonflikte zwischen Ungarn und Rumänien interessierte, die jeweiligen Dienste waren schon vor der Einreise über meine Absichten informiert. Umgekehrt wollte das MfS von den »Bruderorganen« wissen, welche Personengruppen und Institutionen ich mir als »Angriffsschwerpunkte« gewählt habe. Und was ich bei meinen Reisen für »Aktivitäten im Freizeitbereich« entwickle.

Anfang November 1984 hatten die Offiziere von der MfS-Hauptabteilung II/13 drei Tage lang auswärtigen

Besuch. Im Gästehaus in Schildow bei Berlin empfingen sie die verantwortlichen Genossen der »II. Verwaltung des ČSSR-Bruderorgans«. Die ostdeutschen Geheimen führten ihre Gäste auch durch das Internationale Pressezentrum in der Ost-Berliner Mohrenstraße und erklärten ihren Prager Kollegen die »operative Nutzung des Sicherungsobjektes«. Im Klartext heißt das: Den Besuchern wurde erläutert, dass das MfS den viel besuchten Journalistentreffpunkt, zu dem auch ein Restaurant gehörte, durch Abhöranlagen und Spitzel voll unter ihrer Kontrolle hatte. Eine Tatsache, die mich bei der Lektüre der Akten nicht überraschte. Nichts anderes hatten wir West-Korrespondenten damals erwartet. Bei ihrem Meinungsaustausch stellten die verbündeten Spionageabwehr-Spezialisten fest, dass es schwierig und kompliziert sei, akkreditierten Korrespondenten eine »Anbindung an imperialistische Geheimdienste« sowie die »auftragsgemäße Durchführung subversiver Handlungen« stichhaltig nachzuweisen. Die kommunistischen Geheimdienstler beschlossen, meine Journalisten-Kollegen und mich künftig noch schärfer und in abgestimmten Aktionen bei unseren Kontakten zum »politischen Untergrund« unter die Lupe zu nehmen. »Wobei der Stern-Korrespondent P. einen Schwerpunkt bildet.«

Anfang 1983 war ich in München bei meiner Schwägerin Dorothee von B. Sie ist mit einem Grafen verheiratet, von Beruf Ministerialbeamter im bayerischen Staatsdienst. Von ihrer Wohnung aus habe ich einen DDR-Bürger angerufen, den ich in den nächsten Tagen treffen wollte. Das Telefongespräch wurde von der Stasi abgehört. Das MfS ermittelte den Anschluss und stellte beim Abgleich des Familiennamens meiner Schwägerin fest, dass eine Frau mit gleichem Adelsnamen bis 1980 Mitarbeiterin im Büro des BND-Präsidenten war. Das war wieder einmal ein Anlass, meine angeblichen BND-Verbindungen aufzuklären. Um herauszufinden, ob die beiden Frauen mit dem Adelsnamen identisch sind, setzte das MfS eine umfangreiche Aktion in Gang. Zur Ermittlung des Sachverhalts wurde die Auslandsspionage im »Operationsgebiet«, also in der Bundesrepublik, eingeschaltet. So sollte ein Genealogisches Handbuch, das es in der neuesten Auflage in der DDR nicht gab, beschafft werden. Ferner wurde vorgeschlagen, zum Telefonanschluss meines Schwagers in München eine Zielfahndung einzuleiten. IM »Roge« in Ost-Berlin wurde beauftragt, meine Frau systematisch nach ihrer Schwester auszufragen. Irgendwie scheinen die Ermittlungen ins Leere gelaufen zu sein. In meinen Akten findet sich der Vermerk: »Inwieweit Pragal Kenntnis von der Tätigkeit einer der beiden Gräfinnen für den BND hat, konnte bisher nicht erarbeitet werden.«

Im Juni 1989 bin ich 50 Jahre alt geworden. Zur Geburtstagsfeier in einer Ost-Berliner Gaststätte hatte ich auch meine Schwägerin eingeladen. Übernachten wollte sie im Valuta-Hotel »Metropol« am Bahnhof Friedrichstraße. Dort hatten wir für sie und andere Gäste aus der Bundesrepublik Zimmer bestellt. Nun endlich hoffte die Stasi, Klarheit über ihre Verbindungen zum BND zu bekommen. Das ihr zugedachte Zimmer war mit »Wanzen« präpariert. Während ihrer Abwesenheit sollte ihr Gepäck konspirativ untersucht werden. Und das Hotelpersonal war angewiesen, den Meldeschein der Gräfin zwecks »Sicherung der Handschrift« an die Stasi weiterzuleiten. Die Aktion erwies sich als Fehlschlag. Meine Schwägerin, die mit dem BND nie etwas zu tun gehabt hat, zog es vor, nach der Fete in unserer Charlottenburger Wohnung zu übernachten.

Gegen Ende der DDR hat die Stasi es offenbar aufgegeben, mich der Spionage für eine bundesdeutsche Behörde zu überführen. In einem Sachstandsbericht der HA II/13 vom 16. Juli 1987 fand ich zum »Operativen Vorgang Kumpan, Teil Starnberg« den lapidaren Satz: »Inoffizielle Erkenntnisse der HVA IX schließen eine nachrichtendienstliche Tätigkeit für den Bundesnachrichtendienst bzw. für das Bundesamt für Verfassungsschutz der BRD aus.« Endlich hatten sie es begriffen.

Geist und Witz im Osten oder: Die Kunst zwischen den Zeilen zu lesen

Eberhard Esche stand auf der Bühne des Deutschen Theaters und rezitierte Heinrich Heine. »Im traurigen Monat November war's, / Die Tage wurden trüber, / Der Wind riss von den Bäumen das Laub, / Da reist' ich nach Deutschland hinüber.« Das traditionsreiche Haus an der Ost-Berliner Schumannstraße war ausverkauft, wie immer, wenn der gefeierte Schauspieler »Deutschland. Ein Wintermärchen« vortrug. Um mich herum lauschten konzentriert und hellwach auffallend viele junge Leute. Was zog sie hierher? Hatten sie in der Schule die satirische Dichtung gelesen, in der Heine mit beißendem Spott die gesellschaftlichen und politischen Verhältnisse in seinem Vaterland geißelte? Oder war es vor allem die Vortragskunst des Schauspielers?

Als Esche die Passage über die Kontrolle preußischer Zöllner rezitierte, wurde es im Parkett so still wie in einer religiösen Andacht. Auch mich zog der mit Pathos gesprochene Text in seinen Bann. »Beschnuffelten alles, kramten herum / In Hemden, Hosen, Schnüpftüchern; / Sie suchten nach Spitzen, nach Bijouterien, / Auch nach verbotenen Büchern.« An dieser Stelle entlud sich die aufgestaute Spannung. Jubel und Beifall schlugen dem Schauspieler entgegen. Der machte eine kurze Pause und sprach weiter: »Ihr Toren, die ihr im Koffer sucht! / Hier werdet ihr nichts entdecken! / Die Konterbande, die mit mir reist, / Die hab' ich im Kopfe stecken.« Wiederum prasselte der Applaus. Ein Nachbar in der Sitzreihe drehte sich zur Seite und sagte: »Ganz schön aktuell, oder?« Darauf ein anderer: »Nur die Kulturfunktionäre haben das noch nicht gemerkt.«

Theaterbesucher in Ost-Berlin und in der DDR waren ein dankbares Publikum. Sie hatten ein sicheres Gespür für politische Anspielungen, erkannten versteckte Kritik, vergnügten sich an Doppeldeutigkeiten und freuten sich über jede Passage, die man als Spitze gegen die Diktatur der Einheitssozialisten werten konnte.

Geprägt durch die Erfahrungen in einem Obrigkeitsstaat, waren ostdeutsche Theatergänger gut darauf vorbereitet, historische Stoffe in Beziehung zur Gegenwart zu setzen und geschichtlich verpackte Botschaften zu entschlüsseln. »Sire, geben Sie Gedankenfreiheit« – das war eben nicht nur ein Satz aus Friedrich Schillers »Don Carlos«. Man begriff diese Worte, oft in trauter Einmütigkeit zwischen den Schauspielern auf der Bühne und den Zuschauern auf den Sitzen, als aktuelle Forderung an die Funktionäre und Zensoren im Lande. Oft reichte schon eine kleine Geste, eine spontane oder inszenierte Einlage, um vom Publikum verstanden und gefeiert zu werden. Man brauchte nur zu dem Ruf »der Staatsrat kommt« ein paar taprige Greise auf die Bühne schlurfen zu lassen, einer am Stock, ein anderer mit einer Blindenbinde am Arm. Das Publikum, das sofort an die Altherrenriege um Erich Honecker dachte, tobte vor Begeisterung. So geschehen in der Volksbühne bei der zum Kult gewordenen Aufführung von Georg Büchners »Leonce und Lena«.

Gut zuhören, genau hinschauen und zwischen den Zeilen lesen können – in dieser Fähigkeit waren viele Ostdeutsche geübt. In allen Bereichen der Kunst. Irgendwann war ich im »Studio Camera«, einem kleinen Filmkunsttheater in Ost-Berlin. Gezeigt wurde »Beethoven – Tage aus einem Leben«. Der Film des DDR-Regisseurs Horst Seemann war nach der Premiere 1976 nur kurz in den großen Lichtspielhäusern gelaufen und danach überraschend abgesetzt worden. »Da gibt es ein paar kritische Sätze«, verriet mir ein Bekannter.

Ich bekam rechtzeitig mit, dass der Streifen doch noch mal gezeigt wurde. In einer Nachmittagsvorstellung. Meine Erwartungen, die ich offenbar mit anderen Zuschauern teilte, wurden nicht enttäuscht. »Freiheit kann man nicht dosieren«, ließ der Autor des Drehbuchs den großen Komponisten sagen. Und auch einen anderen Satz, der vielen DDR-Bürgern aus dem Herzen gesprochen war: »Ich kann nur arbeiten, wenn mir niemand dreinredet.« Die Anspielungen auf die SED-Politik erreichten ihren Höhepunkt, als der Wiener Polizeiminister einem Spitzel, der Beethoven zu denunzieren versuchte, zynisch entgegnete: »Wir sind doch nicht so dumm, einen bekannten Künstler Pressionen auszusetzen.« Da ertönte aus dem Dunkel des Kinosaals eine männliche Stimme: »Hättet ihr euch nur daran gehalten.« Beifälliges Gemurmel verriet, dass der Protestruf an die Adresse der Funktionäre verstanden worden war. Die Ausbürgerung von Wolf Biermann war den Zuschauern noch frisch im Gedächtnis.

Der erste Schriftsteller der DDR, den ich persönlich kennenlernte, war Reiner Kunze. Er wohnte im thüringischen Greiz und besuchte uns in unserer Ost-Berliner Wohnung. Als freischaffender Autor suchte er den Kontakt zu Menschen aus dem Westen. Er erzählte meiner Frau und mir von seiner Bewunderung für die Reformsozialisten in der Tschechoslowakei und von seiner Trauer über das gewaltsame Ende des »Prager Frühlings«. Er schilderte seine Schwierigkeiten mit der Kulturbürokratie, die sich von seinem Gedichtband »Sensible Wege« provoziert fühlte und ihn deshalb schikanierte. Und er berichtete von seinen Beobachtungen beim Umgang zwischen Jugendlichen und der Staatsmacht. Gespannt hörten meine Frau und ich zu, wie er an vielen Beispielen nachwies, wie Schüler und andere junge Leute, die nicht im Sinne der SED spurten, von Polizei und Funktionären drangsaliert wurden.

Bald darauf, im Jahr 1976, wurde in der Bundesrepublik sein Prosaband »Die wunderbaren Jahre« veröffentlicht. Eine Anklage gegen die Diktatur des kommunistischen Regimes. Das Manuskript war heimlich in den Westen gebracht worden. Prompt schloss der Schriftstellerverband Kunze aus. Die Stasi, die ihn unter dem Decknamen »Lyrik« schon länger auf dem Kieker hatte, verschärfte ihre Aktionen, den oppositionellen Autor zu verunsichern, zu isolieren und zu »zersetzen«. Im April 1977 beantragte Reiner Kunze für sich und seine Familie die Entlassung aus der DDR-Staatsbürgerschaft. Schon nach einer Woche durfte er ausreisen. Ein Störenfried weniger – so dachte wohl die SED.

Vor dem gedruckten Wort hatten die Potentaten der SED eine geradezu panische Angst. Bevor ein Buch in die Läden kam, durchlief das Manuskript zahlreiche Prüfungen und Kontrollen. Nicht Verleger und Lektoren entschieden darüber, was das Volk an schöngeistigen Werken zu lesen bekam, sondern Parteisekretäre, Stasi-Leute und Kulturbürokraten. Sie befanden über die Genehmigung und die Zuteilung von Papierkontingenten. Literatur, die als staatsfeindlich eingestuft wurde, verbannten die Herrschenden in »Giftschränke«, zu denen nur ausgewählte Personen Zugang hatten. Unbotmäßige Schriftsteller wurden schikaniert, eingesperrt, aus dem Verband geworfen, aus der Partei ausgeschlossen und außer Landes gedrängt. Linientreue Literaten dagegen hofiert, mit Preisen überhäuft und mit Privilegien ausgestattet. Manche verdingten sich als Stasi-Spitzel, andere waren mit der Rolle als Hofdichter zufrieden.

Und doch hatte die Literatur für die Menschen in der DDR eine herausragende Bedeutung. Denn ungeachtet allen repressiven Drucks gab es zahlreiche Autoren, die sich darum bemühten, die Wirklichkeit abzubilden, Menschen und Zustände so darzustellen, wie sie diese sahen. Etwa Volker Braun, Günter de Bruyn, Christoph Hein, Stefan Heym und Christa Wolf, um nur einige zu nennen. Anders als in den straff reglementierten Tageszeitungen wurden Missstände und Fehlentwicklungen in Romanen und Erzählungen nicht ausgespart. Ängste und Hoffnungen, Verzweiflung und Wünsche, verdrängte Vergangenheit und Bedrohungen durch die Zukunft – was im Journalismus gar nicht oder nur in wenigen Wochenblättern und Zeitschriften andeutungsweise stattfand, begegnete Lesern in der Literatur. Die Belletristik bekam damit eine zusätzliche Funktion. Sie verband gesellschaftliche Informationen mit grundsätzlichen Problemen. Lesenswerte Bücher sprachen sich durch Flüsterpropaganda schnell herum. In privaten Zirkeln wurde leidenschaftlich über Neuerscheinungen diskutiert und gestritten. Oft auch in unserer Wohnung.

Stolz sprachen die Funktionäre vom »Leseland« DDR. Das war nicht nur ein Propaganda-Begriff. Die Leselust gab es tatsächlich. Bücher waren preiswert und häufig grafisch hervorragend gestaltet. Quer durchs Land gab es ein dichtes Netz von Bibliotheken. Und bei den Leuten, die ich kannte, gehörten Bücher in großer Zahl zum Inventar ihrer Wohnungen. In jedem freien Winkel standen Regale, gefüllt mit Bänden bis unter die Decke. Gewiss, die Buchproduktion in der Bundesrepublik war um ein Vielfaches höher. In der DDR war das Angebot an Titeln überschaubar. Bücher, die durch Mundpropaganda als interessant galten, waren schnell vergriffen oder nur mit guten Beziehungen zu Buchhändlern unterm Ladentisch zu bekommen. Reichlich und immer vorhanden waren nur die politischen Ladenhüter aus der Abteilung Marxismus-Leninismus.

Fast täglich machte ich meine Runde durch einige Buchhandlungen. Schaute nach neuen Titeln, freute mich über Entdeckungen, redete mit den Verkäuferinnen. Mein Gesicht war ihnen bekannt. Als Dauerkunde hatte ich Zugang zur »Bückware«. Mein besonderes Ziel waren Raritäten. Als ich eine fünfbändige, in echtes Leder gebundene Fontane-Ausgabe erstand, war ich selig. Mein Glück wurde noch überboten, als ich einen Doppelbildband mit dem Titel »Schicksale deutscher Baudenkmäler im Zweiten Weltkrieg« nach Hause brachte. Um diese Dokumentation über Schäden und Totalverluste vor und nach 1945 auf dem Gebiet der DDR haben mich Freunde beneidet. Immer wieder griffen sie nach den beiden Bänden. Wo konnten sie sonst

Fotos vom Inneren des unter Walter Ulbricht gesprengten Berliner Stadtschlosses und anderer historischer Gebäude sehen?

Noch heute steht mancher unserer Gäste vor den Bücherregalen und mustert mit Kennerblick die Sammlung. Und oft hören wir die Bemerkung: »Aha, auch aus DDR-Zeiten.« Aus unseren Ost-Berliner Jahren stammen die Ausgaben der Bibliothek deutscher Klassiker des Aufbau-Verlages. Ich hatte sie nahezu vollständig beisammen. Jedes der in farbiges Leinen gebundenen Exemplare kostete fünf Mark Ost. Als ich später in Bonn in einer großen Buchhandlung nahe der Universität sah, wie diese Bücher stapelweise in Ramschkisten lagen und sich kaum ein Kunde dafür interessierte, tat mir das weh. Im Lande des Überflusses hätte ich die Klassiker ohne Mühe kaufen können. Aber würde ich dann an ihnen so hängen wie an den Bänden, für die ich mir in Ost-Berlin die Hacken abgelaufen habe? Vermutlich nicht.

An einem Dezembertag 1975 war ich zum ersten Mal in der »Pfeffermühle«, Leipzigs populärstem Kabarett. Ich war angemeldet und wollte herausfinden, wie die Akteure dieser Kunstgattung ihre Aufgabe erfüllten, sozialistisches Bewusstsein zu fördern und gleichzeitig die Besucher mit geistreichen und unterhaltsamen Texten zum Lachen zu bringen. Ich kam nicht blauäugig. Ich wusste, dass den Satirikern um den Dramaturgen und Autor Rainer Otto von den Kulturfunktionären ideologische Grenzen gesetzt waren. Wie allen anderen Profi-Kabaretts wie etwa der Ost-Berliner »Distel« oder

der Dresdner »Herkuleskeule« auch. Mir war bekannt, dass Texte und Inszenierung mehrfachen Kontrollen unterworfen waren, dass es vor jeder Premiere eine »Abnahme« durch die Partei gab.

Aber was ich dann sah und hörte, überraschte und erstaunte mich. Ich fand es kess, wenn Mitglieder des Ensembles einen Bauarbeiter-Dialog wie diesen führten. Fragt der eine: »Weißt du, warum wir so viele Schlaglöcher haben?« Darauf der andere: »Weil wir die nicht exportieren können.« Mutig erschien mir auch diese Szene: Podiumsdiskussion zum Thema Umweltverschmutzung. Eine Vertreterin des Naturschutzes schimpft. Was da an Qualm Tag für Tag aus den Schloten der volkseigenen Betriebe komme, sei einfach ein Skandal, schlimmer könne es in der kapitalistischen Industrie auch nicht sein. Worin denn überhaupt noch der Unterschied bestehe. Antwort des Gesprächsleiters: »Unser Dreck gehört dem Volk.« Dass die das dürfen. Der Gedanke ging mir während des Programms durch den Kopf. Westliche Besucher stellten oft diese Frage, sagte mir anschließend Rainer Otto. Damit verkenne man allerdings die Funktion des Kabaretts in der DDR. Nicht um Schwächung des Sozialismus gehe es in den Programmen, sondern um seine Stärkung. Kritik müsse vorwärtsweisend und produktiv sein. Das war die offizielle Auskunft gegenüber einem West-Journalisten, ein staatsloyales Statement für die Genossen und fürs Protokoll. In Wahrheit haben die »Pfeffermüller« immer wieder versucht, an Tabus zu rühren und mehr zu sagen, als erlaubt war. Das hatte mitunter

Konsequenzen. Die Geschichte der 1954 gegründeten »Pfeffermühle« ist voll von Eingriffen der politischen Sittenwächter. Direktoren wurden entlassen. Ein Regisseur bekam Berufsverbot und ging in den Westen. Mehrere Programme wurden vollständig abgesetzt. Und vor fast jeder neuen Premiere fielen einzelne Programmteile der Zensur zum Opfer. Manchmal schrieben die Autoren Passagen, von denen sie mit Sicherheit annahmen, dass sie gestrichen würden. Mit diesem pfiffigen Angebot hofften sie, andere Texte vor einem negativen Urteil zu retten.

Eines Abends klingelte es bei uns an der Wohnungstür. Ein Freund kam vorbei, um ein Buch zurückzubringen. Ich sah gerade die »Aktuelle Kamera«, die um halb acht beginnende Nachrichtensendung des DDR-Fernsehens. Gewöhnliche Ost-Berliner verfolgten um diese Zeit lieber die West-Berliner »Abendschau«. »Was guckst du dir denn an«, wunderte sich der Freund. Es klang so, als hielte er meine Gewohnheit, mich im Ost-Kanal zu informieren, für abartig. »Du weißt doch, ich brauche das beruflich«, sagte ich. Wir unterhielten uns über die unsägliche Beweihräucherung von Partei und Staat, aus der die »AK« überwiegend bestand. Ich wandte ein, dass die parteioffizielle Propaganda auch SED-Mitgliedern auf die Nerven ging und sogar von Kabarettisten aufs Korn genommen wurde. Wohldosiert und hübsch ironisch verpackt.

Eine einschlägige Szene der »Distel« hatte ich mir aufgeschrieben. »Alles bei uns hat zwei Seiten, eine schöne und eine sehr schöne. Den schönen Seiten unseres Lebens begegnen wir alltäglich im Nahverkehr, im Konsum und im Betrieb. Den sehr schönen in Presse, Film und Fernsehen.« Und weiter: »Schön ist es, wenn unsere Menschen wochenlang vergebens nach einer Anbauwand herumlaufen. Sehr schön aber wird es, wenn sie in der ›Aktuellen Kamera‹ erleben, wie gewissenhaft unsere Möbelwerker ihre Exportverpflichtungen erfüllen.« Auch wenn der Grat zwischen politischen Vorgaben und künstlerischer Freiheit schmal war – auf den Kleinkunstbühnen wurden Probleme, die jeder DDR-Bürger hautnah spürte, offener und wirklichkeitsnäher behandelt als in der Parteipresse oder in Propagandasendungen von Hörfunk und Fernsehen.

»Am Wochenende fahren wir zum Fasching nach Dresden – wollt ihr mit?«, fragten uns Freunde aus der Nachbarschaft. Faschings-Feten kannten wir von München. Der Gedanke, dergleichen in Sachsen zu erleben, reizte uns. Wir sagten zu. Die Kostümparty fand in einer Kneipe am Elbufer nahe der Brücke »Blaues Wunder« statt. Es wurde wild getanzt und laut gesungen. Auch West-Schlager, deren Texte die Leute kannten. Wir wunderten uns ein bisschen. Schließlich waren wir im »Tal der Ahnungslosen«, einer Gegend, in der bundesdeutsches Fernsehen nicht zu empfangen war. Aber immerhin der Deutschlandfunk und andere Hörfunksender der ARD. Die Faschings-Gesellschaft war ein Querschnitt durch die Dresdner Szene. Künstler, Ärzte, Intellektuelle, auch Hippies und Aussteiger. Keine konformen Staatsbürger, sondern Individualisten, die in der sozialistischen Gesellschaft ihre Nische gefunden hatten. Menschen ohne große materielle Ansprüche, aber gebildet, geistig offen und lebensfroh. Gefeiert wurde bis in den frühen Morgen. An eine Sperrstunde kann ich mich nicht erinnern. Vor Volkspolizisten, die uns wegen nächtlicher Ruhestörung hätten belangen können, hatte niemand Angst.

Manche Bundesbürger hatten ein Bild von der DDR, das mehr Vorurteilen und Klischees als der Wirklichkeit entsprach. Sie meinten, das Leben »in der Zone« sei überwiegend grau und freudlos, und die Menschen liefen allesamt mit vergrämten und verbiesterten Gesichtern herum. Tatsächlich wurde östlich von Elbe und Werra nicht weniger gelacht und gefeiert als im Westen Deutschlands. Nicht nur privat, sondern auch in Kneipen, in Kulturhäusern, bei Ausflügen, bei Brigadefesten. Man amüsierte sich im Kino, in der Disco und in Revuetheatern. Das Dresdner Dixieland-Festival zog Tausende Fans zu den Elbauen. Himmelfahrt war in der DDR kein gesetzlicher Feier-, sondern ein gewöhnlicher Werktag. Trotzdem nahmen sich viele Männer frei, um mit Freunden und Kollegen bei einer Kremserfahrt nach traditioneller Art feucht-fröhlich Vatertag zu feiern. Das Pendant war der Internationale Frauentag, bei dem sich der weibliche Teil der Bevölkerung nicht minder ausgelassen präsentierte. Wer behauptet, in der DDR habe es außerhalb der Privatsphäre keine Lebenslust gegeben, ist wahrscheinlich nie dort gewesen.

In Ost-Berlin traf ich immer wieder Leute, deren Schlagfertigkeit und Mutterwitz mich faszinierten.

Aussprüche, die mir besonders gut gefielen, habe ich in einem Tagebuch festgehalten. Kostprobe: In den siebziger Jahren traten im Ost-Berliner Dynamo-Stadion die Kicker vom MSV Duisburg gegen die Elf vom heimischen BFC an. Der galt als Stasi-Klub und war bei vielen Ost-Berliner Fußballfans unbeliebt. Einige der Zuschauer, die mit viel Mühe eine Eintrittskarte ergatterten, waren von den Leistungen der westdeutschen Gäste enttäuscht. Die bewegten sich so schwerfällig und lustlos, als betrachteten sie den prestigeträchtigen Ost-West-Vergleich als lästige Pflichtübung. Als ein Duisburger wieder einmal versäumte, einem Ball nachzueilen, machte einer der Zuschauer seinem Ärger lautstark Luft »Wenn du jetzt nicht läufst, musst du hierbleiben.«

Kurz nach der feierlichen Einweihung der neuen Denkmalanlage im Marx-Engels-Forum im April 1986 spazierte ich mit einem Bekannten durch den kleinen Park zwischen Spree und Spandauer Straße. Vor den in Bronze gegossenen Skulpturen der sozialistischen Ahnherren machten wir halt. Eine der überlebensgroßen Gestalten saß, die Hände auf die Knie gestützt, die andere stand. »Rentnerdenkmal«, sagten Witzbolde. Ob ich wisse, wie die Figuren heißen, wollte mein Bekannter wissen. »Na klar, Karl Marx und Friedrich Engels«, antwortete ich. Falsch, sagte er. »Das sind Sacko und Jaketti.« Ich musste schmunzeln. Aber die Verballhornung der Namen war trotzdem ein bisschen makaber. Sacco und Vanzetti waren zwei aus Italien in die USA eingewanderte Anarchisten, die als Opfer eines Justizirrtums auf dem elektrischen Stuhl hingerichtet worden waren.

Die Etikettierung durch den Volksmund war ein weiteres Beispiel für den Einfallsreichtum, mit dem DDR-Bürger Spitznamen für Gebäude, Denkmale oder »sozialistische Errungenschaften« erfanden. Immer wenn Sonnenstrahlen auf die Stahlverkleidung der riesigen Kugel am Ost-Berliner Fernsehturm treffen, erscheint eine Reflexion in Form eines Kreuzes. Bis heute. Die SED-Führung hat das geärgert, aber sie hat kein Mittel gefunden, um dieses Phänomen technisch zu beseitigen. Der Volksmund dagegen sprach spöttisch von »Sankt Ulbricht« oder von der »Rache des Papstes«. Auch dann noch, als der Parteichef längst Honecker hieß. Aus dem Palast der Republik wurde »Palazzo Protzo« oder – wegen der hellen Beleuchtung – »Erichs Lampenladen«. Und als die SED-Spitze aus Mangel an Devisen den Konsum von Bohnenkaffee einschränkte und den Menschen ein Gemisch offerierte, das zur Hälfte aus Ersatzstoffen bestand, hieß das Gebräu alsbald »Erichs Krönung«.

Einmal überraschte mich ein Freund aus Ost-Berlin mit der Frage: »Vor einem Schrank mit dreiteiligem Spiegel steht ein nacktes Paar. Was bedeutet das?« »Keine Ahnung«, sagte ich. Darauf er: »Gruppensex in der DDR. Keine Leute, keine Leute.« Witze erzählen, gehörte im Arbeiter- und Bauernstaat zum Alltag. In der Ära Honecker war das – anders zur Stalin-Zeit – meistens gefahrlos. Obwohl ich viele der Spöttereien kannte und aufschrieb, war ich immer wieder von der

Aktualität der witzigen Sprüche und Dialoge überrascht. Zu jedem gesellschaftlichen Problem, wie etwa der Mangel an Arbeitskräften, gab es eine Fülle pointierter Scherze. Auch regelmäßig wiederkehrende Ereignisse wie die staatliche Jugendweihe provozierten Spott und Ironie. »Unser Sohn soll Sozialist werden«, sagt der Vater, dessen Sprössling sich auf das staatliche Ritual zur Aufnahme in die Reihen der Erwachsenen vorbereitet. »Schick ihn besser zur Konfirmation«, rät ihm der Nachbar, »für den Sozialismus braucht es einen starken Glauben.«

Wie in anderen Diktaturen war der Witz in der DDR auch eine politische Waffe, ein Mittel des Protestes und ein Ventil für aufgestauten Unmut. Zugleich waren Witze auch ein Barometer für die Stimmung in der Bevölkerung. Je schlechter die Wirtschaftslage, desto mehr wucherten die Bosheiten, wurden die sozialistische Planwirtschaft und ihre Repräsentanten der Lächerlichkeit preisgegeben. Jeder in unserem Freundes- und Bekanntenkreis wusste, dass ich scharf auf Witze war, dass ich sie regelrecht sammelte. Wenn jemand zur Tür hereinkam, fragte ich: »Hast du einen neuen?« Meistens wurde ich nicht enttäuscht. Warum, so fragte mich grinsend ein Besucher, ist die Arbeitsproduktivität in der Bundesrepublik viel höher als in der DDR? »Weiß ich nich«, brummte ich. »Weil Kommunisten im Westen Berufsverbot haben.« Manche Klassiker wurden immer wieder erzählt. Frage: »Was passiert, wenn in der Sahara der Sozialismus eingeführt wird?« Antwort: »Dann wird dort der Sand knapp.«

Vor dem letzten DDR-Geburtstag am 7. Oktober 1989 war die Variante eines Witzes im Umlauf, der auch schon zum 25. und 30. Staatsgründungstag kolportiert wurde: »Warum sind DDR-Bürger immer müde? Weil es seit 40 Jahren ständig bergauf geht.« Als Ende der achtziger Jahre die Fluchtwelle über Ungarn und über bundesdeutsche Botschaften und Missionen einsetzte, war das erneut ein Nährboden für schwarzen Humor und für Frust-Sprüche. Was, so fragte man mit bitterer Ironie, ist der Unterschied zwischen einem volkseigenen Betrieb und der gesamten DDR. Antwort: »Im VEB sind die Fluchtwege gekennzeichnet.« Auf die Lobreden in den Medien zielte dieser Witz: Zur Volkspolizei kommt ein Mann und erklärt, er möchte auswandern. »In welches Land«, fragt der Staatsdiener. »In die DDR«, lautet die überraschende Antwort. »Aber hören Sie mal«, wird er zurechtgewiesen. »Sie sind doch hier in der DDR.« Da sagt der Antragsteller: »Ich möchte in die DDR auswandern, die immer in der Zeitung beschrieben wird.«

Die zynischsten Witze und ärgsten Bosheiten, vermuteten Freunde, wurden von Genossen ausgedacht. Oft sogar von hohen Funktionären, die einen Ausgleich für die seelische Qual ihrer politisch gespaltenen Existenz brauchten. Der folgende Witz könnte aus den Reihen unzufriedener SED-Kader stammen: Ein Stasi-Mitarbeiter will in den Westen übersiedeln. Sein Vorgesetzter bestellt ihn zu einer peinlichen Befragung. Es gebe einen Haupt- und einen Nebengrund, sagt der zum Rapport beorderte Genosse. Der Chef will den zweiten Grund zuerst wissen. »Also, vielleicht kommt bei uns ja doch die Perestroika. Und was machen wir dann?« Der Vorgesetzte beruhigt ihn: »Das wird bei uns nie passieren.« Darauf der andere: »Sehen Sie, Genosse. Das ist der Hauptgrund.« Wann immer sich eine Gelegenheit bot, habe ich die jeweils neuesten Witze in meine Texte eingebaut. Das fand die Stasi gar nicht komisch. Zu Pragals Praktiken, so lese ich in meiner Akte, zähle die »permanente Wiedergabe gehörter oder selbst erfundener Gerüchte, Anekdoten und Witze als angeblich echte Streiflichter zur Charakterisierung der DDR«.

Am 4. November 1989 stand ich auf dem Alexanderplatz in Ost-Berlin. Eingeklemmt von Menschen, die zu Hunderttausenden gekommen waren, um bei der größten, nicht vom Staat organisierten Demonstration in der Geschichte der DDR der SED-Führung ihr Misstrauen zu bekunden. Die Protestierenden trugen Schilder und Spruchbänder mit Texten, wie sie nie zuvor öffentlich gezeigt worden waren. Bissig, witzig, provokativ. Woher kam dieser plötzliche Wald von Transparenten und Karikaturen? Die Menschen mussten sie über Nacht angefertigt haben. Wie war es möglich, so fragte ich mich, dass diese Ost-Berliner, die man jahrelang wie Untertanen gehalten hatte, auf einmal vor Sprachwitz und Kreativität sprühten. Ich notierte, was ich an Sprüchen erblickte: »Eure Politik ist zum Davonlaufen« – »Rücktritt ist Fortschritt« – »Visafrei bis Hawaii.« »Volksauge sei wachsam«, »Stasi in die Produktion« – »Mein Vorschlag für den 1. Mai, die Führung zieht am Volk vorbei.« Für solche Parolen wären die Leute ein paar Wochen zuvor noch hinter Gitter gebracht worden, sagte mein Freund Henning Schaller, der die Kundgebung moderierte. Aber an diesem Tage war die Angst weg. Und die Demonstranten konnten ihrer lange unterdrückten Lust an Kritik und verbaler Abrechnung freien Lauf lassen. Die Bürger, die gerade dabei waren, den aufrechten Gang zu lernen, hatten ihre eigenständige, lebendige Sprache gefunden.

Mörder, Diebe und Ganoven

Wenn Peter Borgelt Gäste hatte, erzählte er ihnen manchmal von seinen Erlebnissen als Verkehrssünder. Eines Tages fuhr der gebürtige Rostocker mit seinem Auto von Berlin nach Mecklenburg. Weil er zu schnell war, wurde er von der Volkspolizei angehalten. Die Uniformierten wussten sofort, wen sie vor sich hatten, auch ohne einen Blick in Borgelts Papiere. »Gerade Sie müssen Vorbild sein«, hielten sie ihm in strengem Ton vor. Dann knallten sie ihm zur Strafe einen Stempel in die Fahrerlaubnis. Das schmerzte Kraftfahrer in der DDR mehr als eine Geldbuße. Denn bei fünf Eintragungen war »die Pappe weg«. Der Führerschein wurde dem Fahrer entzogen.

Als mir Borgelt bei einem Besuch 1988 in seinem Haus in Berlin-Karlshorst diese Episode schilderte, war er als »Hauptmann Fuchs« eine im ganzen Land bekannte Figur. Seit 17 Jahren verkörperte er die Rolle des

Chefermittlers in der Krimi-Reihe »Polizeiruf 110«. In Dutzenden von Folgen spielte er den väterlich-strengen Ost-Kommissar offenbar so überzeugend, dass manche Leute Mühe hatten, Schauspielerei und Wirklichkeit auseinanderzuhalten. Mal gab ihm jemand Ratschläge zur Verbrechensbekämpfung, ein anderes Mal bot ein Bürger seine detektivische Mithilfe an. Borgelt nahm das als Kompliment. »Es ist doch schön, wenn man einen Beruf so darstellt, dass man damit identifiziert wird.«

Als der »Polizeiruf« am 27. Juni 1971 im DDR-Fernsehen mit dem »Fall der Lisa Murnau« startete, war das ein Politikum. Bis dahin hatten die Einheitssozialisten Kriminalität grundsätzlich als Erblast des Kapitalismus, als Relikt bürgerlichen Egoismus und Gewinnstrebens betrachtet. Mit der Entwicklung des Sozialismus, so hofften die Ideologen der Partei, werde der Nährboden für Verbrechen verschwinden. Wenn dennoch DDR-Bürger straffällig wurden, führte man dies nicht auf Widersprüche und Konflikte in der DDR-Gesellschaft, sondern auf den schädlichen Einfluss des Westens zurück. Die ab 1958 produzierte TV-Krimi-Reihe »Blaulicht«, die dem »Polizeiruf« vorausging, handelte in der Regel von grenzüberschreitender Kriminalität. Die Missetäter – Antiquitätenschmuggler, Heiratsschwindler, Trickbetrüger – kamen, solange die Mauer noch nicht stand, aus der Bundesrepublik und aus West-Berlin. Und auch als die Grenze dicht war, ging den Fernsehfunk-Autoren der Stoff nicht aus. Kriminalität blieb für sie ein importiertes Phänomen.

Mit dem Wechsel von Walter Ulbricht zu Erich Honecker an der Spitze der SED änderte sich das kulturpolitische Klima. Ein Hauch von Freizügigkeit wehte durch die DDR. Der neue Parteichef forderte von den Programmmachern des Fernsehens weniger Langeweile, dafür mehr Spannung und Unterhaltung. Der Aufruf fiel auf fruchtbaren Boden. Eine kleine Gruppe von Dramaturgen und Redakteuren entwickelte das Konzept einer neuen Krimi-Reihe, die das Publikum fesseln und den Zuschauern zugleich das Gefühl vermitteln sollte, in ihrem Staat werde für Ordnung und Sicherheit zuverlässig gesorgt. Der SED-Führung gefiel das Projekt, nicht zuletzt deshalb, weil die Krimi-Reihe nicht nur unterhalten, sondern auch aufklären, vorbeugen und das Rechtsbewusstsein der Bürger schärfen sollte.

Bei der Auswahl der Themen gingen die Produzenten des »Polizeirufs« anfangs behutsam vor. Die Krimis handelten vom Diebstahl sozialistischen Eigentums, von Einbrüchen, gewalttätigen Ehekonflikten, Verkehrsvergehen und ähnlichen Delikten, die politisch nicht sonderlich heikel waren. Mord und Totschlag kamen vor, waren aber eher selten. »Mit der Zeit wurde die Palette immer größer«, sagt Eberhard Görner, Mitbegründer und Dramaturg der TV-Reihe. »Auch die Widerspiegelung der Alltagskriminalität wurde immer schärfer.« Für zahlreiche Folgen hat er das Drehbuch geschrieben. Ihm und seinen Kollegen war klar, dass auch die sozialistische Gesellschaftsordnung Verfehlungen und Verbrechen hervorbrachte, und dass die

Straftaten in der DDR zunahmen. Die Mehrheit der Bürger wusste davon freilich wenig. Der Staat behielt sein Wissen für sich. Genaue Angaben über Verbrechen wurden verheimlicht, oder die Zahlen waren manipuliert. In den Zeitungen war über aktuelle Fälle nur selten etwas zu lesen. Die Öffentlichkeit, so die inoffizielle Begründung, sollte nicht beunruhigt werden.

Regisseure und Dramaturgen nutzten ihre neuen Freiräume und wagten sich an Themen, die mit einem Tabu belegt waren. Dazu zählten sexuelle Triebtäter und Kinder als ihre Opfer. Im September 1972 wurden die Fernsehzuschauer in der Folge »Minuten zu spät« mit dem Schicksal eines missbrauchten Mädchens konfrontiert. Jede Folge musste vor der Ausstrahlung »abgenommen« werden. Zu dem Gremium, das über die Freigabe befand, gehörte der für die Filmproduktion zuständige Bereichsleiter des Fernsehens, der Chefdramaturg und ein Beauftragter der Hauptabteilung Kriminalpolizei im DDR-Innenministerium. In diesem Fall, erinnerte sich Borgelt, sei es schwer gewesen, »den Film durchzubekommen«. Einige Zensoren meinten, so etwas Scheußliches dürfe man den Zuschauern nicht zumuten.

Schließlich ist der Beitrag von Regisseur Manfred Mosblech doch gelaufen. Mit einer wichtigen Änderung. Anders als vom Autor Horst Bastian ursprünglich vorgesehen, kam das geschändete Kind mit dem Leben davon.

Das Echo gab den Befürwortern des Tabubruchs Recht. Bei den Polizeirevieren gingen Anzeigen von

Eltern ein, die ihre Kinder nach der Sendung befragt und Hinweise auf das triebgestörte Verhalten von »Onkels« bekommen hatten. »Vorher haben viele Eltern gar nicht gewusst, dass es solche Gefahren gibt«, sagte mir Peter Borgelt. Der Vater von vier erwachsenen Kindern hatte in seiner Filmrolle als »Hauptmann Fuchs« auch in diesem Fall ermittelt. In unserem Freundeskreis war die in der DDR weit verbreitete Naivität gegenüber Verbrechen ebenfalls ein Thema. In Markus' Schule wurden die Eltern ermahnt, auf die Kinder nach Ende des Horts ein wachsames Auge zu werfen. Wir erfuhren, dass in unserem Kiez ein Unbekannter in Fluren und Treppenhäusern Schülern auflauerte. Als meine Frau davon ihrer Freundin Rena erzählte, tat sie die Gefahr als belanglos ab. Derlei komme doch »bei uns« nicht vor. Sie dachte sich auch nichts Böses dabei, dass ihre damals etwa achtjährige Tochter, die in einem Kinderchor sang, nach der abendlichen Vorstellung sich allein auf den Heimweg machte und die in der Regel nicht verschlossene Haustür öffnete. »Du bekommst doch im vierten Stock gar nicht mit, wenn sich jemand im dunklen Hausflur versteckt und sich an ihr vergeht«, hielt meine Frau ihrer Freundin vor. Die meinte, die Warnung sei übertrieben. Später hat sie eingesehen, dass sie nicht nur ahnungslos, sondern auch leichtsinnig war.

Unterstützung bei heiklen Fällen bekamen die Fernsehleute ausgerechnet von den Fachberatern der Volkspolizei. »Die waren souverän und in vielen Fällen mutig«, sagt der Dramaturg und Autor Eberhard Görner.

In der Regel waren die »Genossen von der K«, wie die Kripo der DDR im Alltag genannt wurde, Spezialisten. Angehörige der Mordkommission waren bei den Dreharbeiten ebenso dabei wie Experten für Betrugs- und Eigentumsdelikte. »Die wollten, dass die Arbeit der Kriminalpolizei so realistisch und gut dargestellt wird wie überhaupt nur möglich«, sagt Görner. »Die haben vor allem geschaut, ob alles kriminaltechnisch stimmte.« Ihr Verständnis für die »Polizeiruf«-Produzenten hatte noch einen anderen Grund. Manche Ermittler der »K« verstanden sich als Konkurrenten zu den jeweiligen Experten des Staatssicherheits-Ministeriums. Hin und wieder kam es vor, dass die Kriminalpolizei nicht in der Lage war, einen besonders schwierigen Fall zu lösen. Zum Beispiel, als im Brandenburgischen ein Serientäter mit krankhaft sexueller Veranlagung mehrere Jungen umbrachte. Dann wurde das MfS eingeschaltet. Dessen Spezialisten haben den Mörder gefasst.

»Mögen Sie einen Cognac zum Kaffee«, fragte mich Peter Borgelt, als ich ihn in seinem Haus besuchte. Die Antwort »Nein, danke« hielt ihn nicht davon ab, sich selbst ein Glas einzugießen. Der Schauspieler, der über Jahrzehnte zum Ensemble des Deutschen Theaters in Ost-Berlin gehörte, war ein durchaus trinkfester und genussfreudiger Mensch. Als »Hauptmann Fuchs« durfte er das allerdings nicht zeigen. Im Film haben der Ermittler-Chef und sein Kollektiv weder geraucht noch Alkohol getrunken. Der Ost-Kommissar hat, anders als seine Film-Kollegen im Westen, auch mit keiner Frau im Bett gelegen. Sein Privatleben als Junggeselle kam nur spärlich vor. Der Arbeitsstil des Kriminalisten war wenig spektakulär. Action-Szenen waren selten. Meist kam er mit klassischer Feinarbeit – Faktensammeln, Nachdenken, Kombinieren – dem Täter auf die Spur. »Du bist der Jean Gabin des Ostens«, hat ein Freund einmal zu Borgelt gesagt. Ein Kriminaler aus Leidenschaft, kein schießender Draufgänger, sondern Kopfarbeiter, ein Mann mit Lebenserfahrung, Scharfsinn und Menschenkenntnis, von kräftiger Statur und ein bisschen behäbig. Wie der französische Hauptdarsteller aus den »Maigret«-Filmen.

Realitätsnah und durchaus DDR-typisch war der rüde Ton, den die Kriminalisten im »Polizeiruf« mitunter gegenüber »Rechtsverletzern« anschlugen. »Hauptmann Fuchs« und seine Kollegen fassten Missetäter häufig ziemlich hart an. Und bei aller Beherrschung zeigten die Ermittler auch Gefühle, meistens dann, wenn Frauen oder Kinder die Opfer waren. Bundesbürger hätten sich wahrscheinlich eine so ruppige Behandlung durch westdeutsche Kripobeamte verbeten. In der DDR hatten die Gesetzesbrecher reumütig und zerknirscht zu sein. Dabei waren die Täter im »Polizeiruf« nur selten eiskalte Berufsverbrecher. Eher gesellschaftliche Außenseiter, schwache Charaktere oder Menschen in ausweglosen persönlichen Lebenssituationen. Die Gründe und Ursachen zu schildern, wie und warum es zu Straftaten gekommen ist, erschienen den Filmproduzenten mindestens so wichtig wie das Erzählen des Tathergangs.

»Ein Heller und ein Batzen«, grölte der Fleischer, als er nach einer Beerdigungsfeier aus einer Kneipe wankte. Von seinem Sohn gestützt, steuerte er auf sein Auto zu. »Du willst doch wohl nicht Auto fahren«, sagte entsetzt seine Frau. »Du kannst ja laufen«, knurrte der Mann, »ich fahre.« So begann »Amoklauf«, eine im Juni 1988 gesendete Folge von »Polizeiruf«. Der Film des Regisseurs Wolfgang Hübner schilderte nach einem wahren Fall die Katastrophenfahrt eines tüchtigen und bis dahin unbescholtenen Bürgers, den der Alkohol zum Verbrecher machte. Als der enthemmte Mann nach stundenlanger Jagd gestellt wurde, hatte er einen Radfahrer getötet, mehrere Menschen verletzt und einige Autos zu Schrott gefahren.

Alkohol war in der DDR die Droge Nummer eins. Da andere devisen-teure Suchtmittel wie Hasch und Heroin nur in geringen Mengen ins Land kamen, ertränkten viele Ostdeutsche ihren Alltagsfrust in Schnaps und Bier. Der Konsum dieser »Sorgenbrecher« war relativ preiswert. Saufen war im SED-Staat ein Volkssport, dem Funktionäre ebenso huldigten wie gewöhnliche Malocher. Getrunken wurde besonders viel Hochprozentiges. Und nach der Feier oder dem Kneipenbesuch setzen sich viele Menschen ans Steuer. Zwar galt für Autofahrer die Null-Promille-Grenze. Aber viele DDR-Bürger hielten sich nicht daran. In den achtziger Jahren stiegen die Alkoholdelikte im Straßenverkehr dramatisch an. 1987 kassierte die Volkspolizei bei Kontrollen mehr als 30000 Fahrlizenzen. Doch auch Fahrverbote und saftige Geldstrafen vermochten die Flut der nach Ansicht der Ordnungshüter »verwerflichen Rechtspflichtverletzungen« nicht wirkungsvoll einzudämmen. Verständlich, dass auch im »Polizeiruf« das Thema Alkohol aufgegriffen wurde. »Der Teufel hat den Schnaps gemacht« hieß die Folge, in der 1981 die zerstörerische Wirkung dieser Volksdroge drastisch vor Augen geführt wurde. Mit »Amoklauf« setzte das Fernsehen noch einmal nach. Die dadurch provozierte öffentliche Debatte brachte erstaunliche Erkenntnisse. »Der Alkoholismus«, konstatierte ein Professor der Humboldt-Universität, »ist kein individuelles, sondern ein soziales Problem.«

An der Reihe »Polizeiruf« haben viele Regisseure und Autoren mitgewirkt. Manche stützten sich auf Fälle, die ihnen die Kriminalpolizei übermittelte. Anderen waren die Akten zu trocken. Sie haben sich auf die Verfilmung von Literatur konzentriert. Als Vorlagen dienten vielfach die vom Verlag »Das neue Berlin« herausgegebenen Taschenbuch-Krimis aus der Reihe DIE (Delikte, Indizien, Ermittlungen). Die kleinen blauen Bändchen, die nur zwei Mark kosteten, standen bei DDR-Lesern hoch im Kurs. Auch diese Gattung von Literatur hatte in den achtziger Jahren ideologischen Ballast abgeworfen und sich den Straftätern und Problemen der eigenen Gesellschaft zugewandt. Davon profitierten auch die Dramaturgen und Drehbuchautoren des Fernsehens. Der »Polizeiruf«, der in den Hauptrollen mit Schauspielern der besten DDR-Theater besetzt war, gehörte zu den populärsten

Produktionen des DDR-Fernsehens und erzielte hervorragende Einschaltquoten zwischen 50 und 60 Prozent. Er hatte viele Fans im Westen und wurde für die DDR zum Exportschlager. Einzelne Folgen von »Polizeiruf« wurden in mehrere Dutzend Länder verkauft und liefen im Ausland auch in Kinos. Die TV-Reihe hat das Ende des SED-Staates überlebt und sich unter den Fernsehkrimi-Reihen im vereinten Deutschland fest etabliert.

Peter Borgelt, der 1994 starb, hat am Erfolg von »Polizeiruf 110« einen großen Anteil. Als Schauspielerpersönlichkeit verkörperte er einen Typ von Kriminalkommissar, der die ihm zugedachte Funktion eines vorbildlichen Staatsdieners mit den Zügen eines sympathischen und verständnisvollen Polizisten verband. Dabei war der »Genosse Hauptmann« im wahren Leben gar kein richtiger Genosse, also kein Mitglied der SED, sondern ein kritischer und selbstbewusster Bürger mit eigener politischer Meinung. Die Stasi hatte, seit ich ihn kennengelernt hatte, ein wachsames Auge auf ihn. Denn aus dem ursprünglich dienstlichen Besuch wurde eine private Verbindung. »Inoffiziell konnte erarbeitet werden«, so lese ich in einem Aktenvermerk, »dass Pragal den Kontakt zu B. auch nach Realisierung des Vorhabens fortsetzt.« Der Dramaturg Görner, der mir schon damals ausführlich über seine Arbeit beim »Polizeiruf« erzählte, geriet ebenfalls ins Visier der »Firma«. Über ihn steht in einer ausführlichen Aktennotiz über unsere Verbindung: »Für Pragal profiliert sich G. seit 1987 zu einem der Hauptkontaktpartner und zu einer der Hauptinformationsquellen. Bedeutsam ist, dass G. (dem) Pragal stets von sich heraus Informationen übermittelt.«

Mit Gott gegen Giftschwaden

Die grau-gelbe Brühe stank bestialisch. Ich schaute auf das mit Plastikfolien abgedeckte Becken und spürte plötzlich ein Würgen im Hals. Dann musste ich gegen einen Hustenreiz ankämpfen. Der penetrante Geruch zog in meine Bronchien. »Bei starkem Wind ist es noch schlimmer«, sagte Reinhard Weidner. Da breiteten sich die Giftschwaden über viele Kilometer aus und legten sich wie ein schmutziger Film auf Bäume, Pflanzen und Häuser.

An einem Herbsttag des Jahres 1988 hatte mich Weidner an diese Stelle auf der Plothener Seenplatte geführt, eine Teichlandschaft nördlich der thüringischen Kreisstadt Schleiz. Der evangelische Pfarrer von Dittersdorf, einer nur wenige Kilometer entfernten Gemeinde, wollte mir die Auswirkungen einer vom Staat ohne Rücksicht auf Mensch und Natur betriebenen industriellen Tierproduktion zeigen. »Hier war vor zwei Jahren noch schöner Wald«, sagte Weidner und deutete auf einen abgeholzten Hügel. Dort standen früher Fichten. »Wenn nicht bald etwas geschieht, ist die Zerstörung der Landschaft nicht mehr aufzuhalten.«

Was uns aus der riesigen Grube so übel riechend in die Nase stieg, war Gülle – ein stickstoffhaltiges

Gemisch aus Harn, Kot, Chemikalien und Wasser. Die Fäkallauge stammte aus der »Schweinezucht- und Mastanlage« (SMZ) Neustadt/Orla, einer gigantischen Viehfabrik nahe dem Ort Quaschwitz, nicht weit entfernt von der Transitautobahn Berlin–München. In 32 fensterlosen Ställen, die mit Stacheldraht und Sperr-Schildern wie ein Militärobjekt vor unbefugten Blicken gesichert waren, wurden auf engstem Raum bis zu 185000 Schlachtschweine gehalten – vorwiegend für den devisenträchtigen Westexport. In dieser Mastanlage, in der etwa 800 Menschen beschäftigt waren, fielen täglich mehr als 3000 Kubikmeter Rohgülle an. Eine Menge, die dem Klärwasseranfall einer Großstadt wie Leipzig entsprach. Die mit Arzneimittelrückständen und Schwermetallen angereicherte Jauche wurde in Freiluftbecken geleitet oder über ein weit verzweigtes Leitungssystem auf Felder in der Umgebung versprüht. Mit verheerenden Auswirkungen: Weil die Felder überdüngt waren, sickerte die Gülle ins Grundwasser, in Brunnen und in Bäche. Aus den Auffangbecken, von Einheimischen »Elefantenbäder« genannt, stiegen giftige Gase auf und verseuchten die Luft. Die Folge: Eine zerstörte Landschaft, in der die Vegetation einen langsamen Tod starb.

Diesem Frevel an der Schöpfung mochte Reinhard Weidner nicht tatenlos zusehen. Seit Mitte der siebziger Jahre war er Pfarrer in Dittersdorf. Mit Sorge beobachtete er, wie unter dem Einfluss der Güllemassen und ihrer Ausdünstungen das einst so reizvolle Seengebiet verödete und immer mehr Bäume in der Umgebung der Viehfabrik verkümmerten. Er wusste, dass etliche Dorfbewohner seine Bedenken teilten. Aber wenn sie diese gegenüber Behörden äußerten, wurden sie mit Beschwichtigungen abgespeist. Zusammen mit seiner Ehefrau Sibylle sammelte der Seelsorger in seiner Gemeinde Menschen um sich, die wie er bereit waren, gegen die rücksichtlose Praxis der Schweinemäster vorzugehen. 1986 entstand unter Weidners Leitung der »Christliche Umweltkreis Dittersdorf«. Mit einem ähnlichen Zirkel in der Nachbargemeinde Knau arbeitete er eng zusammen.

In den ersten Jahren meiner Korrespondenten-Tätigkeit war es schwierig, an verlässliche Fakten über die Umweltverschmutzung in der DDR zu kommen. Zahlen und Angaben über Schäden wurden wie Staatsgeheimnisse behandelt. Zwar konnte man schwerlich übersehen, wie stark Gewässer verdreckt waren. Manche Flüsse, auf denen Schaumberge schwammen, froren wegen der mitgeführten Chemieabfälle auch im tiefsten Winter nicht zu. Jeder Bewohner oder Besucher bekam mit, wie in den Industrieregionen der Smog aus filterlosen Schloten den Himmel verdüsterte, so dass man häufig auch bei Tageslicht die Autoscheinwerfer einschalten musste. Und wenn man aufmerksam durchs Land fuhr, dann stieß man – weil es an geordneten Deponien mangelte – vielerorts auf wilde Müllkippen. In den DDR-Zeitungen las man davon fast nichts. Da die Machthaber der Ökonomie gegenüber der Ökologie absoluten Vorrang einräumten, wurden die vom Staat verursachten Umweltsünden von den zentral gelenkten Medien ignoriert oder bagatellisiert. Mit der Folge, dass sich in der Bevölkerung das Bewusstsein für die Gefahren des Raubbaues an der Natur nur langsam entwickelte. Erst nach und nach erkannten die Bürger, dass der Staat seine eigene Umweltgesetzgebung nicht einhielt.

In den achtziger Jahren bildeten sich an vielen Orten zwischen Ostsee und Erzgebirge unabhängige Gruppen, die sich der weiteren Zerstörung ihrer Umwelt widersetzten. Meistens entstanden diese Initiativen aus der Mitte von Kirchengemeinden. Ohne den Beistand des einzigen vom Staat unabhängigen Großverbandes hätten sie kaum eine Chance gehabt, ihre Anliegen öffentlich vorzutragen. Die Mitglieder dieser Öko-Zirkel sammelten Daten, zogen Wasserproben aus Gewässern und untersuchten den Inhalt auf Schadstoffe. Sie kontrollierten, oft an Werkschutz und Betriebsleitung vorbei, ob volkseigene Unternehmen die Auflagen der staatlichen Umweltverordnungen einhielten. Etliche Gruppen machten die Ergebnisse ihrer Recherchen in hektografierten Blättern und Broschüren publik. In der Regel mit dem Zusatz: »Nur für den innerkirchlichen Dienstgebrauch.« Einige dieser ohne staatliche Druckgenehmigung hergestellten Samisdat-Schriften, wie die *Arche Nova* oder die *Umweltblätter*, wurden quer durch die DDR bekannt und von West-Korrespondenten gern zitiert. Andere, unter ihnen das von Weidner und einem Mitpfarrer aus einer Nachbargemeinde herausgegebene Informationsblatt *Leidplanke*, hatten nur lokale Bedeutung.

In Altenburg, wo ich Freunde hatte, bekam ich Kontakt zu einer kirchlichen Umweltbibliothek. Deren Leiterin machte mich auf Weidners Gruppe und ihren Protest gegen die Umweltverseuchung aufmerksam. Einen Tag lang führte mich der 1947 geborene Pfarrer durch das ökologische Krisengebiet. Er berichtete mir von erfolglosen Eingaben bei Behörden, von Anfeindungen lokaler SED-Funktionäre und vom Verbot, auf einer Einwohnerversammlung über das Gülle-Problem zu sprechen. Aus Angst, die Bevölkerung könnte beunruhigt werden, wurde jegliche öffentliche Kritik unterdrückt. Den Betreibern der Mastfabrik gehe es nur um den wirtschaftlichen Höchstertrag, sagte Weidner. »Und dem hat sich alles unterzuordnen.«

Anfang November 1988 erschien meine Reportage im *Stern*. Titel: »Mit Gott gegen Giftschwaden.« Damit wurde der Umwelt-Skandal über Thüringen hinaus bekannt. In Ost-Berlin bekamen einige Genossen einen Wutanfall. Der Artikel – so schrieb Jan Schönfelder in seiner als Buch erschienenen Magisterarbeit (»Mit Gott gegen Gülle«) – »musste als Affront gegen die politisch Verantwortlichen wirken: Ein Pfarrer hatte nicht nur einer westdeutschen Zeitschrift Informationen und ein Interview gegeben, sondern er hatte dem Staat massive Versäumnisse und Gleichgültigkeit vorgeworfen«. Die propagandistische Selbstdarstellung der DDR als Land mit einer reinen, intakten Umwelt sei damit zur Farce geworden.

Der Gegenschlag blieb nicht aus. Weidner wurde von SED-Funktionären als Staatsfeind und Rädelsführer eingestuft, und die Stasi leitete gegen ihn und seine Frau den Operativen Vorgang »Drohne« ein. Sie bespitzelte ihn, streute verleumderische Gerüchte und setzte alles daran, den Pfarrer zu entmutigen und seine kirchlich-grünen Mitstreiter einzuschüchtern. Überdies versuchten MfS-Offiziere, den unbotmäßigen Pfarrer durch Einflussnahme auf die mit Stasi-Zuträgern durchsetzte Thüringer Kirchenleitung zu disziplinieren. Nicht ohne Erfolg. Hatte der damalige Bischof Werner Leich den christlichen Umweltschützern noch Monate zuvor versichert, die Kirchenführung stehe hinter ihnen, war von Unterstützung bald nichts mehr zu spüren.

Das Landeskirchenamt in Eisenach ermahnte Weidner, seine seelsorgerischen Pflichten nicht durch die Umwelt-Tätigkeit »absorbieren zu lassen«. Im Pfarrkonvent gingen etliche Amtsbrüder gegenüber dem angeblichen »Querulanten« auf Distanz. Staatsdiener der Kreisbehörde drohten Weidner mit einer Haftstrafe wegen Bildung einer kriminellen Vereinigung. Als die Stasi ihre Strategie der »Zersetzung« dann auch noch auf die Familie ausdehnte, und sein Sohn Ingo, eines von vier Kindern, in der Schule isoliert und zum Außenseiter gestempelt wurde, begannen die Eltern über einen Ausreiseantrag nachzudenken. Bei einem Treffen zwischen kirchlichen Basisgruppen und dem Bischof wollte Sibylle Weidner von diesem wissen, ob und wie die Landeskirche einen vom Staat drangsalierten Pfarrer vor Verfolgung bewahren könne. Wochen zuvor hatte Leich bei einem Gespräch im Landeskirchenamt noch versucht, Weidners Besorgnisse zu zerstreuen. So schlimm wie angedroht werde es wohl nicht kommen. Nun aber sagte der Oberhirte, die Kirche könne nicht jeden schützen. »Wir haben unsere Grenzen.« So steht es jedenfalls in Aufzeichnungen der Stasi. Und in einem IM-Bericht ist zu lesen, Weidners seien verzweifelt und überlegten, das Land zu verlassen. Das war dem MfS nur recht.

Die verweigerte Solidarität gab den Ausschlag für die Entscheidung, der DDR den Rücken zu kehren. Am 16. Mai 1989 stellte Weidner zusammen mit seiner Familie beim Rat des Kreises den Antrag auf Übersiedlung in die Bundesrepublik Deutschland. »Wir sehen uns zu diesem Schritt genötigt«, schrieb er zur Begründung, »um weiteren Verdächtigungen, Unterstellungen, Verleumdungen und Behinderungen zu entgehen.« Über die Freigabe des Pfarrers musste der Landeskirchenrat beraten. Würde er die Anerkennung der Ausreisegründe verweigern, könnte Weidner in Westdeutschland nicht mehr als Pfarrer tätig sein. Die Stasi wusste dies und zeigte einmal mehr, wie weit ihr Arm reichte. Tatsächlich erkannte das kirchliche Führungsgremium, in dem einige ihrer Einflussagenten saßen, dem Dittersdorfer Pfarrer die Ordination ab. Die Mehrheit der Kirchenoberen war sich freilich nicht bewusst, dass sie sich zum Vollstrecker von MfS-Weisungen machte.

Ende August 1989, wenige Wochen vor dem Mauerfall, reiste die Familie aus der DDR aus, begleitet von der Kritik enttäuschter Christen, der Pfarrer habe seine

Gemeinde im Stich gelassen. Im württembergischen Hemmingen, dem Sitz einer evangelischen Patengemeinde von Dittersdorf, fanden Weidners eine vorläufige Aufnahme. Von dort aus kämpfte der arbeitslose Theologe um eine Aufhebung der von der Thüringer Kirche getroffenen Entscheidung. Nach einer Unterredung mit dem Bischof lenkte das Gremium ein und annullierte die Maßregelung. Weidner wurde für die Dauer von fünf Jahren für den Dienst in der württembergischen Landeskirche freigestellt. Der Thüringer Bischof entschuldigte sich. Er stehe unter dem Eindruck, so schrieb er »dem lieben Bruder« Weidner, »dass ich Sie ungerecht behandelt habe«.

In Sindelfingen bei Stuttgart bekam Weidner eine Vikarstelle. Aber schon nach drei Jahren wurde er vom Personalchef der württembergischen Kirche, einem Oberkirchenrat mit freundschaftlichen Beziehungen zu Kirchenoberen in Eisenach, vor die Wahl gestellt, sich anderswo in Westdeutschland eine neue Anstellung zu suchen oder nach Thüringen zurückzugehen. Letzteres wollte er nicht. »Weder ich noch meine Familie.« Weidner beunruhigte der Gedanke, dort wieder Amtsbrüdern begegnen zu müssen, die sich ihm gegenüber schäbig benommen haben. Der Thüringer Landeskirche wirft er vor, sich nicht offen und selbstkritisch ihrer Vergangenheit und dem Wirken von Stasi-Zuträgern in ihren Reihen gestellt zu haben. Es klingt bitter, wenn er heute sagt: »Das ist nicht mehr meine Kirche.« Die evangelische Kirche von Kurhessen-Waldeck gab Weidner eine neue

Heimstatt. Im Oktober 1992 begann er seinen Dienst als Pfarrer in Wichmannshausen, einem Ortsteil der Stadt Sontra im Werra-Meißner-Kreis. Von dort sind es nur wenige Kilometer bis zur Thüringer Landesgrenze. Der Prälat in Kassel, sein neuer Dienstherr, meinte, die Nähe zur alten Heimat würde ihm guttun. Der Kirchenobere zeigte auch sonst Verständnis. Wie seine Familie das alles verkraftet habe, wollte er wissen. »Das war menschlich so wohltuend«, sagt Reinhard Weidner. Persönliche Anteilnahme hat er bis dahin von kirchlichen Würdenträgern nicht erfahren. Weidner hat verfolgt, wie es nach seinem erzwungenen Weggang weiterging. Wie die Proteste gegen die Tierkasernen nach der friedlichen Revolution anschwollen. Wie aus kirchlichen Zirkeln eine breite Bürgerinitiative wurde. Wie die einst parteitreuen Zeitungen plötzlich Verständnis für die Umweltschützer zeigten. Als die Anlage 1991 nach dreizehnjähriger Betriebsdauer stillgelegt wurde, hat er so etwas wie Genugtuung gespürt. Eine Empfindung, die nur dadurch getrübt würde, dass es alten SED- und Stasi-Kadern unter dem früheren Leitungspersonal gelang, sich bei einem westdeutschen Investor die wenigen neuen Arbeitsplätze in einem Nachfolgebetrieb zu sichern.

Heute ist von der giftigen Hinterlassenschaft nichts mehr zu sehen und zu riechen. Die »Elefantenbäder« sind eingeebnet. Die Teiche haben wieder klares Wasser. Forstleute haben viele neue Bäume gepflanzt. Bewohner des Ortes Finkenmühle, die wegen der Schadstoffbelastung evakuiert werden sollten, konnten wohnen bleiben. Weidner hat sich das vom Staat geförderte Öko-Projekt zur Renaturierung vor Ort angesehen. Was er vorgefunden hat, hat ihn gefreut. Langsam, sagt er, komme auch der Tourismus wieder in Schwung.

Manchmal fährt Reinhard Weidner nach Eisenach. Mit seiner Familie oder mit Konfirmanden. Er besucht die Wartburg, das Lutherhaus und Kirchen. Einmal hat er seinen alten Bischof getroffen, der seit langem pensioniert ist. Es war eine kurze Begegnung. Sie schien dem früheren Oberhirten peinlich zu sein. Weidner war enttäuscht. »Mehr als eine höfliche Frage, wie es mir gehe, hat er nicht herausgebracht.«

Ein Interview macht Furore

Zu Beginn des Jahres 1987 war den meisten kommunistischen Regierungen des Ostblocks klar, dass die Reformpolitik von Michail Gorbatschow nicht auf die Sowjetunion beschränkt bleiben würde. Früher oder später würden sie unter dem Druck der Entwicklungen beim »großen Bruder« gezwungen sein, langjährige Fehlentwicklungen zu korrigieren. Für viele Bürger in den sozialistischen Ländern verband sich das neue Denken des Generalsekretärs der KPdSU mit der Hoffnung auf Veränderungen der verkrusteten Partei-Diktaturen. Perestroika und Glasnost waren in aller Munde. »Die Entwicklung ist nicht mehr umkehrbar«, sagte der langjährige Sowjetbotschafter in Bonn, Valentin Falin, in einem Interview, das er meinem *Stern*-Kollegen Erich Follath und mir im März 1987 gab.

Die alten Männer im Politbüro der SED beobachteten Gorbatschows Revolution von oben mit großem Argwohn. Sie wollten mit allen Mitteln vermeiden, dass die DDR in den Sog seiner Reformpolitik geriet. In maßloser Überschätzung der Wirtschaftskraft und der politischen Stabilität der DDR rühmten sie ihren Sozialismus in den Farben Schwarz-Rot-Gold und erklärten jegliche Veränderungen à la Moskau für das eigene Land als überflüssig. Öffentlich sagten sie das allerdings nicht. Ich dachte, vielleicht könnte man die SED-Führung zu einer offiziellen Stellungnahme veranlassen und beantragte beim Außenministerium ein Interview zum Thema: Wie die DDR die Reformpolitik von Michail Gorbatschow beurteilt. Große Hoffnungen machte ich mir nicht. Immerhin bat mich die Abteilung Journalistische Beziehungen, ich möge Fragen formulieren und diese möglichst schnell schriftlich übermitteln. Das tat ich umgehend, ohne mich inhaltlich mit der Redaktion in Hamburg abzustimmen. Wenige Tage darauf wurde mir mitgeteilt, meinem Antrag sei stattgegeben worden. Professor Kurt Hager, Sekretär des Zentralkomitees, sei bereit, die Fragen des *Stern* zu beantworten. Ich war sprachlos. Ich hatte angenommen, dass man vielleicht den Direktor der Akademie für Gesellschaftswissenschaften oder einen seiner Mitarbeiter als Gesprächspartner benennen würde.

Und nun wollte ein Politbüromitglied persönlich Stellung nehmen. Ein Spitzenfunktionär, mit dem ich noch nie ein Wort gewechselt hatte. Die Redaktion war begeistert.

Das Interview war für den 20. März 1987 festgelegt worden. Um 10 Uhr meldete ich mich mit meinem Hamburger Kollegen Ulrich Völklein und dem Fotografen Jürgen Müller-Schneck im Außenministerium an der Spree. Wir wurden in einen Raum im Erdgeschoss geführt. Dort übergab uns ein Mitarbeiter einen Stapel Papier. Hagers schriftliche Antworten auf unsere Fragen. Bei der Lektüre des sogenannten Interviews bekam ich ein mulmiges Gefühl. Je mehr wir die Passagen mit den umständlichen Bandwurmsätzen durchgingen, desto länger wurden unsere Gesichter. Der Text bestand über weite Passagen aus gestelzten Propaganda-Phrasen ohne Neuigkeitswert. Und die müssen wir auch noch abdrucken, ging es mir durch den Kopf. Ich malte mir die Reaktion in der Zentrale aus. Dann kamen wir bei der Lektüre an eine Stelle, die uns stutzen ließ. Die Achtung vor dem Lande Lenins bedeute nicht, »dass wir alles, was in der Sowjetunion geschah, kopierten«. Das klang nach vorsichtiger Distanzierung. Und es kam noch besser. »Würden Sie, wenn Ihr Nachbar seine Wohnung neu tapeziert, sich verpflichtet fühlen, ebenfalls neu zu tapezieren?« Ein Satz voller Brisanz. Eine Formulierung, die man als Absage der SED an die Reformpolitik der sowjetischen Schutzmacht werten könnte. Da ahnten wir noch nicht, welche weltweite Wirkung dieser Vergleich des Chefideologen der SED haben würde.

Wir steckten die schriftlichen, mit dem Politbüro abgestimmten Antworten ein und wurden hinüber ins »Große Haus«, den Sitz der SED-Parteizentrale geleitet. Vorbei an salutierenden Wachsoldaten. Hager, der in der Nachkriegszeit an der Humboldt-Universität Philosophie gelehrt hatte, empfing uns gemeinsam mit dem Hauptabteilungsleiter des DDR-Außenministeriums, Wolfgang Meyer, in seinem Büro. Es gab Säfte und Kaffee. Wir hatten dem ZK-Sekretär, der im württembergischen Bietigheim geboren wurde, als Gastgeschenk ein schwäbisches Mundart-Lexikon mitgebracht. Jovial plauderte er mit uns über die landsmannschaftlichen Eigenheiten der Schwaben. Die Begegnung war locker und entspannt, aber kaum mehr als ein protokollarischer Höflichkeitstermin. Unser Fotograf hielt die Szene fest. Über unsere Fragen und seine Antworten verlor Kurt Hager kein Wort. Das Interview, das im eigentlichen Sinne keines war, hatte er bereits abgehakt.

Die Resonanz auf die Veröffentlichung war größer als er wohl selbst erwartet hatte. Politiker und Kommentatoren werteten Hagers Tapeten-Satz als offizielle Absage der SED-Führung an Glasnost und Perestroika. Ost-Berlin, so die Botschaft, ging öffentlich auf Distanz zu Michail Gorbatschow. Im Volksmund hieß Hager fortan »Tapeten-Kutte«. In seinem Büro gingen zahlreiche Briefe empörter Gorbatschow-Anhänger innerhalb und außerhalb der SED ein. Ich habe Hager zusammen mit einem Belegexemplar einige Fotos in sein ZK-Büro geschickt, aber nichts mehr von ihm gehört.

Der Text des Interviews erschien, wie verabredet am 9. April, zeitgleich zum Abdruck im SED-Zentralorgan *Neues Deutschland*. Aber in der Ausgabe des *Stern* fehlten ein paar Sätze. Kollegen von der Schlussredaktion hatten eigenmächtig und ohne Absprache mit dem Ressort einige Antworten Hagers gekürzt. Dass ausgerechnet »Aussagen zur sozialistischen Demokratie in der DDR und ihrer Ausübung in der täglichen Praxis« weggefallen waren, nahmen die SED-Genossen meiner Redaktion besonders übel.

Eine leitende Mitarbeiterin des Außenministeriums drückte mir ihre Missbilligung aus. Mein Ressortleiter schrieb einen Entschuldigungsbrief und erklärte die Vorhaltungen für berechtigt. Doch der Bestrafung entging ich nicht. Ein mir bereits in Aussicht gestelltes Gespräch mit ZK-Sekretär Hermann Axen zu Fragen der Entspannungspolitik wurde mir kurzerhand gestrichen. Man wolle meinen Antrag erst gar nicht an das ZK weiterleiten, lese ich in einem internen Vermerk, da man sich nicht zum Fürsprecher für Redaktionen machen wolle, die gegebene Zusagen nicht einhielten. »Durch die unseriöse Art der Veröffentlichung des Interviews, hat sich der *Stern* selbst die Grundlage dafür entzogen, in nächster Zeit ein weiteres Exklusivinterview zu erhalten.«

Damit nicht genug. Wohl wissend, dass in westlichen Redaktionen und Verlagshäusern nichts mehr schmerzt als spektakuläre Erfolge der Mitbewerber, dachten sich die Außenamts-Bediensteten noch einen speziellen Denkzettel aus. »Die Konkurrenzsituation der großen Hamburger Blätter ausnützend«, solle dem *Spiegel* oder der *Zeit* ein Interview mit Hermann Axen angeboten werden. Aus Äußerungen ihrer Korrespondenten sei ein starkes Interesse an Gesprächen mit Vertretern der Parteiführung zu entnehmen. Es seien jedoch keine Anträge gestellt worden, »um sich keine Ablehnungen einzuhandeln«. Lobend wurde in dem Vermerk erwähnt, dass man besonders mit der *Zeit* gute Erfahrungen gemacht habe. Bei einem Interview mit Erich Honecker seien selbst »kleinste stilistische und orthografische Veränderungen« abgestimmt worden.

Nach dem Zusammenbruch der SED-Herrschaft habe ich einen Brief an Kurt Hager geschrieben. Er hatte – nachdem die Prominentensiedlung in Wandlitz aufgelöst worden war – eine Berliner Neubauwohnung in der Nähe des Pariser Platzes bezogen. Ob er Zeit und Lust habe, mich für eine halbe Stunde zu empfangen, um über sein Interview von 1987 zu reden, wollte ich wissen. Zwei Wochen später kam seine auf der Schreibmaschine verfasste Antwort: »Werter Herr Pragal! An dem von Ihnen vorgeschlagenen Gespräch habe ich kein Interesse. Ich sehe darin keinen Sinn. Hochachtungsvoll Kurt Hager.«

Mitte der 90er Jahre – ich war inzwischen Redaktionsmitglied der *Berliner Zeitung* – sprach Hager doch noch einmal mit dem *Stern*. Der verbitterte Rentner, dem man die Rente als Opfer des Faschismus gestrichen hatte, gab zu, dass der Interview-Text nicht von ihm stammte. »Die Pressestelle unseres Außenministeriums hatte, wie üblich, die Antworten vorbereitet.« Als kompletten Entwurf, den Hager unverändert übernahm. Nur den dann berühmt gewordenen Tapeten-Satz habe er selbst hinzugefügt. Hager: »Kurioserweise ist der Tapetenwechsel-Vergleich mein einziger originaler Beitrag zu dem Interview gewesen.«

1996 veröffentlichte Hager ein Buch mit dem Titel »Erinnerungen«. Darin stellte er sich als Opfer von Fehldeutungen dar. Sein Tapeten-Vergleich sei »entgegen meiner Absicht und im Widerspruch zu meiner Überzeugung« als Ablehnung jeglicher Reform in der DDR interpretiert worden. Westliche Medien hätten sich die Chance nicht entgehen lassen, seinen Ausspruch über das Tapezieren gegen die »Betonköpfe« der SED-Führung auszunutzen. Die übrigen Antworten, die ihm das Außenministerium als vollständige Vorlage auf meine Fragen geliefert hatte, wertete Hager nachträglich als wenig geglückt. Die Antworten seien »schematisch und schönfärberisch« gewesen. Und dann rang er sich doch noch zu einer selbstkritischen Bemerkung durch: »Es war ein Fehler, dass ich mich zu eng an diesen Entwurf hielt und nicht meinen eigenen Stil gebrauchte.« Im September 1998 ist Kurt Hager im Alter von 86 Jahren gestorben.

Leben im Ghetto

Generalleutnant Günter Wolf sparte gegenüber den »ausländischen« Besuchern nicht mit Komplimenten. Vor ein paar Tagen, sagte der Chef der Stasi-Hauptabteilung Personenschutz, seien Vertreter von DDR-Medien da gewesen. Die hätten sich mächtig aufgeregt. Manche hätten sich geradezu wild aufgeführt. Die akkreditierten Korrespondenten hingegen verhielten sich korrekt und stellten sachliche Fragen. Das empfinde er als »wohltuend«. Ein solches Lob aus dem Munde eines Stasi-Generals war für mich ungewohnt. Wolf, nicht verwandt mit dem langjährigen Chef der DDR-Auslandsspionage, Markus Wolf, führte meine Kollegen und mich am 27. November 1989 durch die bis dahin von Geheimnissen umwitterte »Waldsiedlung Wandlitz«, Domizil der obersten Führungsriege der SED. Wir gingen durch die Straßen des inneren Rings, an denen insgesamt 23 Häuser standen, symmetrisch ausgerichtet und aufgestellt wie Bauklötze. Äußerlich keine prachtvollen Villen, eher schlichte Einfamilienhäuser. Einige der Politbüro-Mitglieder, unter ihnen der zum Generalsekretär aufgestiegene Egon Krenz, waren schon ausgezogen. Andere, wie der entmachtete und kranke Erich Honecker, wohnten noch in ihrem Ghetto.

Wolf, dem die Betreuung und Versorgung der »führenden Repräsentanten« unterstand, geleitete uns in eines der leerstehenden Häuser. Ein großes Entree, geräumiges Wohnzimmer, Parkettböden, hölzerne Einbauschränke, mehrere Toiletten – nichts was einem Westdeutschen als Luxus erscheinen konnte. In der Küche ein Herd und eine Geschirrspülmaschine aus bundesdeutscher Fabrikation. DDR-Kollegen, die nach dem Ende der Zensur nunmehr kritischen Journalismus probten, nahmen daran Anstoß und teilten die in ihren Augen üppige Ausstattung eilfertig ihren Lesern und Zuschauern mit. Mich bewegten andere Fragen. Warum haben sich die Spitzenfunktionäre überhaupt hinter einer von Stasi-Leuten bewachten, fünf bis sechs Kilometer langen und 2,10 Meter hohen Mauer abgeschottet und versteckt? Warum unterwarfen sie sich einer Sicherheitsdoktrin, die selbst der verantwortliche Stasi-General als überzogen bewertete? Und wie wirkte sich die Isolation auf die Wahrnehmung der sozialen Wirklichkeit in ihrem Lande aus?

Eine erste Antwort gab Kurt Hager. Der von der politischen Bühne abgetretene ZK-Sekretär wurde in Begleitung seiner Frau beim Spaziergang in der Siedlung von einem Kamerateam des DDR-Senders »Elf 99« gestellt. Nach Wandlitz in eine Dienstwohnung zu ziehen, sei in seiner Position eine Notwendigkeit gewesen, rechtfertigte er sich. Er habe sich »den Beschlüssen gebeugt«. Der alte Mann wirkte verbittert. Drohungen seiner rebellierenden Untertanen wie die vom bevorstehenden »Sturm auf Wandlitz« machten ihm offenbar Angst. Er sprach von einem »Internierungslager«, das er gern mit einer kleinen Wohnung tauschen würde. Als Rentner seien seine Ansprüche gering. Anfang Dezember wurden die Telefonverbindungen in der Siedlung unterbrochen. Staatsanwälte nahmen einige der Bewohner fest oder stellten sie unter Hausarrest. Ihre Häuser wurden durchsucht. Kurt Hager ließ man in Ruhe. Im Januar 1990 löste das Ehepaar seinen Haushalt in Wandlitz auf und zog nach Berlin. Den größten Teil seiner Bücher schenkte er Bibliotheken.

Gebaut wurde die Prominentensiedlung Ende der fünfziger Jahre. Unter dem Schock der ungarischen Revolution meinten Sicherheitsexperten, die Partei- und Staatsführung besonders schützen zu müssen. Seit der Gründung der DDR hatte die rote Herrscherelite in Berlin-Pankow gewohnt. Vorwiegend in bürgerlichen Villen rund um den für normalen Verkehr gesperrten Majakowski-Ring. Bewacht, aber mitten in der Stadt. Das war dem Ministerium für Staatssicherheit nicht sicher genug. Die »Herren von Pankoff«, wie der westdeutsche Kanzler Konrad Adenauer die SED-Führer zu nennen pflegte, sollten sich kasernieren lassen, bei Wandlitz, gut 20 Kilometer nordöstlich von Berlin. Fortan pendelten sie in sowjetischen, später in schwedischen Nobelkarossen auf einer speziellen »Protokollstrecke« auf grüner Welle zwischen dem Politbüro-Dorf, im Volksmund »Volvograd« genannt, und ihrem Dienstsitz im ZK-Gebäude am Werder'schen Markt. Um eine freie Fahrt zu garantieren, wurde der Verkehr an der Einbiegung des eigens für die »Waldsiedlung« gebauten Schnellstraßen-Zubringers zur Autobahn Prenzlau–Berlin zeitweise geregelt.

So abgeschottet wie gegenüber der Bevölkerung, so abgekapselt lebte die Creme der DDR-Gesellschaft auch untereinander. Es habe keinerlei Geselligkeit gegeben, erzählte mir in den neunziger Jahren Vera Oelschlegel, die als Ehefrau von Konrad Naumann, dem damaligen SED-Chef von Ost-Berlin, einige Zeit in Wandlitz lebte. »Man grüßte, falls man sich begegnete.« Eine enge Nachbarschaft mit regelmäßigen Besuchen von Haus zu Haus habe sie nicht kennengelernt. »Es war eine Albtraumsiedlung, ein Ghetto«, hat die prominente Schauspielerin in ihrem Selbstporträt »Wenn das meine Mutter wüsst' …« geschrieben, »und ich entwickelte hier so viel Heimatgefühl wie ein Emigrant.« Misstrauen vergiftete das Miteinander. Auch in Wandlitz, so fand sie heraus, waren die Häuser »verwanzt«. Als sie sich einmal mit ihrem Mann gestritten hatte, habe Erich Mielke sie am nächsten Tag gefragt: »Warum willste denn nicht auf die Parteischule? Biste dir zu fein?« Genau darum sei es bei dem Ehekrach gegangen.

Für DDR-Verhältnisse lebte die sozialistische Oberschicht in einem sozialistischen Schlaraffenland. Es fehlte weder an Waren noch an Personal. Hunderte Bedienstete sorgten für das Wohl der Spitzenpolitiker: Chauffeure und Gärtner, Kellner und Köche, Ärzte und Masseure, Handwerker und Hausmädchen, allesamt von der Stasi eingestellt und zu strikter Geheimhaltung vergattert. Auch die Domestiken wohnten auf dem parkähnlichen Gelände, freilich in gebührendem Abstand zu den Häusern der Nomenklatura im Innenring. In einem Hallenschwimmbecken, das Erich Mielke regelmäßig schon am frühen Morgen nutzte, konnte sich der sozialistische Adel fit halten. Im Gemeinschafts-Restaurant kosteten die teuersten Gerichte weniger als zehn Mark Ost. Man konnte sich das Essen auch ins Haus kommen lassen. Die Kellner brachten sogar Geschirr und Tischwäsche mit.

Der Clou für die Promi-Bewohner, von denen etliche neben den Wandlitz-Häusern noch zusätzliche Jagd- und Wochenenddomizile hatten, war das Einkaufszentrum. Dort gab es neben DDR-Produkten westliche Importgüter zu Vorzugspreisen in Landeswährung. Spirituosen, Feinkost, Delikatessen, frisches Obst, mitunter aus südlichen Ländern eingeflogen. Aber auch Textilien, Schuhe, Kosmetika, Kühlschränke und elektronische Geräte. Als Günter Wolf die Journalisten durch das Funktionärs-Camp führte, waren die West-Waren aus den Vitrinen und Regalen verschwunden. Die Stasi hatte sie zunächst ins Ost-Berliner »Palasthotel« und von da aus in ein Warenlager nahe dem Flughafen Schönefeld gebracht. Statt der Import-Artikel wurde den Korrespondenten ein Sortiment aus reinen DDR-Produkten vorgeführt. Wer hier vor sechs Wochen eingekauft habe, räumte der Stasi-General ein, der erkenne den Laden nicht wieder.

Doch die frühere Praxis ließ sich nicht lange geheim halten. Eine von den politischen Erben Honeckers eingesetzte Kommission zur Aufdeckung von Korruptionsfällen förderte Details des süßen Lebens in Wandlitz ans Tageslicht. Dort wurde nicht nur zum Eigenbedarf konsumiert. Manche Ober-Genossen, die Freunde und Verwandte an den lukrativen Einkaufmöglichkeiten teilnehmen ließen, konnten gar nicht genug von den Waren des Klassenfeindes bekommen. Der für die Wirtschaft zuständige ZK-Sekretär kaufte, wie die Kommission nach dem Fall der SED-Größen feststellte, Jahr für Jahr im Durchschnitt zehn Farbfernseher zum Stückpreis von maximal 1750 Ost-Mark. Das war deutlich weniger, als ein gewöhnlicher DDR-Bürger für ein vergleichbares Gerät hätte hinblättern müssen.

»Angesichts der Versorgungsschwierigkeiten und des Wohnungsmangels im Lande war diese Vorzugsbehandlung übertrieben«, hat Kurt Hager nach seinem Auszug aus Wandlitz selbstkritisch festgestellt. »Wir hatten nicht gehandelt, wie man es von Kommunisten verlangen darf.« Schlimmer als der Missbrauch von Privilegien waren die Auswirkungen der Wandlitz-Mentalität auf die Politik der DDR. Die Mitglieder der Führungsriege lebten in einer exklusiven Welt, die mit der ihrer Bürger kaum etwas gemein hatte. Das sozialistische Paradies »Waldsiedlung« hatte den Politbürokraten den Blick für die reale Lage ihres Landes verstellt. Das hat auch Egon Krenz schließlich eingesehen. »Wer jahrzehntelang bevorzugt einkaufte«, so bekannte er in seinen Memoiren »Wenn Mauern fallen«, »der hatte einfach nicht mehr das notwendige Gespür für die tatsächlichen Lebensbedingungen des Volkes draußen.«

Die Öffnung der Politbüro-Siedlung, über die vorher nie berichtet werden durfte, markierte einen Wendepunkt in der journalistischen Arbeit. Bis dahin waren die Machthaber bemüht, den westlichen Beobachtern jegliche Hinweise auf Missstände und Schwachstellen im realen Sozialismus von Deutschland-Ost zu verheimlichen. »Wir führen keine Fehlerdiskussion«, lautete die Weisung. Wir Korrespondenten waren beim Recherchieren auf eigene Kenntnisse und Beobachtungen angewiesen. Damit war es jetzt vorbei. Bei öffentlichen Veranstaltungen, die Tribunalen glichen, wurden Staats- und Parteifunktionäre zur Rede gestellt. Staatsanwälte, die zuvor willige Vollstrecker einer Klassenjustiz waren, bezichtigten ihre einstigen Herren des Amtsmissbrauchs und der Korruption. Abgeordnete der Volkskammer, die jahrelang jegliche Weisungen kritiklos abgenickt hatten, versuchten sich in der ungewohnten Rolle als Vertreter der unterdrückten Bürger. Das bot reichlich Stoff für Reportagen. Überall im Lande machten Menschen bei Kundgebungen und Demonstrationen ihrer aufgestauten Wut auf die wankende Obrigkeit Luft. Wendige DDR-Journalisten mauserten sich über Nacht von folgsamen Propagandisten zu öffentlichen Anklägern, die mit den stürzenden Diktatoren härter und gnadenloser umsprangen als es West-Korrespondenten je getan hatten. Die Ost-Zeitungen füllten sich mit Briefen und Zuschriften zorniger Bürger. Die Flut der Ereignisse und Informationen war kaum noch zu überblicken und zu erfassen. Die DDR wurde am Ende des Jahres 1989 von einem gewaltigen Strudel der Veränderung gepackt, dem sich fast niemand entziehen konnte. Für viele Korrespondenten zählten diese Wochen zu den turbulentesten ihrer beruflichen Laufbahn. Auch ich empfand das so. Erstmals in meiner Zeit als Akkreditierter konnte ich ohne Beschränkung und Behinderung publizistisch aus dem Vollen schöpfen.

Über die West-Korrespondenten und ihre Arbeit ist nach dem Ende der DDR öffentlich gestritten worden. Manche Bundesbürger haben den Berichterstattern »Weichzeichnung« der roten Diktatur vorgeworfen und ihnen die Schuld dafür gegeben, dass viele Westdeutsche von der Dynamik der friedlichen Revolution und dem rasanten Verfall der SED-Herrschaft überrascht wurden. Tatsächlich kam das klägliche politische Ende von Honecker, Mielke und Genossen für mich und andere Beobachter vor Ort unerwartet. Nicht weil wir blind waren, sondern weil wir das Regime kannten. Ich fürchtete damals, die regierenden Kommunisten würden nicht freiwillig ihre Macht abgeben und eher auf ihr Volk schießen lassen, als ohne Gegenwehr ihrer Herrschaft zu entsagen. An einer detailgenauen Beschreibung des wirtschaftlichen und politisch-moralischen Zerfalls der DDR hat es aber nicht gefehlt. Wer wollte, konnte sich sehr wohl über den labilen Zustand des SED-Staates und die Stimmung seiner Bewohner informieren. Ein Blick in die Archive der DDR-Berichterstattung würde das bestätigen.

Waren die West-Korrespondenten nicht nur Chronisten, sondern auch »Umsturzhelfer«, wie gelegentlich vermutet wird? Sicher nicht alle. Und manche wollten es auch nicht sein. Die meisten haben jedoch sehr wohl am Niedergang des Regimes mitgewirkt. Gezielt oder unbewusst. Und die SED-Führung hat diesem Prozess auch noch Vorschub geleistet. Zum Beispiel dadurch, dass sie dem Gros ihrer Parteimitglieder den Kontakt zu den Westlern untersagte. Das sei doch unlogisch, haben meine Frau und ich bei einem Empfang einem Funktionärsehepaar gesagt, das von diesem Verbot nicht betroffen war. Eigentlich, so argumentierten wir, müssten die DDR-Regenten dafür sorgen, dass wir auch im Privatleben von möglichst vielen staatstreuen Bürgern umgeben sind, die uns ihre Sicht auf ihre Gesellschaft vermitteln. Stattdessen habe man das Feld den Skeptikern, Kritikern und Dissidenten überlassen. »Mit Logik hat das nichts zu tun«, bekamen wir zur Antwort. Die Resignation war in den Worten der Genossen nicht zu überhören.

West-Korrespondenten waren Störenfriede. In den Augen der Machthaber und auch nach eigenem Verständnis. Ständig korrigierten sie das Propagandabild einer schönen sozialistischen Welt. Priesen die Sprachrohre der Partei die heldenhaften Aufbautaten der Werktätigen, so schilderten die West-Medien die Mängel der Planwirtschaft. Rühmten Ost-Gazetten Honeckers Wohnungsbauprogramm, zeigten Korrespondenten unter Hinweis auf den DDR-Spruch »Ruinen schaffen ohne Waffen« zerfallende Altbauten, die das Bild ostdeutscher Innenstädte prägten. Ob wir es wollten oder nicht – mit unseren Berichten haben wir auf die politische Meinungsbildung der DDR-Bevölkerung nachhaltig eingewirkt. West-Medien haben die Aktivitäten und Forderungen von Bürgerrechtlern und anderen Oppositionsgruppen landesweit publik gemacht.

Mit den Bildern von Demonstrationen haben ARD und ZDF DDR-Bürgern die Angst genommen und zum Mitmachen ermutigt. Und wenn die Kamerateams Stasi-Schläger und Volkspolizisten dabei filmten, wie sie friedliche Proteste mit brutaler Gewalt auflösten, haben die Journalisten mitgeholfen, die Diktatur bloßzustellen.

Manchmal waren westliche Korrespondenten, obwohl sie nur berichten wollten, Auslöser von Aktionen. Am Nachmittag des 7. Oktober 1989, dem letzten Staatsfeiertag der DDR, stand ich auf dem Alexanderplatz. Es herrschte Volksfeststimmung. Menschen löffelten Erbsensuppe, tranken Bier, lauschten den Märschen einer Polizeikapelle. Wie immer am Geburtstag der Republik. Kurz vor 17 Uhr schlug die Stimmung um. An der Weltzeituhr, einem weit über Berlin hinaus bekannten Treffpunkt, stritten sich ein paar Jugendliche mit einem älteren Genossen. Neugierige umringten die Gruppe. Ein westdeutsches Fernsehteam richtete die Kamera auf die Kontrahenten. In diesem Moment setzten sich einige junge Leute in Szene. Sie riefen »Freiheit« und »Stasi raus«. Die Rufe schwollen an zu Sprechchören. Mit Blick auf das filmende Team formierten sich Menschen zum Protest, marschierten los in Richtung Rotes Rathaus. Spontan, ohne dass jemand eine Anweisung gegeben oder ein Ziel genannt hätte. Erst nur ein Dutzend Leute, dann hundert. Und es schlossen sich immer mehr an.

Wären die Menschen losgelaufen, wenn kein westliches TV-Team zur Stelle gewesen wäre? Hätten sie nach

Reformen, Freiheit und Demokratie gerufen, ohne dass ihre Parolen von Mikrofonen aufgenommen worden wären? Ich weiß es nicht. Ich weiß nur, dass sich aus einer kleinen Geste des Protestes einer der spektakulärsten Demonstrationszüge entwickelte, die Ost-Berlin bis dahin erlebt hat. Noch heute habe ich die Bilder im Kopf, wie die aufgebrachten Bürger am Spreeufer standen und auf den Palast der Republik schauten. Dort zelebrierte Erich Honecker bei einem Gala-Empfang mit ausländischen Staatsgästen den 40. Geburtstag der DDR. Hinter den Scheiben des Prachtbaues konnte man Festbesucher erkennen, die auf die heranrollende Menschenwoge blickten. Eine Szene, in der sich symbolhaft die Zerrissenheit der DDR-Gesellschaft zeigte: Drinnen die herrschende Klasse, draußen das protestierende Volk, auf das Uniformierte und Stasi-Kommandos in Zivil am späten Abend prügelnd wie auf Freiwild losgingen. »Gorbi hilf uns«, haben Demonstranten damals gerufen. Da war Michail Gorbatschow, der Hoffnungsträger der sozialistischen Reformer, schon auf dem Heimweg nach Moskau. »Wer zu spät kommt, den bestraft das Leben«, hat er der verstockten Altherren-Riege um Honecker an diesem Tag ins Gewissen geredet. Aber sie haben nicht auf ihn gehört.

Im Grunde hätten die westlichen Korrespondenten eine ordentliche Arbeit gemacht. Der das sagt, kann es beurteilen. Helmut M. hat mich als MfS-Offizier über viele Jahre beobachtet. Er hat Inoffizielle Mitarbeiter auf mich angesetzt und sie angeleitet. Er hat meine Berichte analysiert und Beurteilungen über mich als Person verfasst. Persönlich kennen wir uns seit Mitte der neunziger Jahre. Ich habe seine Wohnadresse herausbekommen. Meine Frau und ich sind ohne Anmeldung bei ihm aufgetaucht. Wir wollten wissen, wie der Mann aussieht, der unser Leben ausgeforscht hat. Er hat nach dem Ende der DDR als Handelsvertreter gearbeitet. Dann wurde er Rentner. Ab und zu tauchte sein Name in der Zeitung auf.

An einem Oktobertag 2007 saßen wir wieder zusammen. In meinem Arbeitszimmer. Ich wollte einiges von ihm wissen, diese oder jene Passage in meinen Stasi-Akten erläutert bekommen. Er kennt sich damit aus. Viele Berichte und Protokolle über mich hat er selbst verfasst.

Was er von mir in der *Süddeutschen Zeitung* und im *Stern* gelesen habe, sagte er, sei sachlich und profund gewesen, »sauber recherchiert, sauber geschrieben«. Damals, als er mich ausspionierte und meine Informanten jagte, las sich das anders. Da war mehr von Hetze und Verleumdung die Rede. Aber zu dieser Zeit konnte er sich wohl eine eigene, ehrliche Meinung in schriftlicher Form nicht leisten. »Ich kannte Ihre Kontakte und Ihr Verhalten«, erklärte er. »Ich habe mir eingebildet, ein recht gutes Bild von Ihnen zu haben.« Deshalb sei es ihm auch lieber gewesen, »einen Pragal in der DDR zu wissen als einen Müller, den man nicht kennt«. Sein Respekt, sagte er, gelte auch etlichen anderen meiner Korrespondenten-Kollegen. Dass wir Mängel und Schwächen der DDR-Gesellschaft beschrieben hätten, sei journalistisch normal gewesen. Die amtliche Propaganda habe es uns auch leicht gemacht. Er redete ruhig, wirkte auch nicht angespannt. Ich hatte nicht den Eindruck, dass er sich anbiedern wollte. Er meinte wohl wirklich, was er sagte.

Ich habe den Ex-Major gefragt, ob er etwas dagegen habe, wenn ich ein Tonband laufen lasse. Dann müsste ich nicht so viel mitschreiben. Er war einverstanden. Während des Gesprächs ging das Telefon. Meine Tochter Katharina wollte mich über die Vorbereitungen für den 65. Geburtstag meiner Frau informieren. Wir planten für sie eine Überraschungsparty, hatten die Gäste konspirativ eingeladen und zum Stillschweigen verdonnert. Aus dem Gespräch konnte mein Besucher entnehmen, worum es ging. »Könnte es sein, dass Ihre Frau das Tonband abhören möchte?«, fragte er mich. Auch sie hatte er früher ausgeforscht, er kannte ihr Wesen. An diesem Tag war sie verreist. Vielleicht wolle meine Frau ja wissen, was wir besprochen haben, meinte er. »Ja, kann sein«, antwortete ich. Das Band lief immer noch. Ich hatte vergessen es abzustellen. »Dann sollten Sie die Stelle mit dem Telefongespräch am besten löschen«, sagte er. Wir sahen uns an und mussten plötzlich beide lachen. Er, der gelernte Geheimdienstler, und ich, der Journalist, den er mal für einen feindlichen Agenten gehalten hat. Wenige Wochen nach dieser Begegnung ist Helmut M. an einer schweren Krankheit, die man ihm nicht angesehen hat, gestorben.

Peter Ensikat

Populäre DDR-Irrtümer

Ein Lexikon von A-Z. 240 Seiten.
Piper Taschenbuch

Der große Kabarettist Peter Ensikat über »seine« DDR: Scharfsinnig und heiter zugleich demaskiert er die hartnäckigsten Klischees und komischen Irrtümer – von »A« wie Arbeiter- und Bauernstaat bis »Z« wie Zensur.

»Peter Ensikat sieht man nicht nur auf der Bühne gern; man liest ihn auch gern. Er ist ein sarkastisches Sandmännchen für Ost- und Westbürger.«
Heribert Prantl, Süddeutsche Zeitung

05/2666/01/L

David Ensikat

Kleines Land, große Mauer

Für alle, die die DDR nur aus dem Geschichtsbuch kennen.
208 Seiten mit 23 Abbildungen.
Piper Taschenbuch

Was war die DDR? Warum gab es sie? Wie lebte man dort? Der Journalist David Ensikat, aufgewachsen in Ostberlin, berichtet von Geschichte und Alltag dieses fernen nahen Landes, unterhaltsam und leicht zugänglich. Dabei erzählt er unter anderem, wie die Geheimpolizei Menschen zum Verrat am besten Freund anstiftete, wie viele Beifallsarten es bei einem Parteitag gab und wie es zur »Kaffeekrise« kam. »Kleines Land, große Mauer« spricht vor allem die Leser an, die zu jung sind, um die DDR selbst erlebt zu haben.

»Ein Crashkurs in Sachen DDR-Geschichte.«
Süddeutsche Zeitung

05/2667/01/R

Eva-Maria Neumann

Sie nahmen mir nicht nur die Freiheit

Die Geschichte einer gescheiterten Republikflucht. Unter Mitarbeit von Regina Carstensen. 304 Seiten mit 29 Fotos. Piper Taschenbuch

Im Kofferraum eines Mercedes versucht eine Familie aus der DDR in den Westen zu fliehen. Doch sie werden verraten und an der Grenze festgenommen. Die Eltern und die dreijährige Tochter werden auseinandergerissen, für die junge Geigerin Eva-Maria Neumann beginnt eine traumatische Haftzeit im berüchtigtsten Frauengefängnis der DDR. – Der ergreifende Bericht über eine gescheiterte DDR-Flucht und deren Folgen, ein dunkles Kapitel deutsch-deutscher Geschichte.

»Ein ebenso erschütterndes wie erhellendes Dokument.«
Aachener Nachrichten

»Ein bewegendes Zeitdokument!«
Büchermenschen

05/2668/01/L

Das DDR-Sammelsurium

Herausgegeben von Franziska Kleiner. 192 Seiten mit zahlreichen Abbildungen. Piper Taschenbuch

Hätten Sie (noch) gewusst, was für Zigarettenmarken man in der DDR kaufen konnte? Oder wann die erste Broiler-Gaststätte eröffnet wurde? Wie die Gebote der Jungpioniere lauteten? Welcher Orden wofür verliehen wurde? In dieser wunderbar absurden Sammlung finden Sie all das und noch viel mehr – jede Menge erstaunliche Fakten, überraschende Erkenntnisse und nutzloses Wissen über die Deutsche Demokratische Republik.

»Dieses Büchlein übertrifft alle bisherigen Sammelsurien. So viele bizarre Fakten über die DDR finden sich nirgendwo sonst. Amüsante und absurde Andenkenstücke.«
Sächsische Zeitung

05/2272/03/R